개발자 리부트

새 판을 리드하는 개발자 미래의 모든 것

개발자 리부트

초판 1쇄 인쇄 2022년 5월 20일
초판 1쇄 발행 2022년 5월 30일

지은이 조성룡

발행인 백유미 조영석

발행처 (주)라온아시아
주소 서울특별시 서초구 효령로 34길 4, 프린스효령빌딩 5F

등록 2016년 7월 5일 제 2016-000141호
전화 070-7600-8230   **팩스** 070-4754-2473

값 18,000원
ISBN 979-11-92072-53-1 (03320)

라온북은 독자 여러분의 소중한 원고를 기다리고 있습니다. (raonbook@raonasia.co.kr)

REBOOT

개발자 리부트

조성룡 지음

RAON
BOOK

심야할증 택시에 술 냄새가 안 나는 사람이 타면, 기사님께서 "'개발자'세요?"라고 물으며 측은한 눈으로 바라보던 시절이 있었다. 어느덧 소프트웨어가 큰 부가가치를 창출하며, 개발자의 '몸값'이 올랐고, 이제 '개발자'하면 고소득 직종으로 분류되어 많은 이들의 부러움의 대상이 되었다. 이런 분위기 탓일까? 주변에서 어떻게 하면 개발자가 될 수 있는지 물어보는 사람이 늘었다.

높은 연봉이 부러워, 프로그래밍 언어만 몇 달 배워서 고연봉 개발자가 될 수 있는지 궁금해하는 사람들에게 무슨 말을 해줘야 할지 고민스러웠던 순간이 많았다. 컴퓨터 공학 자체도 종합 학문(Multidisciplinary)이고 소프트웨어 개발 과정에도 컴퓨터 기술 외에 다양한 능력이 필요하다. 단순히 코딩을 할 줄 아는 것만으로 좋은 개발자가 되기는 어렵다. 나도 아직 좋은 개발자인지 확신이 부족한 '그저 그런' 개발자 한 명으로서 그럼 다른 어떤 능력이 필요한지 상대가 이해하도록 설명하는 건 간단한 일이 아니다.

그러나 만약 한국에서 누군가 이와 같은 질문을 한다면 지난 20년간 현업에서 수많은 신입 개발자를 면접하고, 함께 일하며 느낀 생생한 인생 조언, 커리어 조언이 친절하게 담겨있는 이 책을 먼저 읽어보라고 권해주고 싶다. 이 책의 저자는 내가 만난 개발자 중 가장 겸손하고 예의가 바른 사람 중 한 사람이다. 나이나 지위에 관계없이 예의가 바른 모습을 보고 있으면, 과거에서 선비가 타임머신을 타고 온 게 아닌가 싶은 생각이 들며 나의 부족한 매너를 돌이켜보게 된다. 아울러 소프트웨어 개발 분야에 도전하는 다음 세대를 위한 친절하고 자상한 조언까지 담겨있다.

김재명 Software Engineer, Amazon Aurora, 실리콘밸리

그저 그런 뻔한 개발자라면 읽어야 할 필독서이자, 협상력을 갖고 주도적인 개발자가 되기 위해 알아야 하는 이야기를 친근하게 알려주는 지침서이다. 그리고 '개발자에서 기술 총괄까지', '국내 취업부터 해외 취업까지', '개인 프로젝트부터 팀 빌딩까지' 다양한 경험에서 우러나오는 진정성 있는 이야기를 통해 개발자 정체성에 대해 생각해보고, 남다른 개발자로 도약하기 위한 중요한 실마리를 잡을 수 있게 도와준다. 코더가 아닌 유능한 개발자를, 회사원이 아닌 브랜드화된 개인을 꿈꾸는 사람이라면 이 책을 통해 저자와 이야기를 나눠볼 것을 강력 추천한다. 저자가 던진 화두에 대해 고심해보고, 하나하나 적용하다 보면 어느새

당신은 소통하고, 생각하며, 표현하는 진정 '차이 나는 뛰어난 개발자'가 되어 있을 것이다.

민 준 오픈소스 DBMS 엔진 개발 팀장, 큐브리드

주로 최신 기술이나 개발과 관련된 책은 많지만, 개발자에 관한 책은 찾기가 어려운 편이다. 그만큼 개발자가 자신만의 무기인 노하우를 공개하는 경우가 드물기 때문이다. 이 책은 개발자란 무엇인지, '차이 나는 개발자'로 거듭나는 방법과 자세 그리고 20년 이상의 경험을 담고 있는 보물과 같은 책으로, 현재 개발자이거나 개발자가 되길 희망하는 모든 사람에게 추천한다.

이수안 컴퓨터공학부 교수, 세명대학교

저자는 근간이 되는 시스템 소프트웨어를 개발한다는 신념으로 누구나 알만한 대기업을 박차고 뛰쳐나올 만큼 강한 의지와 바른 정신을 가진 동료로 기억한다. 이 책은 그간 많은 개발 경험 및 다양한 조직 경험을 통해 여러 사람과 소통하면서 훌륭한 통찰력을 얻은 것이 느껴져 매우 인상적이었다. 또한 중년 개발자들에게는 공감과 따뜻함을 선사할 것이며, 젊은 개발자들에게는 미래를 그려볼 수 있는 선배의 따뜻한 조언으로 다가올 것이다.

이승원 분산데이터베이스 개발 팀장, 알티베이스

저자의 경력은 참으로 다양하다. 그런 그가 자신의 직업인 개발자에 대하여 그리고 행복에 대하여, 정체성에 대하여, 직장 생활에 대하여 논하는 것은 타당해 보인다. 취미도 일이 되면 재미가 사라지는데, 상하 구조인 회사 문화 속에서 행복을 찾을 수 있을지는 개발자가 아닌 의사나 변호사라도 정신승리가 아니면 어려워 보인다.

미국에 와서 보니 미국도 정부나 금융 같은 전통 분야 계열의 많은 기업이 한국 기업만큼이나 상하 문화이며, 실리콘밸리에서도 글로벌 Top 기업이 아니면 수평 문화를 경험하기 어려운 것이 사실이다. 이외에도 국내시장에서 머무는 기업은 직원의 행복을 바탕으로 한 창의까지는 필요 없어 보이거나, 한 기업의 문화에 가장 큰 영향을 미치는 CEO의 가치관이 Inclusive 하지 않아 보인다. 기회가 된다면 수평 기업문화의 글로벌 Top 기업 본사의 개발자로 일해 보기를 권하지만 그런 도전이 어렵다면 이 책이 한 줄기 빛을 선사해 줄지도 모르겠다.

이진원 Meta UX Researcher, Workday Sr. UX Researcher, 실리콘밸리

프
롤
로
그

우리는 지금 4차 산업혁명의 시대를 살고 있다. 개발자의 관점
에서 4차 산업혁명은 그동안의 1~3차 산업혁명과는 달리 오롯이
'소프트웨어 혁명'이라는 데에 그 무게를 두고 싶다. 생성되는 모든
정보를 데이터화(Digital Transformation)하고 이 데이터들을 용도에
따라 통합(Integration)하는 과정에서 다양한 형태의 엄청난 데이터
들을 보다 효율적으로 산업적인(속되게 들릴지 모르지만, 산업적이란 말은
소위 돈이 된다는 의미다) 의사결정에 활용하기 위해 등장한 개념들이
바로 빅데이터와 클라우드, IoT, 블록체인, AI와 같은 것들이다.
너무나 당연하게도 지금 개발자들은 이런 4차 산업혁명 시대의 주
역이자 그 첨단에 서 있다.

이 책을 읽는 여러분은 이미 개발자이거나 혹은 적어도 개발자
가 되는 데 관심이 있는 사람일 것이다. '비전공자 개발자 되기' 같
은 키워드로 유튜브 콘텐츠를 검색해 괜찮은 강의나 추천 학원 또
는 국비 지원 과정을 알아보며 개발자로의 커리어 전환을 계획하

는 사람도 있을 것이다. 그런 와중 끊임없이 '과연 내가?'라는 질문을 자신과 주변에 던지며 밑도 끝도 없는 확신 같은 걸 갖고 싶은 심정일 수도 있다.

'요즘 파이썬, 파이썬 하던데 프로그래밍 언어를 파이썬으로 해야 하나 아님 자바로 해야 하나 아니면 요새는 플러터나 리액트가 유행이라던데 그건 또 뭐지? 그런 거 가르치는 곳은 없나?' 또는 '개발자가 되는 데 3개월 과정도 있고 5개월, 6개월 과정도 있네 커리큘럼을 보니 배우는 내용은 비슷한 거 같은데… 어디 보자 6개월 과정에는 이런 강의가 더 있는 것 같고, 음 뭔지는 잘 모르지만 요런 과정이 포함되어 있으니 더 좋은 것 같긴 한데… 내가 4개월 정도 돈을 더 못 벌더라도 시간을 들여 배울만한 내용인 건가?' 적어도 이렇게까지 생각했다면 그나마 자신의 도전에 의욕적인 거다.

아니면 '아냐 비슷한 과정 몇 개만 더 찾아보자', '엥? 여긴 3개월짜리 과정인데 아까 그 내용도 가르치잖아!' 등의 생각을 할 수도 있다. 결국 커리큘럼이 제대로 되어 있는지에 관한 판단이 모호해지면서 집에서 학원까지 얼마나 걸리는지, 수강 기간 동안 취업장려금이나 교육 수당은 얼마나 주는지 따지고 있는 자신을 발견하게 될지도 모른다. 많이 차이 나봐야 불과 한 달에 10~20만 원 차이밖에 나지 않는데도 말이다. 그렇게 인생의 중차대하고도 심각한 결정을 내렸던 초심은 흐지부지 어디로 갔는지 '뭐 교육을 다 수강하고 나면 뭐라도 할 수 있겠지' 하는 마음으로 시간 낭비의 첫발을 내딛게 된다.

빅데이터 전문가, 데이터 사이언티스트, 클라우드 엔지니어, 자바 개발자, 블록 체인 개발자, AI 머신러닝 전문가, IoT 개발자 등의 전문가 과정은 어디선가 들어본 듯 익숙한 이름들일 것이다.

최근 온오프라인에서 IT 또는 개발자 양성과정으로 많이 개설되어 있는 과정들이다. 이들 중엔 정말 알차고 괜찮은 수업도 있고 그냥 혼자 독학하니만 못한 수업도 존재한다. 그러나 해당 분야에 대해 어느 정도 아는 사람이 아니고서는 학습진도표와 수강평만으로는 그 수업계획의 충실도는 물론이고 나에게 맞는 강의인지조차 제대로 파악하기 힘들지 모른다.

언어에 대한 고민도 나름 많다. 어느 날 서점에서 책 구경하며 서 있다가 들려온 대화였는데, 파이썬을 하면 이런 것도 할 수 있고 웹 개발도 할 수 있지만 C++은 할 수 있는 게 너무 국한되어 있다면서 파이썬을 권하는 경우도 있었다. '아… 뭔가 저 친구들에게 가서 이야기해주고 싶다…'라는 생각을 하게 된다. 사실 언어에 대한 결정은 내가 앞으로 어떤 분야의 개발자로 살아갈 것인가를 고려해 결정하는 것이 좋기 때문이다.

물론 개발자로 일을 오래 하다 보면 다양한 언어를 접하고 사용해 볼 기회가 많아 몇 가지 언어는 쓸 줄 알게 되고 더 나아가서는 익히고 경험했던 여러 언어 중 자신이 정말 마음에 드는 언어 하나를 찾아 다른 언어에서 장점으로 내세우는 특징들을 어떻게 가져갈 수 있을지 고민해 본다거나 앞으로 이건 잘 안 쓰겠다 생각되는 언어들을 버리는 일들을 하게 된다. 그러다가 '그냥 내가 언어를 하나 만들어 볼까' 하는 생각을 하게 될 수도 있다.

그만큼 프로그래밍 언어라는 건 '어떤 언어가 개발에 좋은 언어냐, 효율적인 언어냐, 고차원적인 언어냐, 심지어는 스타일리시 하냐' 같은 비교하고 서열 매기기 좋아하는 인간 본성이 개발이라는 분야에서 첨예하게 이루어지고 있는 부분 중 하나지만 막상 개발자로 일을 하다 보면 '언어가 중요한 건 아냐'라는 말을 한 번 이상은 꼭 듣게 된다. 반대로 본인이 그 말을 하게 될 수도 있다.

"당신이 가장 즐겨 쓰는 언어는 무엇인가요?"

"저는 스크래치(교육용 언어로 유명, 주로 미취학 아동이나 초등학교에서 코딩교육에 사용)를 굉장히 매력적이라고 생각해 메인 언어로 즐겨 사용합니다."

만약 어떤 개발자가 이와 같은 질문에 저렇게 답변한다면, 개발에 한 번이라도 발을 담갔던 사람들은 어떤 생각을 할까? 언어에 대한 이야길 장황하게 늘어놓았지만, 내가 말하고 싶은 건 언어를 잘 다뤄서 또는 전문 분야의 지식이 깊어서 개발자를 하는 게 아니라 개발자로 보낸 시간이 쌓이면 언어가 되었든 지식이 되었든 어느 정도는 자유롭게 사용할 수 있게 된다는 것이고 중요한 건 오랜 시간을 개발자로 살아내는 거 자체가 생각만큼 쉽지 않다는 것이다.

이는 개발자를 단순한 직업으로 받아들이는 것이 아닌 라이프스타일로 받아들여야 하는 이유이다. 그렇다고 그저 라이프스타일로 생각하기엔 연봉이나 이직, 채용 등 현실에서 체감되는 무게가 너무 무겁다고 생각할지도 모른다. 그런 부분에 대해서도 짧지만 가장 중요하다고 생각되는 것들을 이 책에 적고자 노력했다.

이 책은 소프트웨어에 관한 기술적인 내용을 담은 책이 아니다. 다소 주관적일지 모르지만 비전공이었던 한 사람이 소프트웨어 개발자로 첫발을 내딛게 되고, 코드란 걸 처음 만져보고, 개발이란 일에 실망도 하고, 전공을 내팽개친 걸 후회도 해보고 심지어는 해외에 나가서 개발자 해보려다가 좀 더 공부해보겠다고 대학원도 가고, '왜 난 이렇게 노력하는데 이 정도밖에 안 되는지', '뭐가 더 필요한 건지', '개발자로 살면서 중요한 걸 놓치고 있는 건 아닌지' 고민도 하고, 이 땐 이렇게 저 땐 저렇게 해야 했던 것들, 그럼에도 불구하고 지금도 잘했다고 생각하는 것들, 시간이 지나고 보니 이렇더라는 것들을 옆에 있는 고민 가득한 개발자 동료에게 이야기하듯 뭉뚱그려 쓴 책이다.

한편으론 소프트웨어 개발자가 되려면 어떤 것들을 알아야 하는지 막막한 사람들, 열심히 하고는 있는데 개발자로 살아가는 것이 힘들다고 생각되는 사람들, 개발자로 어떤 커리어를 어떻게 쌓아가야 할지 막막한 사람들, 열심히 일하는데 늘 경제적으로 부족하다고 생각되는 개발자들, 경력은 시니어인데 마음이 불안한 개발자들 등을 생각하며 쓴 책이고, 아울러 앞으로 소프트웨어 개발자가 되어 보려 도전하는 사람들과 지금도 개발자로 살아가고 있을 많은 평범한 개발자들이 자신감을 느끼며 행복한 개발자로 살아가는 데 조금이라도 도움이 되었으면 하는 마음에 '그저 그런 개발자'로서 경험한 것들을 녹여 쓴 책이다.

책의 본문에 중요하다며 이런저런 이야기들을 주저리주저리 많이도 썼지만 제일 중요한 건 내 옆에 나와 함께 하는 개발자들이 함께 성장해 서로를 응원하고 힘이 되는 좋은 네트워크를 만들어 가는 것이다. 그들이 있기에 포기하고 싶을 때 버틸 수 있는 의지가 되고 권태로움에서 헤어나기 힘들 때 도전을 받는다. 무엇보다 혼자서는 보잘것없는 나이지만 그들의 응원과 지지가 날 괜찮은 개발자로 이끌어준다. 책을 쓰며 그동안 몸담았던 회사들과 직급을 막론하고 함께 했던 동료 개발자들의 얼굴이 계속 떠올랐다. 시간이 흘러 이젠 어느덧 다들 인정받는 개발자가 되어 때때로 안부를 묻고 서로를 응원하며 지내니 이보다 좋을 수 없다. 또한 언제 연락해도 반가워해 주는 그들이 있으니 내 개발자 인생은 성공이라 말해도 될 듯하다.

　'행복한 개발자', 이 책을 읽는 분들이 내가 개발자로 살면서 깨닫게 된 그 무언가를 알게 되거나 가슴에 품게 된다면 더할 나위 없이 기쁘겠지만 꼭 그렇지 않더라도 이 책은 한 편 가볍게 넘겨도 좋을 시간 아깝지 않을 내용으로 가득하니 천천히 시간을 두고 끝까지 읽어보았으면 하는 바람이다. 시공이 배려해준다면 언제 어디선가 재밌게 이야길 주고받을 수 있는 그런 동료로 만나게 되면 더 좋고 말이다.

조성룡

차 례

1장

행복한 개발자가 행복한 개발을 한다

2장

개발자의 정체성을 지키기 위한 4가지 자세

4장

개발자, 전문 분야를 정하자

5장

개발자의 일상생활 서바이벌 노하우

REBOOT

1장

행복한 개발자가
행복한 개발을 한다

'그저 그런' 개발자가
'그저 그런' 개발자들에게 하는 이야기

잘할 수 있는 일과 즐길 수 있는 일 중 무엇을 선택할까?

살면서 스스로에게 이런 질문 한 번쯤은 해보지 않을까. "즐기면서 할 수 있는 일과 잘할 수 있는 일, 둘 중 하나를 선택해야 한다면 어떤 것을 고르지?" 이 질문은 어쩌면 개발자로 일하는 동안 어떤 선택의 기로에 있을 때마다 끊임없이 당신을 괴롭힐 수도 있다. 그 이유는 바로 당신이 다름 아닌 개발자이기 때문이다. 이 책을 읽고 있는 당신은 이 질문에 어떤 대답을 준비하고 있는가. 한번이라도 곰곰이 생각해본 적이 있다면 모르겠지만, 아마도 처음이라면 이 질문에 바로 답하기가 쉽지 않을지도 모른다.

거기에는 2가지 상반된 이유가 공존하기 때문일 것이다. 즐기는 일을 해야 주변을 압도하는 월등한 결과를 낳을 수 있다는 확신이 있는 반면, 즐겁기는 하지만 그리 뛰어난 결과를 얻기는 힘들지 모른다는 불안감도 있다.

그렇다. 애초에 잘할 수 있는 일이라는 것이 또 하나의 선택지처럼 보이지만, 이 질문에서 중요한 고려대상이 아니다. 답을 하기 위해서는 두 선택지의 우열을 비교하는 것이 아니라 내가 즐기면서 할 수 있는 일에서 얼마만큼의 발전을 언제까지, 어느 정도의 확실성으로 이루어낼 수 있는가에 대한 진지하고도 어려운 성찰이 필요하기 때문이다.

취미가 코딩이라고요?

개발자치고 '취미가 코딩'이라는 말을 들어보지 못한 사람은 아마 거의 없을 것 같다. 뭔가 '개발자스러운' 자기표현이라는 생각도 든다. 내가 이전 직장에서 입사한 지 얼마 안 된 한 신입 개발자에게 취미가 뭐냐고 물었을 때 들었던 대답이기도 하다.

"오, 멋진데, 취미가 코딩이라니!" 그러나 이제는 어엿한 중견 개발자로 밤늦게까지 모니터 앞에 앉아 코드를 들여다보고 있을지 모를 그의 취미가 아직도 코딩일까? 코딩을 취미로 하고 싶어하는 개발자는 많을지 모른다. 하지만 실제로 코딩을 취미로 즐기기는 쉽지 않다. 경력이 오래되어 중요한 자리에 있게 되거나 많은 연봉을 받을수록 코딩을 취미로 삼기는 더욱 힘들어진다. 왜 그럴까?

취미를 업으로 삼고 살아간다면 얼마간은 행복할 것이다. 즐기면서 돈도 많이 벌고 행복도 느끼니 적어도 불행하지는 않을 듯하다. 그래서 많은 사람들이 취미로 하다가 너무 즐거운 나머지 그 취미를 업으로 삼는 실수를 저지르곤 한다. 물론 그 길로 대성하는 부류도 있기는 하다. 하지만 우리는 그 수가 굉장히 적다는 것을 잘 알고 그들처럼 되긴 힘들다는 것을 너무나 잘 알고 있다. 그렇기 때문에 그들에게 부러움을 담아 "타고났네", "천재네", "난놈이네" 하는 말들을 하는 것이다.

즐기면서 하던 일이 돈줄이 되는 순간, 생각만 해도 내 마음을 즐겁고 설레게 만들었던 그 무엇은 그림의 떡처럼 눈엔 보이나 잡을 수 없는 신기루가 되어버리는 경우가 대부분이다.

사진가로 먹고살아볼까?

나는 사진을 찍는 것도 보는 것도 참 좋아해 누군가 취미가 뭐냐고 물으면 주저 없이 '사진'이라고 말한다. 거의 10년 동안 늘 카메라를 손에 들고는 틈만 나면 뷰파인더에 오른쪽 눈을 갖다댔다. 그 사람 많은 출퇴근길에도 뭐 대단한 사진을 찍는다고 카메라를 손에 들고는 이것저것 찍곤 할 때도 있었다. 그렇게 많이 찍고 돌아다니다 보니 자연스레 공모전에도 사진을 출품해보고 사진전에도 참가해보고 개발자 주제에 예술가인 척하며 진짜 사진작가들과 명함을 주고받으며 갤러리를 드나들기도 했다. 그러다 보니 다른 사람들로부터 "사진 쪽으로 나가도 되겠어"라는 진담 같은 농담도 꽤 들었다.

문제는 개인적인 일로 잠깐 퇴직했던 때 1년을 쉬는 동안 업을 사진으로 바꿀까 하는 생각을 정말 했다는 것이다. '이참에 정말 사진을 업으로 삼아 살아볼까……. 그럼 좋아하는 일로 돈도 벌면서 즐겁게 일할 수 있을 것 같은데'라는 밑도 끝도 없는 시행착오로 가는 생각이 들었다. 그러나 사진이 돈벌이가 되는 순간 내가 찍고 싶은 사진만 찍고 살기는 힘들다는 사실을 얼마 안 가서 알게 되었다.

돈을 벌려면 돈줄, 소위 고객이 원하는 사진을 찍어야 했다. 장당 받는 금액이 적은 것이 문제가 아니었다. 더욱 날 힘들게 만들었던 것은, 바로 내 눈앞에 정말 카메라에 담고 싶은 장면이 지금 이 순간 지나가고 있는데 고객에게 넘겨줄 사진을 찍느라 좋은 장면을 눈뜨고도 다 놓쳐야 하는 상황이었다. 그 후로 나는 사진이란 좋은 취미를 잃어버리지 않고 오래도록 즐기기 위해 사진을 업으로 삼는 일을 그만뒀다.

말은 이렇게 하지만, 그렇게 할 수밖에 없었던 진짜 이유는 내가 가진 재능이 찍고 싶은 사진을 찍어도 돈벌이가 될 정도로 특출나지 못했기 때문이다. 물론 이 변변찮은 재능도 오랜 시간 갈고 닦는다면 특출난 재능으로 만들 수 있었을지도 모른다. 그러나 100% 확신할 수 없는 결과에 경제적 위험을 감수하며 시간을 투자할 수는 없었다. 내게 확신은 약했고 불안감은 짙었던 것이다.

개발이 마냥 즐겁지 않으면서도 개발자로 살아가는 사람들

개발도 마찬가지다. 개발자로 살아가고 있다는 것은 소프트웨어를 개발하는 것이 즐거운 취미이기 때문이 아니라, 그나마 돈 벌어먹고 살기에 잘할 수 있는 것이기 때문인 경우가 많다.

혹시 자신은 소프트웨어 개발에 특출난 재능을 가졌다고 생각하는가? 이 책을 고른 이들이라면 아마 특출난 재능은커녕 '아, 이 길이 나에게 맞나?', '앞으로도 계속 이렇게 살아야 하나?', '어디 더 괜찮은 회사 없나?', '지금보다 좀 더 괜찮은 데로 가려면 뭘 어떻게 해야 하지?'와 같은 생각이 문득문득 드는 평범한 개발자가 대부분일 것이다.

서점에 가보면 개발자를 꿈꾸거나 개발자로 살아가는 후배들에게 '더 나은 개발자가 되라'는 요지로 선배 개발자들이 쓴 책들을 많이 볼 수 있다. 개발자로 살아간다는 것이 얼마나 즐겁고 흥미로운 일인지에 관해 쓴 책도 있고, 진정한 개발자가 되기 위해서는 이런저런 능력이 있어야 한다며 달성하기 어려운 미션을 주는 책들도 있다. 더러는 '와, 정말 개발자로 이렇게 살 수 있다면 여한이 없겠다'라는 의지를 태울 만큼 희망적인 개발자의 삶을 보여주는 책도 있다.

반면에 나처럼 평범하고 그리 뛰어나지 못한 개발자가 행복한 개발자로 살아가려면 어떻게 해야 하는지를 친절하게 말해주는 책은 없었다. 시간이 한참 지나 돌이켜보니, 더러는 개발자가 맞닥뜨리게 되는 부분 부분들을 꽤나 구체적으로 짚어가며 자세하게 풀어쓴 고마운 책들도 있었다. 그럼에도 그 책들은 당시의 나에게는 너무 수준 높은 이야기였고 내 삶과는 거리가 멀게만 느껴져 읽고 나면 오히려 더 우울해졌던 것 같다. 결국 깨달음은 없이 중간이라도 가려면 여기서 더 해야만 한다는 부담감과 내가 이 길에 왜 뛰어들었을까 하는 후회만 가슴 한쪽에 쌓여갈 뿐이었다.

60세가 넘어 백발이 성성한 나이가 되어서도 코딩을 즐기며 키보드를 두드리고 있는 개발자가 되는 것이 여러분들의 꿈인가? 나는 아니다. 그렇다고 해서 뼛속까지 개발자는 아니니 이 길을 애써 걸을 필요는 없다고 생각하지도 않는다. 대학원 석사 시절 지도교수님 한 분으로부터 "넌 개발 쪽보다는 다른 일 하는 게 더 나을 것 같다"는 말을 들었던 나는 개발자로 일하면서 힘들 때마다 '아, 난 역시 개발자 하면 안 되는 사람인가. 개발자는 내 길이 아닌가'라는 생각을 하곤 했다. 즐겁기는커녕 힘들기만 한 개발자에 내가 왜 뛰어들었을까 자책도 했다. 이렇게 되기까지 순탄한 과정을 거쳐 온 것은 아니다.

당신도 성공할 수 있다는 요지의 수많은 강연이나 책에서 익히 들어 알고 있는 말이 있다. "열심히 하는 사람은 즐기는 사람을 따라잡기 힘들다." 많은 경우에 맞는 말이다. 그리고 코딩을, 더 나아가 개발이란 일을 즐기지 못하고 있는 여러분이 즐겁게 일하고 싶어 하는 것도 이해된다. 뭔가 새로운 즐거운 분위기를 만들어보려고 키보드도 좋은 제품으로 바꿔보고 점심시간에 사람들로 빽빽한 식당을 벗어나 카페에 앉아 여유를 찾아보기도 할 것이다. 키감이 자신한테 딱 맞는 키보드로 일을 하거나 좋은 동료들과 즐거운 대화를 하면 적어도 그 시간만큼은 즐거운 개발자가 된 것 같은 만족감이 들지도 모른다. 그러나 자리로 돌아가 일정의 압박을 받으며 오늘도 야근할지 말지를 매일같이 고민하는 당신의 일상은 바뀐 것이 없을 것이다.

그저 그런 뻔한 개발자가 들려줄 수 있는 이야기

그럼 왜 그럴까? 그 책들이 거짓을 이야기하고 있어서? 아니다. 당신은 이미 답을 알고 있다. 인정하고 싶지 않겠지만, 스스로 그렇게 똑똑하지도 않고 공부를 많이 한 적도 없고, 평소 남다른 노력을 하며 살지도 않는 그저 그런 뻔한 개발자임을 알기 때문이다.

이 책을 읽는 대부분은 그저 현재의 자신에 대한 불만과 걱정에 어디 빠른 길은 없나 찾고 있을 가망성이 크다. 그저 그런 뻔한 개발자들……. 그러나 나는 이 책을 통틀어 거의 전 페이지에 걸쳐 그저 그런 뻔한 개발자 이야기를 하고자 한다. 내가 바로 그 뻔하고도 평범한 개발자이기 때문이다.

지금 대한민국의 평범한 개발자로서 여러분이 걸어가고 있는 그 길에 조금 앞서 함께 걸어가는 누군가가 있어 의지가 된다면, 내 모습을 보며 더 잘 해낼 수 있겠다는 용기를 갖게 되면 좋겠다. 뛰어난 사람들을 벤치마킹하는 것은 평범한 사람이 작게나마 성공할 수 있는 좋은 방법 중 하나임은 분명하다. 그러나 벤치마킹도 잘 가려서 해야 한다. 원래부터 뛰어난 사람의 성공은 그 과정을 아무리 열심히 따라 하려 한들 잘되지도 않고 스트레스 '만땅'일 뿐이니까.

이 세상에는 무수히 많은 개발자가 존재한다. 우리나라만 해도 주변을 둘러보면 개발자들 천지다. 이 바닥에 들어온 지 얼마 안 되어 개발자 구경을 못 해봤는가? 그렇다면 한번쯤 오후 12시 30분에 아파트형 공장 건물들이 빽빽한 구로디지털단지 길거리 아무데나 서서 주변을 둘러보길 바란다. 눈에 보이는 사람들 반은 개발자일 테니까.

그들 중 개발이 너무 재밌고 즐거워서 "전 취미가 코딩이에요"라고 말할 만한 사람은 과연 얼마나 될까? 물론 당신도 행복한 개발자가 될 수 있다. 이미 개발자 인생 10년이 넘었다면 커다란 응어리 같은 무언가를 안고 살아가는 당신이 아니길 진심으로 바란다.

앞으로 이어지는 글에서 나는 그저 그런 뻔한 개발자들에게 그저 그런 뻔한 개발자로서 스스로 행복해지고 삶에 만족할 수 있었던 이야기를 들려주고자 한다. 나는 지금 내가 일하고 싶을 때 일을 구해서 할 수 있고, 개발자로 일하면서 지금까지 쌓아온 지식이 삶의 곳곳에 쓰이는 일들을 경험하기도 한다. 적어도 어떻게 하면 더 행복한 삶을 살 수 있을지를 고민하며 살 수 있으니 꽤 괜찮은 삶 아닌가?

당신에게 코딩은
어떤 의미인가

나는 어느 부류일까

먼저 스스로 흔한 질문을 하나 해보자. '나는 과연 어떤 소프트웨어 개발자가 되고 싶은가?' 많은 후배 개발자들과 어느 정도 친해지면 내가 늘 하는 질문이다. 그들의 이야기를 듣다 보면 흔히 당연하게 생각하면서도 진지하게 생각해보지 않은 티가 풀풀 난다. 물론 개중에는 스타트업을 만들어 성공하고 싶다거나 나중에 자신의 분야에서 전문가가 되고 싶다는 제법 진지한 대답을 하는 친구도 있다. 여기서도 부류가 나뉜다. 그중 하나는 뚜렷한 목표 의식과 개발자로서의 이상향이 있어 그곳을 향해 한발 한발 가고 있는 부류다. 이런 부류는 개발자로서 자신이 정한 목표치에 도달하기 위해 효율적인 방법을 찾았는지와는 별개로 '열심히' 하는 분명한 태도가 있다. 꾸준히 계획도 세우고, 자기 관리도 꽤 잘한다.

다른 한 부류는 그저 자신이 현재 할 수 있는 것이 이쪽 일뿐이라 하고 있는 부류다. 할 줄 아는 게 이것이라 일을 하고는 있지만 이상이나 가치 같은 것에 별로 관심이 없고 그저 빨리 인정받아 직책이 올라가고, 그에 맞게 연봉도 올리고 그러다 보면 어떻게 될 거라고 생각하는 부류다. 뚜렷한 목표나 지향하는 이미지가 있다기보다는, 돈도 많이 벌고 싶고 좋은 차도 타고 싶고 개발자라는 직업도 그리 나쁘지 않은 것 같다는 등의 그저 그런 말들을 많이 늘어놓는다. 결국 속내는 돈 많이 벌어서 좋은 집에서 좋은 차 끌면서 잘 살고 싶다는 이야기다.

내가 아는 한 아주 많은 개발자들이 이쪽 부류에 속해 있다. 이런 생각을 폄하하거나 탓하는 게 아니다. 다만 앞서 말했듯이 평범하고 뻔한 개발자들은 지금처럼 60세까지 개발만 해서는 이 같은 삶을 달성하기 힘드니까 하는 소리다. 아니 오히려 그때까지 개발직을 계속 유지하고 있으면 다행이다. 언젠가 어떤 책에서 읽었던지, 아니면 누군가에게 들었던지 간에 '진정한 개발자란 어떠해야 하는지'에 대한 가슴에 와닿지도 않는 이상적인 답안(사실 그런 이상적인 답안이 존재하는지조차 의문이지만)을 끄집어내보려고 머릿속을 헤집고 있다면 그만두길 바란다. 대신 그 시간에 정말 리얼하게 자신을 들여다봤으면 좋겠다. 그 편이 당신에게 더 큰 도움이 될 테니까.

훌륭한 개발자를 롤 모델로 삼아 그들의 생각과 삶을 답습하는 것은 내가 어느 정도 수준이 되어야 가능한 일이다. 덥수룩한 턱수염에 헤드셋을 끼고 머리카락만 길다고 그들처럼 되지는 않는다. 내가 왜 개발자가 되었는지 어떤 개발자가 되려 했는지 근본적인 이유를 잘 생각해보라는 것이다.

제4의 부류가 아니라면

개발자가 된 사람 가운데는 컴퓨터공학을 전공해서 자연스럽게 이 업계로 온 이도 있을 것이고, 더러는 MIT 출신 로봇공학 박사나 AI를 전공한 교수가 텔레비전의 교양 프로그램에 출연해 "앞으로 닥칠 미래는 디지털 지식이 없으면 살아남기 힘들다"라고 한 말에 자극을 받아 소프트웨어 쪽으로 발을 들여놓아야겠다고 마음먹고 시작한 이도 있을 것이다. 또 누구는 그저 대학에 가기 위해 택한 전공과목에 4년 내내 소질도 없고 흥미도 못 느끼다가 취업 시기가 되자 그리 나빠 보이지 않는 개발자나 해볼까 하는 생각에 발을 들인 이도 있을 것이다.

앞의 세 경우는 그나마 다행스러운 코스를 밟은 경우다. 정말 운이 안 좋은 네 번째 부류는 본인이 선택한 전공이 적성에도 맞고 대학 시절 관련 공부도 아주 열심히 해서 실력도 탄탄한데 그 방면으로는 직업을 구하기도 힘들고 먹고살 방법이 없어 '생계'를 위해 개발자를 선택한 이들이다. 이런 부류는 적게는 20대 후반, 많게는 30대 초중반의 적지 않은 나이에 거우거우 코딩을 배워 개발자의 길로 들어선다. 그러나 개발자로서의 이들의 삶은 매우 지난하고 지루하며, 험난해질 공산이 크다. 왜냐하면 좋아하는 전공을 놔두고 '생계'만을 위해 개발자의 길에 들어섰기 때문이다.

만약 당신이 중·고등학교 때부터 코딩이 재미있어서 대회도 나가고 알고리즘 경시대회에서 입상도 자주 했던 출신이라면(비록 이 책 독자 가운데 이런 부류가 있을 확률은 낮겠지만) 이 책을 인내심을 가지고 끝까지 읽어보길 권한다. 이 책이 예전의 자존감은 되살려주지는 못해도 적어도 개발자로서의 정체성을 다시 떠올려보는 계기 정도는 마련해줄 수 있을 테니까. 자, 지금 당신은 어떤 처지인가? 지금 우리나라에서 소프트웨어 개발자로 일하는 사람들 중 가치 있는 소프트웨어를 개발하는 것이 내가 살아가는 이유라고 말할 수 있는 사람이 몇이나 될까? 그런 사람들이 많았다면 우리나라의 소프트웨어 기술이 지금 이 정도 수준에 그치지 않았을 것이다.

생활 코딩 vs 생계 코딩

아마도 대부분의 개발자들은 생계를 위해 개발을 주된 업으로 살아가는 사람들일 것이다. 바로 '생계형 개발자'라고 하면, 뭔가 여유가 없이 늘 모니터 앞에서 각박한 삶을 살아가고 있는 한 사람의 이미지가 떠오를 수도 있겠다. 이와는 다른 산뜻하고 긍정적인 느낌을 주는 개발자의 이미지가 떠오르는 말은 없을까?

요즘 '생활 코딩'이란 이름으로 각종 프로그래밍 언어들을 따라 해보며 재밌게 설명해주는 인기 있는 유트브 채널이 있다. 나도 3년 전쯤에 갓 입사한 신입 개발자들과 커피타임을 갖던 중 '요즘은 프로그래밍을 배울 때 어떻게 접근하는지'에 관해 대화를 나누다가 알게 된 채널이다. 그들이 직접 언급한 것은 아니고 대화 도중 나왔던 〈인○○〉이란 IT 및 소프트웨어 강의 사이트를 서핑하다 간접적으로 알게 된 채널이다. 채널의 운영자가 꽤 오랜 기간 동안 상당한 내공으로 양질의 콘텐츠를 만들어가고 있다는 것은 몇 개의 콘텐츠만 봐도 알 수 있었다. 채널의 이름도 기가 막히게 잘 지었다. 생활 코딩이라니. 어떤 면에서 '생활 코딩'이란 말은 굉장히 여유롭게 느껴진다. 일상에서 언제 어디서나 즐겁게 할 수 있을 만한 느낌이랄까. 다른 한편으로, 그 '생활'이란 것이 생명을 유지하고 살기 위해서 행하는 필수적인 활동, 즉 생계나 살림을 꾸려나간다는 사전적인 의미 그대로를 살려서 지은 이름이라면, 조금은 현실적이라는 생각도 든다. 그러나 아마도 생활 코딩이란 채널 이름을 접한 사람들은 생활이란 단어를 생계를 꾸려 살아가려면 어쩔 수 없이 해야 하는 것이라기보다는 '살면서 일상적으로 자연스레 행해지는 그 무엇'을 의미하는 것으로 받아들일 듯하다. 그렇다면 대부분의 개발자들에게 '생활 코딩'이란 것은 또 하나의 이상향이 아닐까. 자연스럽게 할 수 있는 것이라기보다는 돈을 벌기 위해 해야만 하는, 때로는 하기 싫어도 억지로라도 해야 하는 것일 테니까. 자, 어떤가? 당신에게 지금 코딩은 생활인가 아니면 생계인가?

'어떤' 개발자가 아니라 '어떻게' 살아갈까를 고민하는 개발자

소프트웨어 개발자를 두고 '창조적으로 가치를 실현하고 인간의 삶의 질을 높여주는 일을 하는 사람'이라고 했을 때 여러분의 생각은 과연 어떤가? 이 말을 들었을 때 가슴 깊이 와닿는가? 아니

애초에 창조적이기는 한 것일까?

대부분의 일과 마찬가지로 소프트웨어 개발도 그리 창조적이지 않다. 대부분은 남이 만들어놓은 것들을 가져다 쓰거나 남들이 설계해놓은 것을 보고 코딩으로 옮긴다. 소프트웨어 설계까지 본인이 한다고 해도 순수하게 그 사람의 머리에서 나온 개념은 5%도 안 될 가망성이 크다. 소프트웨어를 예술이라고 이야기하는 사람들이 간혹 있지만, 굳이 비유하자면 '주어진 도구를 활용해 생각을 표현한다'는 면에서 예술의 속성을 일부 공유할 뿐이지 사실은 전혀 예술적이지도 창조적이지도 않다.

앞에서 이야기한 것처럼 대부분의 개발자 지망생들과 개발자들은 자신의 생계를 위해 개발을 한다. 따라서 가치 있는 소프트웨어가 무엇인지 이야기하기에 앞서 어떻게 하면 개발자의 삶 자체가 힘들지 않고 자연스럽게 받아들여지고 행복한 삶으로 만들어갈지에 대한 고민이 먼저다. 한마디로 진정한 개발자가 되는 것, 누구나 인정할 만한 뛰어난 실력을 갖춘 개발자가 되는 것은 요원한 일이고 당장 가능하지도 않다. 그리고 무엇보다 그렇게 되는 것이 반드시 지향해야 할 지점도 아니다.

당신은 어떠한가? 개발자로 5년, 10년, 어쩌면 그 이상 오랫동안 잘 버텨와서 연봉도 쪼들릴 정도는 아니고 나름 경력자로 일하면서 초보 개발자들에 비해 잘 살고 있다고 느껴지는가? 그러다 보니 여기저기서 주워들은 멋진 말들을 할 만한 개발자가 되었다는 느낌이 드는가? 그런 모든 것을 떠나서 당신은 '어떤 개발자가 되고 싶은가'라는 질문에 어울리는 삶을 살고 있는가?

하지만 질문이 틀렸다. '어떤 개발자가 되고 싶은가'가 아니라 개발자로 '어떻게 살고 싶은가'에 대한 질문을 해야 하는 게 우선이기 때문이다. 누군가 내게 개발자의 삶이나 태도에 대해 물어온다면, 나는 훌륭한 개발자가 되려 애쓰지 말고 개발자로서 내 삶을 어떻게 설계해나갈지를 고민하라는 말을 먼저 해주고 싶다.

딱 5년만 해보세요

기억을 더듬어보니 팀에 새로 들어온 신입 개발자에게 이런저런 이야기들을 해주며 '이렇게 딱 5년만 해봐요. 그럼 개발자로서 ○○님의 앞길은 활짝 열릴 테니'라는 말을 자주 하곤 했다. 요즘 같은 시대에 묻지도 않았는데 커피 한잔 사주고 꼰대 소리나 하고 있다는 소리를 들을 만도 하지만, 나이 차가 많든 적든 미래에 내 동료가 되어 어디에선가 개발자로서 훌륭한 삶을 살아가고 있을 그들이기에 동생에게나 할 법한 이야기들을 했다고 생각한다.

훌륭한 프로그래밍 능력이나 기술을 갖는다는 것은 개발자의 실력을 결정짓는 중요한 요소임에 틀림없다. 무엇보다 결과물로 판단받는 개발자여서 더 그런지도 모르겠다. 그래서 많은 개발자들이 스킬과 기술을 익히고 연마하는 데 관심을 갖는다. 관심만큼 머리가 따라주지 못해 남이 어딘가 정리해놓은 지름길 찾는 법을 구하려 여기저기 기웃거린다.

안타깝게도 인생의 고민을 줄여주는 가장 빠른 길 중의 하나는 무언가를 내 것으로 만드는 것, 즉 체득하는 일이다. 체득이란 습관처럼 정신이나 몸에 배어 자연스레 그렇게 생각하게 되거나 행동하게 되는 것을 말한다. 우리가 어렸을 때부터 보고 듣고 익혀 지금을 살아가는 나의 모습이 된 데는 이 체득된 것들이 한몫한다. 좋은 것들을 많이 체득한 사람들은 똑같이 일을 하거나 공부를 해도 얼마 안 가 앞서 나간다. 반면에 그렇지 못한 사람들은 뭘 해도 시행착오를 거치고 오랜 시간이 걸려 목적지에 도달한다. 도달하기 전에 포기하게 되는 일도 비일비재하다. 그런 후에 자신이 자존감이 떨어져서 그런 것은 아닌지 엉뚱한 데서 그 이유를 찾는다. 아니다. 개발자로서 방어력 내지 공격력을 높일 수 있는 그 무언가가 체득되지 않았기 때문이다.

특정 기술이나 지식을 습득하고 잘 써먹는 것에 대해 이야기하는 것이 아니다. 몸과 머리에 배어 있으면 좋을 것들이다. 개발자로 살아가는 동안 하루라도 빨리 이해가 돼서 체득되면 될수록 개발자로서의 삶을 성공으로 이끄는 것들이 있다. 이제 시작하는 개발자들이라면 앞으로 5년을 이것들로 채워나가는 연습을 하면 된다. 오래된 개발자라고 '난 이미 늦었다'고 생각할 필요는 없다. 주변에는 그렇지 못한 사람들이 훨씬 더 많다. 이제 그 5년이 어떻게 채워질지에 대한 이야기를 시작해보자.

차이 나는 개발자의 조건 1
: 표현하는 만큼 개발한다

개발자는 어떤 일을 하며 먹고 사는가

개발자가 하는 일은 물론 소프트웨어의 개발이지만, 이를 엔지니어링 관점에서 이야기하자면 요구사항에서부터 릴리스(release) 및 매뉴얼(물론 늘 하는 디버깅(debugging)) 그리고 유지보수까지 포함하여 굉장히 다양하다. 시중에 나와 있는 수많은 개발 서적 대부분은 이런 각 작업 단계에서 해당 작업을 잘할 수 있는 기술을 설명하거나 가이드하고 있는 경우가 많다. 이런 수많은 작업들을 '인간의 활동'이란 관점에서 구분해보면 다음과 같은 3가지 활동영역 중 하나에 속하거나 각 영역들을 아우르게 된다.

- 표현하는 일
- 소통하는 일
- 생각하는 일

당신이 참여하고 있는 개발 프로젝트가 '소프트웨어 설계'. 그중에서도 컨셉 디자인을 마치고 아키텍처(architecture)를 설계해야 하는 단계에 와있다고 가정해보자. 간단하고 단순한 프로그램의 개발이라면 굳이 아키텍처를 고민하기보다는 프로그램이 돌아가는 컴퓨팅 환경 내지는 OS(Operating System) 최적화에 더 많은 노력을 기울일 것이다. 아키텍처 설계가 필요하다는 것은 비교적 덩치가 큰 프로그램이란 뜻이다.

분야마다 차이가 있겠지만 내가 일했던 DBMS(Database Management System, 흔한 DBMS를 예로 들면 Oracle, MySQL, PostgreSQL, Altibase, CUBRID 같은 것들이 있다)를 개발하는 분야에서는 대부분의 개발 프로젝트에서 '소프트웨어 설계' 작업이 필요했다. DBMS 를 개발하는 회사 두 군데에서만 10년 가까이 일했지만, 두 회사 모두 C언어로 작성된 전체 소스 코드의 양이 50만 라인을 훌쩍 넘길 정도로 코드의 양이 엄청났다. 20년 가까이 수많은 개발자들에 의해 확장되고 유지보수된 소프트웨어라는 점을 감안하면 오히려 이 정도면 적다는 생각도 들지만, 많은 시스템 소프트웨어들 중 DBMS는 꽤나 복잡한 프로그램에 속한다. DBMS라는 시스템에 대한 이해를 떠나 그 프로그램의 방대함만 고려한다 해도 분명히 한 사람이 감당할 수 있는 양이 아니다.

한 사람의 개발자가 감당할 수 있는 코드라는 것?

'리누스 토발즈(Linus Torvalds)같은 사람은 혼자 리눅스를 만들었다는데, 웬만한 프로그램은 뛰어난 개발자 혼자서 뚝딱뚝딱 하다 보면 만들 수 있는 거 아냐?'라고 생각하는 사람이 있을지도 모르겠다. 그러나 그 리눅스도 교육용 OS로 소스 코드가 배포되어 있던 미닉스(Minix)와 셸(Shell)의 도움을 받아 토발즈가 첫 번째 커널 버전을 발표했을 당시에는 겨우 1만 라인 가까운 정도였다.

한 사람이 감당할 수 있는 코드의 분량은 흔히 C언어로 작성된 프로그램을 기준으로 5만 라인 정도라고 전해진다. 개발에서 라인 수가 중요한 것은 아니기에 LOC(Line Of Code) 논쟁(한때 프로그램이나 해당 소프트웨어를 개발하는 프로젝트를 평가하는 데 전체 코드의 라인 수를 중요하게 고려하던 때가 있었다. 그러다 보니 당시 개발자들 간의 대화 중에 자신이 작성한 코드의 양을 언급하거나 서로 비교해가며 뭐가 어쩌네 저쩌네 전혀 쓸모없는 대화에 시간을 소모하는 경우도 적지 않았는데 이를 LOC 논쟁이라 한다. 요즘은 이런 말 자체를 쓸 이유가 없는 세상이 되었다)을 하기 위해 꺼낸 이야기가 아님을 밝혀둔다. 여기서 감당이란 말은 프로그램의 코드 자체가 순수하게 그 사람의 머리에서 나와 작성되고 온전하게 유지보수 되는 것을 의미한다. '아키텍처 설계'는 이렇듯 조금은 덩치가 큰 소프트웨어를 개발하는 과정의 일부가 되기도 한다.

예를 들어 전체적으로 10개의 모듈로 구성되어 잘 돌아가고 있는 소프트웨어가 하나 있다고 하고, 내가 여기에 특정 기능을 갖는 모듈 하나를 구현해 넣어야 한다고 하자. 이를 위해서는 기존 구조에 대한 이해가 선행되어야 한다. 내가 만들어넣을 코드와 다른 모듈 간의 상관관계, 다른 모듈에 미칠 영향과 다른 모듈로부터 받을 수 있는 영향 등을 고려해야 한다. 새로운 기능으로 인해 전체 시스템의 성능이 저하되지 않고 오류 없이 동작할 수 있어야 하기 때문이다.

자, 이런 아키텍처 설계라는 작업을 하면서 개발자는 어떤 활동들을 하게 될까? 아마도 가장 먼저 하게 되는 일은 위에도 언급한 것처럼 기존 소프트웨어의 구조를 이해하는 것일 것이다. 그러기 위해서는 각 구성 모듈의 설계문서를 참고하거나 개발담당자들을 찾아 다니거나 미팅을 열어 미리 조사했던 내용들을 확인하고 궁금한 것들을 물어야 한다. 딱 여기까지, 일이 진행되는 과정에서 어떤 일들이 펼쳐질지 상상이 되는가?

- 기존 모듈의 현재 담당자가 누구인지 알아야 한다.
- 참고할 만한 문서들이 어떤 것들이 있는지 파악해야 한다.
- 문서화가 잘 안 되어 있는 경우라면(사실 많은 중소기업들이 문서화가 잘 안 되어 있거나 문서화에 실패하고 있으며 이렇게 될 수밖에 없는 많은 이유들이 있다) 담당자에게 물어물어 들어야 한다.
- 내가 특정 기능을 넣을 때 발생할 문제는 없을지, 고려해야 할 내용들은 어떤 것들이 있는지를 회의 등을 통해 들어야 한다.
- 회의 일정을 잡기 위해 회의 참석자들에게 메일로 묻든 찾아가 묻든 가능한 시간대가 언제인지 알아보고 정해야 한다.
- 대강의 내용을 알기 쉽게 정리하여 배포 및 발표 자료를 만들어야 한다.

- 자료를 만들 때는 요구사항과 앞서 수행한 기능에 대한 컨셉 등을 명료하고 정확하게 전달하기 위해 그림이나 참고했던 내용을 요약하여 잘 정리해야 한다.

생각, 소통, 표현의 '3가지' 행위가 다 한다

앞서 언급한 일 외에도 생각을 어떻게 하느냐에 따라 더 많은 것들을 해야 할 수도 있다. 앞에 열거한 일련의 행위들을 요약해보면, 모두 생각하고 소통하고 표현하는 일들임을 알 수 있다. 아키텍처 설계를 예로 들어서 그렇지 다른 작업 단계에서 하는 일들도 대부분 이와 유사하거나 그 범주를 크게 벗어나지 않는다. 결국 이 3가지 행위에서의 차이가 급이 다른 개발자와 그렇지 못한 개발자의 차이를 만들어낸다.

그렇다면 그 차이는 과연 어떻게 만들어지는 것일까? 그저 개발자로 5년, 10년 일하다 보면 자연스레 갖게 되는 그런 걸까? 앞에서 개발자로 잘 살아가기 위해서는 체득해야 할 것들이 있다는 말을 했다. 어떤 개발자는 좋은 사수를 만나 처음부터 이에 관한 조언이나 이야기를 들어가면서 깨닫는 경우도 있을 수 있고, 어떤 개발자는 수년간 이런저런 일들을 겪다 보니 결국에 '아, 이렇게 해야 일이 되는구나' 하고 느껴 체득하기도 한다.

어찌 되었든 이 차이를 갖고 있는 개발자들은 소위 주변으로부터 '인정'을 받으며 일을 한다. 그도 그럴 것이 그 차이를 갖지 못한 개발자들이 너무나 많기 때문이다. 차이를 만들어가기 위해 체득해야 할 것들은 그다지 어려운 일들이 아니다. 하다 보면 즐거운 일이 되기도 하는 것들이다.

개발자의 최종 목적지는 문제 해결

앞의 예에서도 알 수 있듯 개발자는 소통하기 위해 혹은 내가 작업하고 있는 내용들을 정리하기 위해 자료를 만들고 문서화해야 할 일들이 참 많다. 표현이란 관점에서 프레젠테이션 문서나 설계 문서, 자신이 개발한 소프트웨어의 매뉴얼 같은 기술문서는 뭔가 정형화된 문서 형태의 표현이다.

이에 더해 같은 프로젝트 멤버들과 의견을 공유하기 위한 자리나 팀장 혹은 개발 프로젝트를 관리하는 사람들과 프로젝트에 관해 수시로 하게 되는 대화 등 개발자로서 자신의 생각을 상대방에게 전달하고 상대방이 말하는 내용을 어떻게 이해했는지 표현해야 하는 경우는 비일비재하다.

개발자가 하는 일의 목적지는 문제의 해결이다. 해결해야 할 문제는 직접적인 프로젝트의 요구사항으로 대변되는 것들뿐만이 아니다. 낮은 개발 생산성도 문제가 될 수 있고, 다수의 멤버가 참여하는 프로젝트의 경우 팀워크가 문제가 되는 경우도 흔하다. 이러한 문제를 해결하기 위해 다른 오픈소스나 라이브러리를 이용하거나 협업을 위한 각종 도구들을 사용하기도 한다. 그러나 정작 수많은 개발자들이 자신의 생각을 어떻게 하면 더 잘 표현할지에 대해서는 큰 노력을 기울이지 않는다. 세미나 형식이든 발표나 대화

형식이든 아니면 화이트보드에 파랑, 빨강, 검정 마커를 사용하든 생각을 표현하는 데에 익숙해져야 한다.

표현의 차이를 만들어내는 연습 낙서

홀륭한 드로잉 작품은 그 화가가 어떤 선을 사용했느냐에 따라 그 느낌과 표현의 강약이 달라진다. 그런 느낌 있는 선을 갖게 되기까지 그 화가는 얼마나 많은 선을 그었을까? 화가가 자신만의 독특한 감성과 숙련된 기법으로 드로잉하듯 개발자 또한 자신의 생각을 표현하기에 적절한 수단을 갖고 있어야 한다. 드로잉할 때 연필을 즐겨 쓰는 화가가 질감에 따른 표현을 위해 펜이나 목탄처럼 다른 재료들을 사용할 때가 있지만 목탄만 갖고 있다 해서 드로잉을 못하지는 않는다. 개발자도 마찬가지다. 화이트보드에 그려가며 설명하는 데 능숙한 개발자가 프레젠테이션 발표를 못하는 경우는 여태껏 보지 못했다.

개발자 중에는 유독 설명가의 기질을 타고난 사람도 있다. 하지만 대부분은 처음부터 내 머릿속에 있는 생각들을 상대방이 알아듣기 쉽게 빠짐없이 잘 표현해내기가 쉽지 않을 것이다. 자연스럽게 말하기 위해서는 연습이 필요하다. 메모와 낙서는 아주 좋은 훈련 수단이 된다. 특히 책이나 논문을 읽고 이해하게 된 것들을 낙서하듯 적거나 그려보길 추천한다. 연필이 되었든 볼펜이 되었든 수정할 생각 하지 말고 틀렸으면 덧칠을 해도 상관없다. 낙서니까. 낙서한 것으로 끝내고 버릴 거니까(예를 들어 어떤 책을 읽고 있다고 하

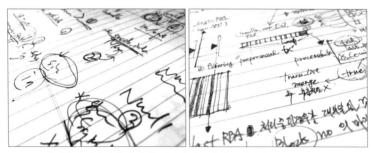

개발자가 괴발개발 흘려 쓴 낙서에서 표현의 실마리가 나오기도 한다.

자. 본문을 읽어가며 머릿속에 떠오르는 것들을 여과 없이 낙서로 표현해보는 것이다). 때때로 낙서한 것들이 후에 휘발성 강한 개발자의 머릿속에 기억을 되살려주는 좋은 도구가 되기도 한다. 하지만 낙서를 보관하고 저장하기 위해 너무 애쓰지는 말라는 이야기다.

예전에 나는 이면지(딱히 이면지만 사용한 것은 아니다. 깨끗한 A4 용지에 한 낙서들도 아주 많다)나 연습장에 이런 낙서들을 많이 했지만, 최근에는 태블릿의 메모장 앱을 많이 사용한다. 펜슬로 끄적거리고 손가락으로 휙 밀어올리면 깨끗한 낙서장이 나온다. 새로운 낙서를 하기도 참 편하다. 어떤 도구를 사용하든 상관없다. 태블릿을 쓰든 이면지를 쓰든 중요한 것은 낙서를 생활화하는 것이다.

낙서하면서 생각하고, 낙서하면서 대화하라

낙서를 늘 하다 보면 나중에 누군가에게 무언가를 설명해야 하는 경우 앞에 놓인 것이 종이가 되었든 화이트보드가 되었든 자연스럽게 내 생각의 일부 또는 전부를 표현해낼 수 있게 된다.

발표 자료로는 낙서나 메모해둔 것을 다듬어 만든다. 나만의 생각인 것은 빼두고, 다른 사람들과 소통하기 위한 재료들만 남겨 어떻게 표현하고 전달할지를 생각해본다. 그 과정에서 덕지덕지 대충 그렸던 그림은 보기 좋은 소프트웨어 컨셉이나 아키텍처의 설계 문서에 넣어도 좋을 만한 그림이 되기도 하고 더 나아가 그대로 매뉴얼에 사용되기도 한다. 내 생각을 온전히 시간 효율적으로 상대방에게 전달하는 것, 그것이 차이나는 개발자가 갖고 있는 표현의 차이다.

차이 나는 개발자의 조건 2
: 소통이 일을 줄인다

소통은 처음부터 바오밥나무를 만드는 것

많은 개발자들이 공통적으로 하는 말이 있다. 바로 '혼자 일하는 게 편하다'는 이야기다. 나조차도 그랬다. 아니, 사실은 지금도 여전히 혼자 일하는 게 편하다는 생각에는 변함이 없다. 그럴 수밖에 없는 것이, 다른 사람에게 간섭을 받으면서 일하는 것을 좋아하는 사람이 어디 있겠는가? 그러다 보니 많은 개발자들이 소통하려 하기보단 애초 전달받았던 요구사항대로, 처음 정해진 기한 안에 설명을 듣고 이해한 대로 개발해주면 내가 할 일은 다 한 것이라고 생각한다. 프로젝트 멤버가 둘 이상인 경우에도 각자 할 일의 범위를 정해 가능하면 혼자서 일을 하고 내가 맡은 부분은 가급적 내 스타일과 페이스대로 일을 해나가고 싶어 한다. 내가 생각하고 싶은 대로 생각하고, 코딩하고 싶을 때 코딩하고, 이렇게 일하고 싶어 개발자가 된 것이므로 이런 자세를 절대 포기하고 싶지 않다.

그렇다면 내가 그렇게 이해한 대로 열심히만 하면 좋은 결과물이 나올까? 경험상 개발의 결과물이 이해관계자들에게 받아들여지지 않거나 오류가 많아 실패하는 주된 이유는 근본적으로 '커뮤니케이션의 부족' 때문이다. 일단 대부분의 개발 요구사항은 프로젝트 초반에 문서로 전달받거나 회의에서 처음 들었던 내용에서 끊임없이 진화한다. 개나리 같던 내용이 내가 모르는 사이에 바오밥나무가 되어 있는 것이다.

고객은(그것이 내부 고객이든 외부 고객이든 똑같다. 나에게 그 일을 지시한 사람이라고 딴소리 안 할 거라는 생각은 절대 금물이다) 원래의 요구사항에 간단한 몇 가지를 추가하거나 바꾼 거라고 이야기한다. 그런데 왜 결과물이 개나리냐고, 자신은 처음부터 바오밥나무를 만들어달라고 했다고 말한다. 개발자의 입장에서만 생각한다면 정말 기가 차고 답답해 미칠 노릇이다. 그러나 중요한 것은 상대방도 똑같이 답답하고 미칠 노릇이라는 것이다.

이 이야기는 아마도 개발에만 국한된 게 아닐 것이다. 대부분의 일이란 것이 '누군가의 요구사항을 만족시켜주는 것'이라는 본질을 생각한다면, 대부분의 일터에서 요구사항이 매번 바뀌거나 어쨌든 처음과는 다른 모양이 되는 일은 비일비재하니 말이다. 이런 경우 일의 성공, 즉 요구사항을 만족시킬 수 있는 가장 좋은 방법은 요구사항이 바뀐 것을 알게 된 순간 그 내용에 대한 합의를 반영하는 것이다.

어떻게 바오밥나무를 만들까?

바뀐 요구사항을 만족시키는 결과물을 만들어내려면, 바뀌었다는 사실을 가급적 빨리 알아야 하고 어떻게 바뀌었는지도 정확히 파악해야 한다. 개발자에게는 여기에 한 가지 사항이 더 추가된다. 바뀐 요구사항을 주어진 기한 내에 반영할 수 있는지의 여부를 파악해야 하고, 이를 고려한 개발계획(WBS, Work Breakdown Structure: 프로젝트를 성공적으로 완료하기까지 필요한 작업들을 세분화하여 수행기간과 함께 명시한 표)의 리스케줄링(re-scheduling)을 해야 하는 것이다.

이 일 모두 귀찮은 작업들이다. 처음 정해진 대로 요구사항이 바뀌지 않으면 참 좋겠지만 개발 스케줄은 물론 심지어는 개발 대상에 대한 생각과 요구사항을 어떻게 만족시킬 것인지에 대한 기술 서베이(survey)조차 처음부터 다시 해야 하는 경우도 있다. 개발자들이 푸념이나 뒷담화를 한다면 이렇듯 애초 일을 맡았을 때와는 다른 일이 되어버린 부담에 기인한 것일 가능성이 아주 크다.

'에휴, 왜 이제 와서 이걸 이렇게 하라는 거냐고!'

많이 해보거나 들어본 소리 아닌가. 그러나 귀찮고 짜증나는 근본적인 이유는 요구사항이 바뀌지 않았으면 했던 바람과 마감 기한까지는 내 마음대로 좀 편하게 일해도 되겠다는 기대가 망가졌기 때문이다. 요구사항이 바뀌는 게 결코 일어나지 말아야 할 일이고 그 자체가 잘못된 일이기 때문은 아니란 것이다. 처음부터 완벽한 요구사항도 전혀 없지는 않겠지만, 요구사항 자체는 오히려 바뀌는 게 당연하다고 생각해야 한다. 그러는 편이 정신 건강에도 훨썬 낫다. 따라서 개발자는 요구사항이 바뀔 것을 염두에 두고 일을 해나가야 한다. 그래서 WBS를 작성하는 등의 작업 계획을 세울 때는 충분한 버퍼(buffer)를 둬야 하고 무엇보다 이해관계자들과 커뮤니케이션을 잘 해야 한다. 요구사항을 개발자가 바꾸지 않는 이상 언제 어떻게 얼마나 바뀔지 개발자는 알 수 없기 때문이다. 다만 바뀐 요구사항이 개발 결과물에 제대로 반영되지 않는다면 해당 결과물 자체가 받아들여지지 않거나 기한은 늘지 않았는데도 처음부터 다시 개발해야 하는 상황이 벌어진다.

변경된 요구사항을 가장 빠른 시간에 인지하여 개발에 반영하는 것, 그것이 애자일(Agile)의 기본 철학이고, 이를 위해 애자일은 커뮤니케이션 비용의 발생을 감수하는 다양한 기법들을 받아들인다.

커뮤니케이션의 필요성은 비단 요구사항에만 국한된 이야기는 아니다. 수준의 차이가 다르겠지만 설계 과정에서도 테스트 시나리오를 확정할 때도, 심지어는 릴리스 항목을 선정하고 제품 홈페이지에 이번 릴리스한 내용들을 리스트업(list-up)하기 위한 항목별 우선순위를 정하는 데도 장시간의 커뮤니케이션이 필요하다.

소통의 차이를 만들어내는 '커피 챗'을 활용하자

나는 소통의 '스킬'을 기르는 좋은 방법으로 개발자 후배들에게 '커피 챗'을 권한다. '커피 챗'이라 하니 점심 식사를 마치고 식당에서 나와 테이크아웃 커피를 사가지고 사무실로 들어가거나 잠깐 커피숍에 앉아 회사 사람들과 아이스 바닐라 한잔하는 모습이 그려질지도 모르겠다. 겉으로만 보면 딱히 다른 모습은 아닐 것이다. 그러나 내용이 좀 다르다.

내가 필요하다고 한 '커피 챗'은 커피와 함께하는 여유시간의 느낌이라기 보다 적극적인 수다로서의 '챗'에 무게를 둔다. 개발자들이 능동적으로 대화에 참여하는 시간, 주도적으로 대화를 이끌어가며 자신의 생각을 논리적으로 표현하는 시간을 가져야 한다는 말이다. 때로는 기술팀 엔지니어들과 함께 자리를 하는 것도 좋은 일이고 다른 부서의 사람들과 자리를 갖는 것도 좋다. 중요한 것은 대화를 이끌어 나가는 소통의 주체가 되라는 것이다.

보통 커피 타임이 되었든 회사 MT가 되었든 다른 부서 사람들이 섞여 있는 자리에서 개발자들은 소심한 캐릭터의 대명사가 된다. 입 다물고 가만히 앉아 다른 사람들의 이야기에 동의한다는 듯 고개만 끄덕이거나, 어쩌다가 신나게 적극적으로 대화를 주고받는 경우에도 '마블 히어로'들의 얽히고설킨 관계를 서로 침 튀기며 논쟁하듯 설전을 벌일 때뿐이지 관련 주제를 이어나가고 발제까지 하는 경우는 매우 드물다. 이런 모습을 두고 세간에서는 개발자가 되는 사람들은 원래 성향이 그렇다는 말을 하기도 한다. 어느 정도 수긍이 가는 말이다. 워낙 혼자서 뭐 하길 좋아하고 "그렇지!", "아니, 그건 아니잖아", "오, 그래 그래, 바로 그거야" 같은 추임새까지 넣으며 모니터와 이야기하는 모습을 보면 '저 신기한 족속들은 뭐지?' 하는 생각이 들 수 있다. 독특하다고 하기에는 이제 개발자라는 집단은 그 개체 수가 엄청난 속도로 증가해 사회적으로 이미 주류인 집단이 되어가고 있다. 그런데 주위 개발자들을 보면 여전히 소통의 측면에서 혼잣말이나 모니터와의 대화 수준에 머물러 있는 사람들이 많다. 그런 것은 일방적인 발성일 뿐 소통이 아니다. 소통을 하려면 사람들과 의견을 주고받아야 한다. 자신의 생각을 자신만 아는 언어와 표현으로 일방적으로 발설해버리고 마는 것이 아니라 상대방을 논리적으로 이해시키기 위해 가장 적절한 표현이 무엇인지 고민해야 하는 것이다.

개발자, "대화가 필요해"

사람이 가진 성향이 아닌 개발이라는 일의 특성이라는 측면에서 생각해봐도 마찬가지다. 개발자는 회의를 제외한 대부분의 일하는 시간 동안 대화를 할 일이 거의 없다. 개발자로 오래 일 할수록 말을 잘 하지 못하게 되는 것도 일의 특성에 기인하는 것인지도 모른다. 연수가 차면서 팀장이나 연구소장 같은 관리자가 되어 그나마 말을 많이 하게 되는 자리에 있게 되면 또 다른 이야기이겠지만, 그런 경우라 할지라도 갑자기 말을 잘하게 되는 것은 아니다. 다른 분야에서 비슷한 기간 일해온 사람들과 비교하면 역시나 소통의 기술은 떨어지는 경우가 많다.

커피 타임은 이런 개발자들이 소통하는 방법을 잃지 않고 자신의 생각을 논리적으로 표현하는 연습을 자연스레 할 수 있는 거의 유일한 시간이다. 소통하는 연습을 위한 특별한 형식이 있거나 개발에 국한된 주제를 꺼내느라 딱히 부담을 가질 필요는 없다. 익숙해질 때까지는 동료들과 함께 커피 타임을 가지려는 것만으로도 충분하다. 그러다 보면 자연스레 이런저런 이야기, 더 나아가 자신이 현재 수행하고 있는 프로젝트를 다른 사람이 재미있게 듣고 조언까지 해주는 일도 생긴다. 그러기 위해서는 커피 타임이 여유로워야 한다. 시간에 쫓겨 20~30분에 후딱 커피 한 잔 마시고 들어가야 한다면 무슨 이야기를 제대로 할 수나 있을까?

예전에 팀장으로 몸담았던 개발 조직에서 나는 점심시간을 제외한 1시간 이상의 커피 타임을 팀원들과 의도적으로 가진 적이 있다. LDT(Lunch-Time Developer's Talk)라고 이름 붙인 이 커피 타임은 때때로 즐거운 이야기를 하다 보면 2시간을 훌쩍 넘기기도 했다. 주제는 각양각색이었다. 나와 팀원들이 몸담고 있는 분야인 시스템 소프트웨어 개발에 대한 생각과 같은 아주 근본적인 이야기에서부터 경제나 주식투자와 같은 일과 직접적인 관련이 없는 주제까지 다양했다. 커피 타임에 참여는 자유로웠고 이야기 도중 들어가봐야 하거나 먼저 자리를 떠야 하는 경우도 자유로웠다.

모든 개발 조직이 이런 문화를 갖고 있는 것은 아닐 것이다. 중요한 것은 개발자들이 능동적으로 소통에 참여하고 연습할 수 있는 시간들을 스스로 만들어가야 한다는 것이다. 이런 시간은 비단 개발자들 본인뿐 아니라 개발자와 함께 일하는 사람들, 더 나아가 회사 전체로서도 장기적으로 유익하다.

차이 나는 개발자의 조건 3
: 생각하고 또 생각하자

생각도 일이다

개발자는 '생각'하는 직업이다. 늘 그렇지는 않지만, 개발자는 해결해야 하는 문제가 주어진 순간부터 그 문제가 내 손을 떠나게 될 때까지 혹은 그 이후에도 그 문제가 크든 작든 '생각'에 빠져 있어야 한다. 그러다가 해결해야 할 문제의 덩치가 커지면 이 문제를 어떻게 쪼갤지 궁리하면서 복잡하게 머리가 돌아가기 시작한다.

문제의 핵심을 찾는 과정과 그 핵심을 구조화해서 하나하나 정복해가는 과정을 흔히 개발자들은 '디바이드 앤 컨커(Divide and Conquer: 분할정복, 각개격파 알고리즘)' 전략이라고 한다. 아직까지 개발자들의 사고방식을 표현하는 수많은 문구 중 디바이드 앤 컨커만큼 '딱' 어울리는 용어를 찾지 못했다.

디바이드 앤 컨커는 말 그대로 쪼개어 하나씩 정복해나간다는 뜻이다. 흔히 비즈니스 쪽에서 주로 사용되는 '선택과 집중'과는 다른 의미다. 어떤 경우는 주어진 문제 자체가 하나의 덩어리로 더 이상 쪼갤 수 없는 정도인데 복잡도가 높아 깊은 사고를 해야 하기도 한다.

우리는 주로 석사나 박사 과정에서 이런 문제들을 다루거나 스스로 만들어내어 12페이지짜리 페이퍼를 컨퍼런스나 논문지에 투고하기도 한다. 논문의 첫 페이지 상단 저자란에 주저자로 표시되는 사람은 해당 논문의 문제와 관련하여 핵심 아이디어를 제공한 사람으로 그 논문의 내용에 가장 큰 기여를 했다고 인정받는데, 흔히 우리가 학계라고 부르는 대학원에서는 이러한 생각이란 것이 가장 메인 활동이고 인정받는 활동이 된다. 물론 우리나라의 경우, 생각은 교수 혼자 다 하고 석사나 박사 과정에 있는 연구생들은 실험과 프로젝트라는 미명하에 그 교수의 아이디어를 구현하는 일에 투입되어 수개월 혹은 수년을 보내는 일도 잦다. 그러니 대학원에 진학할 때는 이런 점도 분명 고려해야 한다.

여하튼 박사과정 수준에서의 깊이 있는 생각들이 필요한 경우는 아주 드물지만, 실제 현업에서도 개발자로 일하다 보면 주어진 문제를 해결하기 위해 생각을 해야 할 경우가 많다. 아니 개발자로 살아간다는 것은 각양각색의 수많은 문제들을 깊고 얕은 생각들을 통해 해결해나가는 일련의 과정이라고도 볼 수 있다.

커리어보다 생각에 치중하자

개발의 결과물은 그것이 기술문서가 되었든 코드가 되었든 연구 내용의 발표가 되었든 세미나가 되었든 생각의 정도에 따라 그 퀄리티가 달라진다. 충분한 생각이 선행된 결과물은 박수받고 인정받는 결과물이 될 가망성이 크다. 왜냐하면 대다수는 그런 결과물을 만들어내지 못하기 때문이다. 생각하기 귀찮아서일 수도 있고 생각하는 힘이 부족해서일 수도 있다. 아니면 근본적으로 선택과 집중을 어디에 어떻게 해야 하는지 방법을 모르기 때문일 수도 있다.

그렇다 보니 상대적으로 관리하기 쉬운 '커리어'에 치중하는 개발자들이 많다. 네이버, 카카오, 삼성전자나 더 나아가 구글, 아마존, 마이크로소프트 같은 글로벌 기업에 입사해 커리어에 한 줄 넣고는 별다른 발전도 없이 그 후광으로 편하게 살아가려는 사람들도 적지 않다. 물론 이런 회사에 들어가는 것조차 개발자의 능력이라고 생각할 수 있다. 그러나 그 능력이라는 것은 일개 회사의 신입 개발자를 거르는 채용 시스템을 통과할 정도의 역량인 것이지 개발자로서 핵심 역량을 가졌다는 것을 보장하는 것이 아니다.

경력 개발자를 채용하기 위해 이력서를 검토하다 보면 네이버나 삼성전자같은 누구나 아는 대기업 출신의 지원자도 간혹 있다. 그러나 이후 진행된 기술면접에서 '도대체', '어떻게'라는 의문만 남기고 채용되지 못하는 경우도 적지 않았다. 개발자의 커리어는 회사명이 다가 아니다. 내가 어떤 프로젝트들을 수행했는지, 그 프로젝트에서 어떤 생각들을 했는지가 메인이다. 커리어에 그 남다른 생각의 결과물이 드러난다면 당신은 개발자로 인정받게 된다. 개발자의 차이를 만드는 중요한 요소는 바로 '생각'의 차이다. 따라서 내가 생각을 별로 안 하는 개발자로 살고 있다는 생각이 든다면 시간이 지날수록 그저 그런 개발자에 머물겠구나 생각하면 된다.

읽기와 네트워킹이 생각의 차이를 만든다

아이폰과 아이패드, 아이팟과 같은 혁신적인 디자인과 소프트웨어를 탑재한 전자제품으로 유명한 애플의 창업자이자 애플 역사상 가장 훌륭한 CEO, 전 세계적으로 그 업적을 칭송받고 있는 스티브 잡스는 "창의성(Creativity)이 무엇이라 생각하나요?"라는 질문에 "Creativity is just connecting things", 즉 "창의성은 인지하고 있는 사실들을 연결하는 것에 지나지 않는다"라고 답했다. 그는 창의적인 사람들은 "단지 무언가를 보았을 뿐"이며 이를 자신이 경험한 것들과 연결해 거기서 새로운 것을 '종합(synthesize)'할 수 있었던 이들이라고 했다.

내 생각도 이와 크게 다르지 않다. 창의력의 발휘는 그래프를 그려나가는 것과 같다. 그래프는 노드(Node)와 엣지(Edge), 즉 둘 이상의 점과 점들을 잇는 선들로 이루어진다. 점들을 잇다 보면 이런 모양도 되고 저런 모양도 되지만 그 가운데 의미 있는 모양을 찾아내는 것이 창의력의 본질이다.

인류가 아직도 채워나가고 있는 원소주기율표의 원소들은 인간이 만들어낸 것이 아니라 원래부터 이 세상에 존재하는 것들이다. 우리는 수많은 물질들을 분석해 핵심 원소들로 이루어진 원소주기율표를 얻어낼 수 있었고, 이들 원소들에 화학반응을 일으켜 새로운 화합물들을 만들어냈다. 우리는 인도에서 나름 깊은 성찰의 시간을 보냈을 잡스가 인간의 창의성에 대해 어떻게 생각하는지 저 대답을 통해 잘 알 수 있다. 창의성의 본질은 이전에는 없었던 새로운 것을 만드는 데 있는 것이 아니라 '이미 존재하던 것을 인지하고 서로 연관성이 있음을 알아채는 것'이라는 데 있다. 이렇게 새로운 무언가를 만들어내기 위해서는 원래부터 존재하는 그 무언가가 필요하며 그것이 바로 인간이 신이 될 수 없는 이유이기도 하다.

많은 생각의 '재료'를 확보하라

앞서 말한 이유에서 한 사람의 창조력 내지는 창의력이란 그 사람이 얼마나 많은 노드들, 즉 연결지을 수 있는 재료들을 갖고 있느냐에 따라 기본적인 차이를 갖게 된다. 연결할 수 있는 재료는 공부하고 읽어서 아는 지식, 살면서 경험하게 되는 것들, 누군가로부터 들어서 알게 된 사실 등 다양하다. 이러한 재료들이 많을수록 연결할 노드들이 많은 것이고 표현할 그래프가 많아진다. 표현할 그래프가 많다는 것은 그렇지 못한 경우에 비해 새로운 모양을 더 많이 갖고 있다는 것이고, 주어진 문제를 해결하거나 대처할 힘 또한 더 크다는 것을 의미한다.

개발자에게 주어지거나 닥치는 문제들을 해결하기 위해 필요한 정보들은 일상의 삶을 지속한 경험에서 나온다기보다 다른 사람들이 발견하고 생각한 결과물들로부터 얻게 되는 경우가 많다. 따라서 개발자들은 문제 해결력을 높이기 위해 많은 '읽기 재료들(Reading Materials)'을 소화하면 할수록 도움이 된다. 리딩에 '재료'를 붙인 이유는 리딩이 반드시 책을 읽는 독서만을 의미하는 것이 아니기 때문이다.

자신이 속한 개발 분야에 따라 다르겠지만, 기본서라 불리는 잘 쓰여진 책 몇 권을 여러 번 읽다 보면 충분한 해결력을 갖게 되는 분야도 있고 정기적으로 발행되는 잡지나 칼럼만으로도 충분한 분야가 있고 주기적으로 새로운 연구내용을 업데이트해가면서 지식을 쌓아가야 하는 분야도 있다. 논문, 책, 잡지, 기술 블로그 등 읽을거리를 소홀히 하지 않는다면 어느덧 뭔가 다른 생각을 하는 개발자라는 평을 듣게 될 것이다.

주기적인 네트워킹은 생각 발전소가 된다

읽기가 개인적인 정보와 지식 습득의 과정이라면 네트워킹(Networking)은 둘 이상의 정보와 지식의 원천들이 소통하는 과정으로 둘 다 새로운 노드들이 만들어지기도 하고 엣지들이 연결되기도 한다. 물론 잘못된 정보들을 여과 없이 받아들여 생각의 질이 떨어질 가능성이 다소 있지만, 나보다 나은 개발자 혹은 나와는 다른 생각을 하는 개발자들과의 네트워킹은 개발자로서 생각이 발전하는 훌륭한 장이 되기도 한다.

네트워킹의 예는 많다. 공식적으로 개최되는 크고 작은 포럼들도 있고, 아마존, 마이크로소프트 같은 대기업이나 특정 분야의 협회 등에서 개최하는 컨퍼런스, 개별 기업에서 자사의 소프트웨어나 컨셉, 아키텍쳐를 소개하기 위해 데모데이(Demoday: 스타트업 기업이 투자자들에게 서비스나 제품, 아이디어 등을 소개하는 행사)나 밋업(Meetup: 투자자를 유치하기 위해 제품 또는 서비스를 설명하고 토론하는 일종의 사업 설명회) 등을 개최하는 경우도 있다. 이런 행사뿐 아니라 오픈소스 커뮤니티나 특정 소프트웨어의 사용자 모임 같은 개발자 네트워크들도 있다.

가장 도움이 되고 좋은 예는 현재 자신의 팀에 시니어를 포함해 능동적으로 네트워킹하는 모임을 주기적으로 갖는 것이다. 이런 모임을 꾸준히 하면서 생각을 발전시키다가 새로운 소프트웨어 스타트업을 만들게 되는 경우도 몇 번 봤다. 중요한 것은 가만히 앉아 시키는 일만 해서는 생각이 발전하는 속도도 더디다는 것이다. 능동적으로 리딩하고 네트워킹하자. 생각보다 빨리 발전하는 자신의 모습에 재미를 느끼게 될 것이다.

REBOOT

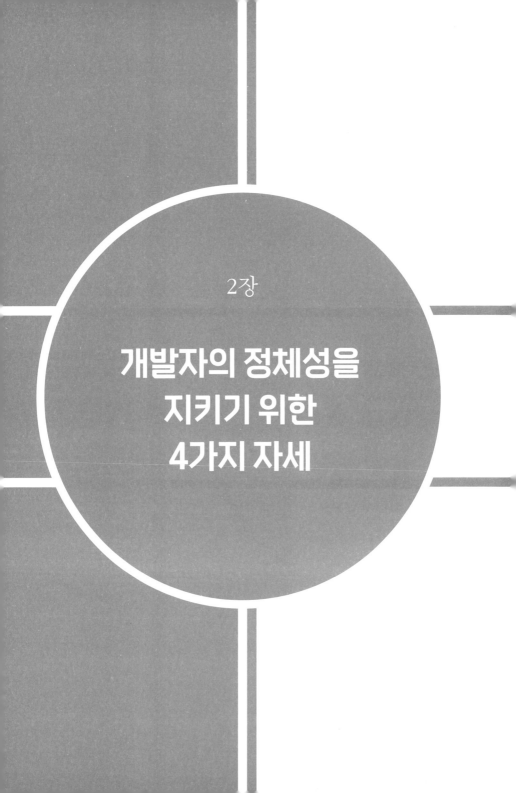

2장

개발자의 정체성을
지키기 위한
4가지 자세

철저히, 또 철저히
나 자신을 알라

상상 주머니는 큰데 현실성이 없는 사람들

개발자가 된 사람 가운데는 만화 같은 상상을 현실에서 실현해 보고 싶어서 이 길로 들어온 사람들도 있을 것이다. '개발자가 되면 내 어깨 옆에 둥둥 떠서 날 따라다니는 반려봇같은 걸 만들 수 있게 될지도 몰라.'

너무 황당무계하지만 않다면 애플리케이션을 만드는 일이 되었든 서비스가 되었든 내 손으로 뭔가 만들어보고 싶다는 마음으로 소프트웨어 개발자가 되는 일에 도전한 사람들도 적지 않을 것이라는 이야기다. 내가 그동안 만났던 많은 개발자들에게 어떻게 개발자의 길을 걷게 되었는지 묻거나, 개발팀을 이끌면서 신입 개발자 채용을 위해 지원자들의 이력서 후반부에 첨부된 자기소개서를 읽다 보면 자주 등장하는 내용이기도 하다.

학부 때 경영학을 전공한 내가 소프트웨어 개발자가 되는 데 가장 큰 계기로 작용했던 것은 '스마트 홈(Smart Home)'이라는 단어를 접하고 나서부터였다. 대학을 졸업하고 3년 단기장교로 공군에서 복무하던 중 제대를 1년 정도 앞둔 2003년 어느 날이었다. 사회에 나가면 뭘 하면서 살지를 고민하다가 동기가 읽고 있던 〈타임(TIME)〉지를 들춰본 적이 있다. 가까운 미래에 휴대폰으로 집안의 가전제품이나 전기장치들을 컨트롤하는 시대가 도래할 것이라는 글을 읽었을 때 '스마트 홈'이란 단어가 머릿속에 들어와 콱 박혔다.

그 후로 누가 시키지 않았어도 일과를 마치고 BOQ(장교 숙소)에 들어오면 연습장을 펼치고는 어떻게 휴대폰(지금은 스마트폰이 더 익숙한 용어이기는 하다)으로 집안의 전등이나 가전제품들을 제어할 수 있을지를 끄적거리며 낙서하곤 했다. 그리고 참 모자라게도 당시 휴대폰을 만들던 삼성이나 LG, 팬텍앤큐리텔 같은 곳에 입사해 스마트홈을 구현하는 일을 하고 싶다고 말하면 그쪽으로 일할 수 있을 줄 알았다.

결국 1년 만에 사표를 냈다

제대 후 얼마 지나지 않아 나는 정말 운 좋게도 LG전자에서 개발자로서의 첫발을 내딛게 되었다. 입사 후에 LG전자 내에서도 당시 꽤나 잘나갔던 MC(Mobile Communications) 사업부의 '개발3실'이라는 부서에 배속받았다. 개발3실은 유럽향(GSM: Global System For Mobile Communications Standard) 2G/2.5G폰에 탑재되는 소프트웨어를 개발하는 부서 였고 개발 인력만 300명이 넘었다. 그 많은 인원이 여러 파트로 나뉘고 하나의 파트는 또 여러 팀으로 구성되었다. 나는 그렇게 많은 팀들 중 SMS팀에 배치되었는데, 그 팀은 단문메시지를 주고받는 모듈을 개발하는 팀이었다.

지금에 와 생각해보면 스마트홈과는 거리가 멀었던 SMS팀에서 내가 맡았던 일도 누군가에겐 꽤 중요한 일이었을는지 모른다. 하지만 그 당시 나에게는 기대가 컸던 만큼 재미없는 일에 대한 실망도 컸는지 얼마 안 가서 회의감이 몰려왔다. 무엇보다도 모바일 소프트웨어 개발 자체에 흥미가 떨어졌다. 결국 나는 1년도 채우지 못한 채 사표를 냈다.

내가 원하는 것은 만들 수 '없다'

어느덧 17년 차 시니어 개발자가 되어 지난 옛일을 떠올리자니 얼굴이 빨개지는 듯하다. 개발자가 되면 내가 만들고 싶은 것을 만들며 살 수 있으리라는 생각은 개발자라면 당연히 해봄직한 생각이고, 개발자로 살면서 끝까지 놓지 말았으면 하는 순수한 마음이다. 그러나 처음 개발자가 되면 대부분은 그렇지 못한 현실을 경험할 수밖에 없다. 현실적으로 내가 만들고 싶은 프로그램은 시간적인 면이나 실력적인 면 어느 쪽에서든 백 번 양보하고 생각해봐도 만들기 어렵다. 그런 사실을 알아차리는 데는 그리 오래 걸리지 않는다. 참 신기한 점은 그런 현실을 인식했다고 해서 개발자를 관두게 되지는 않더라는 것이다.

내가 말하고 싶은 이야기는 내 손으로 만들어 보고 싶은 그 무언가가 중요하지 않다는 것도, 그렇기에 그 생각을 버려야 한다는 것도 더더욱 아니다. 회사에서 개발자로 일하면서 내가 무엇을 만들고 싶은가는 한동안 전혀 중요하지 않다는 것이다. 개발은 훨씬 복잡하고 혼자 감당하기에 너무나 벅차디 벅찬 일들로 가득하다. 나 역시 20년 전 다른 팀으로 옮겨갔다 한들 결코 혼자서는 뚝딱뚝딱 원하는 것을 만들 수 없었을 것이다.

얼마 전까지 그렇게 똑같지도 않은 코스프레 옷을 입고는 자신이 〈겨울왕국〉의 주인공이라며 서로 다투더니 이제는 엘사나 안나가 되는 것에 관심도 없는 어린 두 딸을 보며 이와 비슷하다는 생각을 한다. 마치 그것이 전부라도 된 것처럼 중요하게 생각하던 것들을 정말 어설프게 알고 있었다는 사실과 심지어는 시간이 조금만 지나면 전혀 관심밖의 일이 되어버린다는 것 말이다.

온갖 종류의 '신'이 되어버린 날

이쯤에서 만들고 싶은 것에 관한 정의를 다시 해야 할 듯하다. 그리고 당신이 지금에 와서 생각해야 할 것은 '무엇을 만들고 싶은가'가 아니다. '어떻게 만들고 싶은가'다.

너무 비정한 말처럼 들릴지 모르겠지만 월급받는 개발자로 살면서 자신이 원하는 것을 만들려는 생각은 정말 할 수 있는 때가 되기까지 가슴 깊은 곳에 그냥 묻어두라는 말을 해주고 싶다. 잊어도 상관없으니 그냥 가슴 한쪽에 묻어버리라고. 안 그럼 나처럼 빙돌아 힘든 삶을 살아가게 될지도 모른다고 말이다.

최근에도 코로나19로 인해 경제적으로 결코 좋다고 할 수 없는 시기를 보내고는 있지만, 소위 IMF 때라고 하던 2004년은 1998년 IMF의 충격이 고스란히 경기침체와 실업률의 증가로 나타나던 시기였다. 그러한 시기에 몇몇 사소한 이유들을 늘어놓으며 LG전자에 사표를 내고는 이러이러해서 그만두기로 했다는 말을 주변에 했을 때 나는 온갖 종류의 '신'이 되었다.

흙수저로 태어나 대기업이 아니더라도 어디든 입사해 따박따박 나오는 급여에 행복해하며 쥐 죽은 듯 살아야 한다는 정서가 팽배한 분위기에서 이직도 아니고 어처구니없는 이유로 그냥 퇴사를 해버린 나에게 돌아온 말들은 살면서 한 번도 내가 들을 거라고는 생각지도 못한 신들의 이름이었다. '빙신', '붕신', '등신' 등등.

늘 자애롭던 어머니조차 다 큰 바보 자식의 얕은 생각과 무모한 결정에 그동안 수고하고 애쓴 자식 농사가 헛수고였다는 것을 직감한 듯 눈물을 흘렸다. 지금 다시 그때로 돌아간다 해도 이 책이 아닌 다른 어딘가에 쓸 다른 이유들로 LG전자에서 퇴사했으리라는 사실에는 변함없겠지만 뭐 그때는 그랬다. '내가 만들고 싶은 것을 이 회사에서 내 손으로 할 수 있는 날은 어쩌면 안 오겠구나'라고 깨달았다.

만들고 싶은 '무언가'보다 '어떻게'에 집중하자

개발자로서의 첫 직장이었던 LG전자를 그렇게 퇴사하고 일본 회사를 비롯해 이곳저곳 직장을 옮겨다니며 살고는 있지만 지금까지도 내가 만들고 싶은 그 무언가를 만들어본 적은 단 한 번도 없다. 다만 시간이 지날수록 참여하는 대부분의 개발 프로젝트를 내가 주도적으로 이끌어가게 되었을 뿐이다. 이것이 얼마나 중요한지 이야기하기에 앞서 좀 더 구체적으로 들어가보면 내가 만들고 싶은 것을 만들 수 있는 능력을 기본적으로 갖고 있다 하더라도 우선 자원이 필요하다. 시간과 돈이 있어야 한다는 말이다. 시간과 돈은 기회비용의 측면을 고려해 어느 정도 서로 트레이드오프(Trade-Off) 관계에 있으니 둘 중 하나로 설명이 가능하겠지만, 나에게 주어진 시간은 한정적이니 돈으로 설명해보고자 한다.

만약 월급 같은 것에 의존하지 않고 먹고사는 데 아무런 지장이 없다면 개발자로서 내가 만들고 싶은 것을 구현하면서 살 수 있지 않을까? 시간이 얼마가 걸리든 주야장천 유유자적 원하는 것을 만들며 미소 짓는 개발자의 삶! 생각만 해도 멋지지 않은가?

찾아보면 이렇게 사는 개발자가 어딘가에는 있을지 모른다. 그러나 이런 삶을 막연히 동경하면서도 정작 이렇게 살 수 있게 된다면 나는 개발자 말고 다른 일을 찾을 듯하다. 개발자로 살면서 동기부여 되는 부분 중 하나는 바로 한정된 자원에서 내가 낼 수 있는 퍼포먼스와 만들어낼 결과물에 대한 도전이기 때문이다.

결국 '무엇을'보다 '어떻게' 만들까를 고민하는 것이 훨씬 지속적이고 즐거운 일이라는 걸 알게 되었다. '소프트웨어를 어떻게 만들고 싶은가'에 대한 답은 각자마다 다를 것이다. 또 시간이 지나면서 바뀌기도 할 것이다. 그러나 그 '어떻게'를 내가 결정하는 것과 그렇지 못하는 것에는 큰 차이가 있다. 나의 경우 '어떻게'를 내가 결정하기 위해, '만들고 싶은 소프트웨어'란 것에 대한 정의를 다음과 같이 하게 되었다.

- 어떤 요구사항이든 개발을 위해 이를 검토하고 구체화하는 데 내가 참여하는 소프트웨어
- 기술적으로 구체화된 요구사항을 만족시키기 위한 설계 역시 내가 참여하는 소프트웨어
- 구현상의 최적화와 코드 작업에서 보다 바람직한 로직도 내가 생각하고 싶은 만큼 해볼 수 있는 소프트웨어
- 필요한 테스트 시나리오들에 대한 통찰력 있는 의견도 내가 제시하는 소프트웨어
- 최종적으로 '이거 내가 만든 거야'라고 말할 수 있는 소프트웨어

이렇게 만들고 싶고 이렇게 만든 소프트웨어가 바로 개발자인 '내가 만들고 싶은 소프트웨어'다.

협상력 있는
개발자가 돼라

개발자에게 '협상력'이 필요할까?

개발자의 삶을 살아가는 데 필요한 것들을 꼽으라면 아마 수많은 단어들을 동원해 다양하게 표현할 수 있을 것이다. 그중 하나의 단어만 고르라면 나는 단연코 '협상력'이란 단어를 선택할 것이다. 협상력이 가장 중요하고 필요해서라기보다는, '협상력'이야말로 개발자가 떳떳하고 행복한 개발자로서의 삶을 지속하기 위해 필요한 하나의 전제가 될 수 있으리라는 생각 때문이다.

개발자는 다른 직군에 비해 이직이 빈번하다. 따라서 '연봉 협상'이 중요하다면 꽤 중요한 직종이다. 이런 이유 때문에라도 '협상력'은 연봉과 무관하지 않다. 그러나 '연봉'에 관한 설명은 다른 장에서 하기로 하고, 여기서는 '내가 원하는 개발을 하려면'이라는 관점에서 협상력을 이야기해보려고 한다.

개발 조직 내에서 개발자 본인이 원하는 개발을 해나가기 위해서는 갖춰야 할 것들이 꽤 많다. 앞서 개발자가 하는 일이라며 언급한 '생각', '표현', '소통' 하는 일과 협상력은 무관하지 않기 때문에 전문적인 지식에 기반해 깊이 사고하고 이를 표현하는 데 능숙하며 상대방에게 잘 이해시킬 수 있다면 이미 그 사람은 분명히 상당 부분 협상력도 갖추고 있는 것이다. 협상력 있는 개발자가 갖고 있는 능력이자 발현되는 부분들을 좀 더 구체적으로 이야기하자면 다음과 같다.

- 요구사항을 명확히 공유할 수 있는 능력
- 요구사항을 기술적으로 구체화시킬 수 있는 능력
- 기술문서 작성 능력
- 발표 및 설명 능력
- 개발계획 수립 능력
- 기타: 구현하고 테스트하는 데 사용할 도구들에 대한 지식들

위와 같은 능력들을 한 번에 모두 갖추기란 쉽지 않은 일이다. 마치 무협지 주인공이 무술을 수련하기 위해 내공을 쌓듯이 협상력도 차곡차곡 만들고 쌓아가야 채워지는 것이다.

말이 나왔으니 무협지 이야기를 조금만 더 해보자. 똑같은 '이십사수매화검법'을 구사해도 내공이 있는 경우와 그렇지 못한 경우 생사가 갈리기도 한다. 자신이 내공을 얼마나 갖고 있는지 모르는 경우도 있고 내공을 증진시키는 무공이나 방법을 모른 채 무공 비

급만 추구하는 경우도 많다.

개발자에게 협상력도 그렇다. 협상력을 갖춘 개발자와 그렇지 못한 개발자, 협상력에 대해 생각하며 사는 경우와 그렇지 않은 경우는 시간이 지날수록 큰 차이를 보이게 된다. 내공을 얻는 방법이 다양하듯 개발자로서 협상력을 갖게 되는 과정도 다양하다. 본인만의 방법으로 협상력을 갖추게 된다면 더할 나위 없겠지만, 지금까지 그러지 못했다면 다음에 소개하는 내용들을 천천히 읽어봤으면 좋겠다. 시간을 들여 하나하나 갖춰 나간다면 그 과정에서 협상력도 커져 어느덧 자신이 원하는 소프트웨어를 만들 수 있는 개발자가 될 것이다.

요구사항을 명확히 공유할 수 있는 능력

요구사항을 명확히 이해하려면 커뮤니케이션 능력이 필수다. 개발을 하기 위해 내가 알아야 할 모든 것들을 미리 친절하고 자세하게 알아서 설명하고 알려주는 상대방은 세상에 존재하지 않는다. 이 사실은 내가 현재 신입이든 주임이든 선임이든 책임이든 어떤 레벨에서나 마찬가지다. 그도 그럴 것이 요구사항을 나에게 전달하는 사람이 고객이 되었든 CTO가 되었든 팀장이든 내 선임이되었든 어느 순간에는 더 이상 자신이 할 일도 아닌데 '오지랖'을 부리는 일이 되기 때문이다.

또한 개념적으로 나열된 비즈니스적 요구사항을 기술적 요구사항으로 구체화해야 하는 단계에서라면 이 같은 커뮤니케이션 능력은 더더욱 필요하다. 명확하게 정리되어 서로 간에 합의에 도달했다고 생각한 경우에도, 공유된 문서가 완전히 똑같은데도 불구하고 나중에 딴소리하는 일이 비일비재하다. 물론 상대방 입장에서는 내가 딴소리하는 것처럼 여겨질지도 모른다. 이 모든 이유 때문에라도 개발자에게 커뮤니케이션 능력은 아무리 강조해도 지나치지 않다.

요구사항을 명확히 공유한다는 것은 서로의 언어가 같은 내용을 가리키고 있다는 것을 확인하는 작업이다. 개발 프로젝트에서 고객 혹은 개발자 입장에서 일의 상대방이 되는 이해관계자와 개발자가 사용하는 용어는 서로 다른 경우가 많다. 물론 상대방이 현재 개발 중이거나 개발할 프로젝트에 충분히 관여(Involve)해왔던 경우라면 언어가 달라 내가 하는 이야기를 못 알아듣거나 수차례의 부연 설명이 필요한 경우는 없을 것이다. 하지만 그것은 운이 좋은 경우이고 대부분은 반대일 확률이 높다.

이 과정에서 개발자가 신경 써야 하는 부분은 애초부터 두리뭉실한 요구사항을 전달받아 이해하는 것 자체가 아니다. 자신이 기술적으로 구체화하여 재정의한 요구사항을 공유해 상대방에게 명확히 전달하고 상대방이 이해하고 인지했음을 확인하는 것이다. 이 과정은 의외로 짧을 수도, 예상과 달리 아주 길 수도 있다. 그러나 이 과정을 얼마나 충실히 거쳤는지가 그 뒤 개발 일정의 분위기를 좌우하는 것은 물론 개발자로서 개발주도권을 갖고 그 일을 할 수 있게 될지 말지에 큰 영향을 미친다. 이런 의미에서 '개발주도권'이란 협상력의 다른 얼굴이다.

요구사항을 기술적으로 구체화시킬 수 있는 능력

요구사항을 기술적으로 구체화시킨다는 것은 이미 머릿속에 해당 소프트웨어에 포함될 기능적, 비기능적 요소들을 최소한 개념적으로는 대충 생각해봤다는 것이다.

나의 경험에 비춰보면, 주어진 요구사항이 기술적 요구사항으로 재정의할 필요조차 없이 명확하거나 범위가 구체적인 경우도 있지만 경험상 그렇지 못한 경우가 훨씬 많았다. 약간 다른 이야기일 수도 있지만 기술적 요구사항 자체는 설계가 아니다. 그럼에도 불구하고 아직까지도 우리나라의 많은 중소기업에서 개발자들에게 요구사항을 전달하면서 여기 있는 대로 그냥 하면 되는 거 아니냐는 말을 하는 사람들이 많다. 그런 말을 들어본 적 있거나 듣고 있다면 어이없다고 생각하지 말고 그 사람을 이해해줘야 한다. 소프트웨어의 개발이 어떻게 이루어지는지 모르는 사람이어서 그렇게 말하는 것이다. 이해는 하지만 모르는 그 사람 때문에 힘들다면, 그것은 바로 당신이 그 사람을 이해시키고 수긍하며 따라오게 만들 정도의 협상력을 갖지 못해서 벌어진 일이라고 생각하자.

요구사항은 필수지만 설계는 필요할 때도 있고 그렇지 않을 때도 있다. 나의 경우 덩치가 크든 작든 참여했던 대부분의 프로젝트가 설계를 필요로 하는 것이다 보니 오히려 설계 없이 수행한 경우가 손에 꼽을 정도지만, 요구사항을 기술적으로 구체화시키는 작업에는 때에 따라 설계까지 포함되는 경우도 많다. 이때는 애초의 요구사항을 만족시키거나 만족시킬 수 없다는 것을 기술적으로 설명하기 위해 가능한 구체적인 부분까지 설계의 진도를 빼면 좋겠지만, 대부분의 경우 개념 설계와 그에 대한 부연설명 정도만으로도 이해관계자들을 납득시키고 이후 개발 일정에 대한 협의를 이끌어나가기에 충분하다.

개발 주도권이란 용어도 그렇고 지금까지 읽으면서 뭔가 개발 프로젝트를 내가 좌지우지할 수 있어야 한다는 말처럼 느꼈을지도 모르겠다. 내가 말하고자 하는 이야기는 서로 다른 영역에서 일하는 사람들이 모였을 때, 공통된 이해가 요구되는 접점에서는 이해를 시켜주는 쪽이 자신의 영역에서 주도권을 갖게 된다는 것이다. 요구사항에 대한 합의가 필요한 곳에서 개발자는 자신이 원하는 개발을 하기 위해 목표이자 재료가 되는 요구사항들을 기술적으로 구체화하여 이해관계자들을 납득시킬 수 있어야 한다.

기술문서 작성 능력

기술적 요구사항문서를 비롯해 각종 소프트웨어 설계 문서, 테스트 시나리오, 매뉴얼 등 개발자이면서도 기술문서를 작성하는 일에 대해 별로 생각이 없는 사람들은 흔히 이런 말을 한다. "개발 일정도 빡빡한데 문서 작성은 어휴 꿈도 못 꿔요." 이들은 대부분 작성할 시간이 없어서 그렇다고 이야기하지만 정작 작성할 시간을 주면 어떻게 작성해야 할지조차 모르는 경우가 많았다. 아예 해본 적도 없는 것이다. 이런 사람들에게는 '기술문서는 다른 사람들 보라고 작성하는 건데 내가 왜 내 소중한 시간을 들여 해야 하지?' 란 생각이 그 바탕에 깔려 있다. 차라리 아무것도 모르는 신입이라 면 차근차근 설명해주며 가르치기라도 할 텐데 연차도 나이도 지긋한 개발자들은 정말 답이 없는 경우가 많다.

그 문서들로부터 가장 큰 효용을 얻게 될 사람은 바로 작성자 본인이라는 사실을 깨닫는다면 좀 달라질까? 하나의 기술문서는 개발자로서 내가 만들어내는 결과물들 중 하나라는 것을 명심했으면 좋겠다. 요즘 출간된 책이나 콘텐츠들에서 '파이프라인'이나 'N잡러' 같은 말들이 자주 쓰이고 있는데, 이들의 공통점을 개발자의 관점에서 설명하자면 다음과 같다.

"동일한 시간 자원하에서 그 효과를 극대화시킬 수 있는 삶의 기술."

전혀 상관없어 보이지만 기술문서 역시 이와 다르지 않다. 하나의 프로젝트를 수행하는 동안 만들어낼 수 있는 최대한 많은 기술문서를 만드는 것이 개발자가 그 프로젝트를 수행하면서 얻게 되는 효용을 최대화하는 것이다. 이를 위해서는 앞서 말한 개발자로서 만들어내는 결과물, 즉 개발 산출물을 바라보는 관점을 달리해야 한다. 프로그램, 즉 코드만이 내가 만들고 책임져야 할 결과물이라고 생각하는 개발자들이 아직도 많다. 자신이 작성한 코드에 대해 그 어떤 책임도 지고 싶어 하지 않는 개발자들도 더러 봐왔기 때문에 코드만이라도 책임감을 갖는 부분에 대해서는 칭찬해줘야 하는 건지도 모르겠다. 그러나 책임감을 떠나 자신이 얻게 될 효용이라는 관점에서 코드 외의 개발산출물, 즉 기술문서를 적극적으로 작성해가는 개발자들은 흔치 않다.

기술문서를 작성하는 과정에서 코드를 작성하는 일과 마찬가지로 많은 생각과 노력이 필요하기 때문이다. 어쩌면 기술문서 하나를 작성하기 위해 개발자 본인에게는 자연스럽지 못한 생각을 더 많이 해야 하는 경우도 있다. 기술문서를 작성하는 개발자와 하지 않는 개발자가 갖는 협상력의 차이는 아주 크다. 결과적으로 프로젝트에 대한 '오너십(Ownership)'을 갖게 되는 것은 해당 프로젝트에서 가장 많은 산출물을 만들어낸 사람이라고 생각해도 과언이 아니기 때문이다. 오너십뿐만이 아니다. 코드가 1만 줄만 넘어가도 시간이 흘러 다시 보면 내가 무슨 생각으로 이런 코드를 작성했는지조차 기억나지 않는 경우도 있다.

호기롭게 작성했던 코드를 '깃(Git: 컴퓨터 파일의 변경사항을 추적하고 여러 명의 사용자들 간에 해당 파일들의 작업을 조율하기 위한 분산 버전 관리 시스템)'에 올려두고는 이력서에 나의 리파지토리(Repository: 컴퓨터에서 조직 내에 흩어져 있는 정보나 응용 시스템 개발에 관련된 정보를 모아 두어서 공유할 수 있도록 한 정보 저장소) 주소를 적어뒀다고 생각해보자. 흔한 예는 아니겠지만 이직을 위한 인터뷰에서 코드에 대한 질문을 받는다고 생각해보라. 이때 프로젝트를 수행했을 당시의 기술문서들이 남아 있다면 그 내용만을 갖고도 충분히 설명할 수 있을 것이다.

발표 및 설명 능력

협상력은 해당 개발자 본인이 갖고 있는 기술 수준 자체로도 만렙을 찍을 수 있지만 보통은 상대방이 느끼는 개발자의 업무 역량에 따라 커지기도 작아지기도 한다. 개발자가 가진 업무 역량이 가장 잘 드러나는 경우가 바로 발표와 기술 미팅이다.

발표에는 여러 가지 종류가 있다. 타 소프트웨어의 기술에 대한 세미나, 논문 세미나, 서베이한 내용을 정리하여 발표하는 등 각종 기술세미나에서부터 프로젝트 킥오프(Kick-Off), 요구사항 공유나 설계 공유를 위한 발표, 프로젝트 완료 보고 등 공유나 보고 형식을 띤 발표들도 있다.

기술 미팅도 이슈의 선별을 위한 미팅, 이슈 해결 방안을 도출하기 위한 미팅, 선행 연구를 위한 기술 미팅, 프로젝트 미팅, 주간 미팅, 월간 미팅 등 경우에 따라 조직에 따라 다양하다. 그만큼 개발자들은 발표하고 뭔가를 기술적으로 설명해야 할 일이 많다. 그리고 이런 발표와 설명을 할 수 있어서 시니어가 되는 건지, 시니어라서 해야 하는 건지는 잘 모르겠지만 시니어가 될수록 더 많아지는 것은 분명하다. 또한 발표 능력이나 설명에서 탁월한 개발자가 그렇지 못한 개발자보다 그 업무 역량을 인정받아 협상력을 갖게 되는 것도 분명하다.

"제가 내성적이라서요. 그래서 개발자가 된 것도 있고요……"
"발표 같은 거 잘 못하는데요. 아, 설명은 좀 힘든데……" 이런 말을 하는 개발자들의 마음은 십분 백분 이해한다. 그런데 죽어도 못할 게 아니라면 빼지 말고 가뭄에 콩 나듯 기회가 왔을 때라도 연습하라. 대부분 발표나 설명이 꺼려지거나 자신 있게 못하는 경우는 그만큼 준비가 안 되어 있기 때문이다.

개발계획 수립 능력

개발의 주도권을 개발자가 갖기 위해서는 개발계획을 개발자 본인이 스스로 짜야 한다. 여기서 개발계획이란 작은 의미로는 해당 프로젝트 WBS(Work Breakdown Structure)를 의미하고, 크게는 QA 및 릴리스 일정을 포함한 개발 조직의 제품개발 로드맵상 해당 프로젝트에 영향받는 모든 일정을 포함한 계획을 의미한다. 후자는 팀장 이상 CTO나 연구소장 급에서 수행하는 게 보통이어서, 여기서는 전자의 경우, 즉 'WBS를 작성하는 능력'을 이야기한다고 생각하면 된다.

조직에 따라서는 절대 개발자가 개발계획을 수립하는 것을 허락하지 않는 경우도 있을 것이고 지금 내가 다니는 회사가 딱 그런 데라고 생각하는 사람도 있을지 모른다. 만약 구조적으로 그렇게 느껴지고 그런 개발자가 조직 내에서 한 명도 보이지 않는다면 그런 개발 조직은 하루 빨리 떠나는 것이 좋다. 왜냐하면 그런 조직에서는 이 한 가지 점만 보더라도 그 조직에 속한 개발자가 발전하고 성장하거나 개발자로서의 삶이 나아지기 힘들기 때문이다.

'WBS 작성이 뭐 어렵나요?'라고 되묻고 싶다면, 그렇다면 참 다행이다. 그런데 여기에는 함축하고 있는 것들이 좀 더 있다. 일단 내가 작성한 WBS가 관리자를 비롯한 프로젝트의 모든 이해관계자들에게 받아들여져야 한다는 것이다. 그리고 공공연하게 버퍼 기간을 명시하지는 않더라도 최소 전체 개발기간의 10% 정도를 버퍼 기간으로 고려해야 한다는 것이다.

예를 들어 7개월짜리 개발 프로젝트라면 20일 정도의 여유 기간을 고려해야 하고, 킥오프가 1월 초라면 7개월에 20일을 더해 최소 8월 말에 끝나는 WBS를 만들어 이해관계자들에게 납득시킬 수 있어야 한다는 이야기다.

개발 계획에 버퍼를 둬야 하는 이유는 개발 과정에서 어떤 일이 벌어질지 모르기 때문이다. 개발 일정에 차질을 빚는 일들은 거의 항상 대부분의 개발 프로젝트에서 발생한다(왜 그런지 굳이 묻는다면 설명할 수도 있지만, 크게 의미는 없는 일이다). 따라서 버퍼를 두는 것은 늘 발생하는 일에 대한 최소한의 계획이라 생각하는 것으로도 충분하겠지만, 보다 근본적으로는 개발하는 과정에서 개발자가 개발 이외에 져야 하는 부담을 최소화해 보다 나은 개발자의 삶을 살기 위한 것이다.

나는 대개 내 팀원들이 작성한 WBS를 리뷰해주면서 버퍼를 고려했는지 늘 살펴보며 강조한다. 그리고 개인적으로는 버퍼를 두는 것이 불가능하다면 차라리 그 프로젝트를 수락하지 말라고 말해준다. 보통은 뚜렷하게 해야 할 일들로만 WBS를 채워도 더 줄이라고 하는 경우부터 버퍼도 안 잡았는데 수행하는 과정에서 다른 일정들이 끼어들어 애초 WBS에 명시했던 기간대로 수행 자체가 불가능한 경우까지 다양한 양상이 나타나는 것이 개발 과정에서 벌어지는 현실일 것이다. 그래서 충분한 버퍼가 있는 WBS를 작성하는 것이 개발자의 능력이고, 그것을 이해관계자들로 하여금 받아들이게끔 하는 것이 협상력이라고 말하는 것이다. 물론 뒤에 더 이야기하겠지만 버퍼를 둔다고 일정에 대한 압박이 완전히 사라지는 것은 아니다. 필요 최소한의 장치일 뿐이다.

기타: 구현하고 테스트하는 데 사용할 도구들에 대한 지식

내가 마지막으로 언급할 협상력은 '구현하고 테스트하는 데 사용할 도구들에 대한 지식'이다. '어? 이런 것도 협상력에 해당하나?' 라고 생각하는 사람이 있을 텐데, 적절한 질문이자 의문이다.

구현이나 테스트를 위해 필요한 각종 도구나 플랫폼, 툴셋 (Toolset)에 대한 지식은 개발자로서 가장 기초적인 업무를 하기 위해 당연히 필요하다. 또한 여러 회사들의 채용 공고들을 살펴보면 이런 내용들에 대해 얼마나 익숙한지, 활용할 수 있는지를 묻는 내용들이 상당히 많다는 것을 알 수 있다. 업무를 수행하는 과정에서도 유용한 도구들을 잘 쓰는 개발자는 그렇지 못한 사람들에 비해 생산성이란 측면에서 보다 인정을 받게 되고 사실 큰 연관성이 없는데도 해당 전문 분야에서 높은 평가를 받는 경향이 있다. 따라서 다른 조건이 동일하다면 많은 도구들을 잘 사용할 줄 아는 개발자의 협상력이 더 높다.

다만, 앞서 이야기했던 능력들은 갖추지 못한 채 이런 도구들만 잡다하게 많이 알고 쓸 줄 안다고 협상력 있는 개발자가 되지는 않는다는 것을 강조하고 싶다. 그것이 이 항목을 기타로 분류한 이유이기도 하다. 많은 개발자들이 앞서 이야기한 중요한 능력들을 갖추려는 노력보다는 이런 도구들에 더 초점을 맞추고 시간과 노력을 들인다는 사실은 너무나 안타까운 일이다. 그도 그럴 것이 바로 눈에 띄는 부분인 데다가 도구를 잘 쓰면 주변에서도 감탄과 칭찬을 해주니 으쓱한 기분이 들 수도 있다. 하지만 그것은 어느 정도까지의 이야기이고 스스로 역량 있는 개발자라도 된 듯 착각하지 말아야 할 것이다. 시간이 흐를수록 앞서 언급한 내용들이 훨씬 더 중요하다는 사실을 알게 된다.

오히려 이런 개발자를 최고로 대우해주는 조직이라면 수준이 떨어지는 조직일 가능성이 크다. 사실 이 정도밖에 안 되는 조직이라면 앞서 이야기했던 능력들은 전혀 인정받지 못하고 역량을 발휘하기는커녕 오히려 비판받거나 소외될 가능성이 더 크니 입 꾹 닫고 자랑질하는 녀석에게 박수나 쳐주는 편이 낫다.

다행히 지금까지 내가 1년이상 몸담았던 조직들은 위와 같은 곳은 없었다. 늘 건강한 생각을 하는 개발자들이 어떻게 하면 더 나은 산출물을 만들어낼지, 더 나은 프로세스를 만들고 더 나은 개발자의 삶을 살지 고민하고 실천하는 조직들이었다. 개발자의 생각이 자랄 수 있는 개발 조직을 만나는 것도 '참 복'이다.

돈에 대한
태도를 정립하라

부의 필요성

현대 사회의 자본주의는 웬만한 다른 철학적 가치는 그냥 눌러 버린다. 인간의 모든 행위를 설명하는 데 사용해도 무리 없을 '욕구'를 아직까지 그 어느 것으로도 대체 불가능한 '돈'이란 개념으

▶ 매슬로우의 욕구단계설

로 표현해냈기 때문이다. 이러한 자본주의 사회에서 욕구(needs)에 기반한 다양한 인간 행태를 설명하기 위해 가장 많이 거론되는 것이 아마 매슬로우(A. H. Maslow)의 논문 'A Theory of Human Motivation'일 것 같다(경영학을 비롯한 사회과학분야에서는 흔히 '매슬로우의 욕구단계설'이라고 불린다). 이 이론이야말로 욕구에 관한 정말 최고의 인사이트를 보여주는 이론이라 생각한다. 그림 맨 밑 1단계부터 삼각형의 맨 꼭대기 5단계까지 아마 사회과학을 공부한 사람이라면 한번쯤은 교과서에서 본 그림일 것 같다. 우리나라 말로 다음과 같이 표현하기도 한다.

- 1단계: 생리적 욕구
- 2단계: 안전에 대한 욕구
- 3단계: 애정과 소속에 대한 욕구
- 4단계: 존경과 존중의 욕구
- 5단계: 자아실현의 욕구

물론 이론적으로 매슬로우의 욕구단계설에 대한 비판의 여지는 많다. 그러나 정교하고 완벽한 이론이 아닌 상식적으로 받아들여질 수 있는 보편성이라는 관점에서 생각해보면 욕구단계설이 지금도 많은 현상을 설명하는 데 사용되는 이유를 어렵지 않게 납득할 수 있다고 생각한다.

현대 사회는 '돈이 있느냐 없느냐'가 바로 '사느냐 죽느냐'를 결정하는 문제가 되어버렸고, 생계를 해결할 정도의 돈을 얻고 나면 그 이상의 돈을 갖고 있는가 아닌가가 성공한 삶에 대한 판단 기준이 되어 타인으로부터 인정받고 타인을 인정하는 하나의 근거가 된다. 더 나아가 상당한 부분 돈이 있어야 자아실현도 생각할 수 있게 되는 사회가 되어버렸다. 그리고 너무나 연약한 우리는 '편안함과 안락함 가운데 원하는 것을 하면서 사는 삶'을 동경한다. 그런 행복을 누리기 위해서 돈은 필수라고 생각한다. 아니 자연스레 돈을 추구하며 산다.

'어떻게 하면 돈을 더 벌 수 있을까?'가 수많은 경제 서적들을 비롯 최근 유행하는 콘텐츠의 주제가 된 것은 더 이상 이런 현상에 대해 이상하게 생각하거나 비판할 게 없는 자연스러운 일이 되어버렸다는 반증이 아닐까? 이런 자본주의 사회에서 개발자 역시 마찬가지로 고민을 할 수밖에 없다. 작은 시간 단위로 맺고 끊기 힘든 개발이란 일의 특성상 다른 사무직군 직업에 비해 상대적으로 다른 것을 생각하며 살 여유가 적기 때문이다.

개발자는 왜 잉여 시간이 적은가?

개발자는 9 to 6 근로시간 안에 모든 것을 해결하더라도 그 외의 시간에 일에 대한 생각으로부터 완전히 자유로워지기 힘들다. 개발자가 하는 3가지 일 중 '생각하는 일'이 갖는 특성 때문이다. 생각을 하는 이유가 문제의 해결이라면 더더욱 그렇다. 개발자에게 주어지는 모든 문제가 정해진 시간 안에서 하는 생각만으로 해결된다면 그럴 일도 없겠지만, 대부분의 문제가 생각의 끝까지 가봐야 해결점을 발견하게 되는 일들이다. 그곳에 도달하는 시간을 줄이는 것이 개발자가 끊임없이 성장하고 발전해야 하는 이유가 되지만 그것은 어느 한순간에 되는 일이 아니다. 지속적으로 지식을 쌓아야 하고 공부도 해야 한다. 시간을 줄이기 위해 시간을 투자해야 한다니 참 아이러니하지 않은가? 하지만 사실이다. 그리고 예의 그 도전을 즐기다 보면 보다 어려운 문제를 해결함으로써 얻게 되는 쾌감 같은 것이 이 일을 사랑하게 되는 이유도 되다 보니, 생각하며 일하느라 시간이 한참 흘러도 그 시간 동안 다른 것을 못했다고 해서 이 일을 내팽개칠 마음은 들지 않는다.

나의 경우도 깊은 생각이 필요한 문제를 맞닥뜨리게 되면 밤이고 새벽이고 그 생각을 멈추기가 쉽지 않다. 단지 생활을 해야 해서 일단 갈무리해두고 다음에 이어갈 뿐이다. 이렇게 개발자로 살아가다 보면 자신에게 끊임없이 주어지는 문제들을 생각하느라 어떻게 하면 돈을 더 많이 효율적으로 벌 수 있는가에 대한 생각 자체를 못하며 살게 되는 경우가 많아지는 것이다.

급여만으로는 부를 얻기 힘들다

특히 급여만으로 부를 만들어가기란 개발자에게 쉽지 않은 일이다. 평범한 개발자라면 더더욱 그렇다. 왜냐하면 소프트웨어 개발자라는 직업 자체만으로는 이제 아무런 희소성도 갖지 못하기 때문이다.

사회 전체를 끌고 가는 산업이 소프트웨어를 기반으로 하는 서비스산업이다 보니 널리고 널린 게 개발자다. 소프트웨어 개발을 교육하는 기관이나 프로그램, 플랫폼들도 넘쳐난다. 이렇다 보니 요즘 시대에 잘 다루는 소프트웨어나 즐겨 쓰는 프로그래밍 언어 하나 없다면 뒤처지는 느낌마저 들게 된다. 오죽하면 취미로 프로그래밍언어 공부한다는 말까지 나올까. 딱히 개발자가 아니어도 이런데 개발자는 오죽할까. 물론 구루(Guru)급의 평범하지 않은 개발자 중에는 연봉만으로 큰 부를 축적하며 살아가는 경우도 분명 있다. 하지만 이 책을 쓰고 있는 나도, 읽고 있는 당신도 아닌 쪽일 확률이 더 높다.

개발자가 일로서 더 많은 돈을 받기 위해서는 더 많이 일하거나 더 고수준의 지식과 기술력을 갖고 있어야 한다. 더 많이 일하는 쪽은 그 한계가 명확하다. 일의 특성상 시간을 많이 투입한다고 더 좋은 결과를 얻는다는 보장도 없다. 따라서 개발자가 근로소득을 높이기 위해서는 사실상 자신의 기술 수준을 높이는 길밖에 없다(기술 수준은 그리 높지 않으면서 잦은 이직을 통해 연봉을 높이는 것은 어느 정도 수준까지는 가능할지 모르지만 분명히 그 한계가 빨리 찾아오게 된다는 것을 명심했으면 좋겠다). 그러나 우리 머리로는 기술 수준을 올리는 데 한계가 있고, 아니다 아니다 해도 나이가 들수록 집중력과 두뇌의 순발력은 떨어지는 반면 점점 게으름이나 귀차니즘과는 공생 관계처럼 살아가게 된다. 게다가 구체적인 개발 분야 및 기업의 유형과 규모 등에 따라 국내의 경우 연봉 수준이 대략 형성된 범위 내에서 움직이기 때문에 기술 수준을 내가 올릴 수 있는 극한으로 올린다 해도 받는 급여 수준이 성에 차지 않을 가능성이 아주 높다.

투자 소득이 필요하다

아마 눈치가 빠른 사람은 위의 '근로소득'이라는 단어에서 무슨 말을 하려는 것인지 이미 직감했을 것이다. 굳이 여기서 본격적으로 이야기를 꺼내지 않더라도 요즘에는 20~30대부터 주식, 부동산, 암호화폐 등에 투자를 하는 사람들이 많다. 개발자로 20년 가까이 살고 있지만 투자를 시작한 지는 10년이 채 안 된다. 지금에 와서 부와 관련해 늘 드는 생각 중 하나는 근로소득을 얻기 시작했을 때부터 '투자소득'을 염두에 두고 살았더라면 어땠을까 하는 것이다.

나는 고등학교 시절 경영학 석사를 전공한 아버지의 권유로 경영학과를 선택했고 30대 초반까지만 해도 내 책꽂이에는 경영학, 경제학 서적들이 대부분이었다. 그러나 제대 후 개발자의 길을 걸었고, 일하면서도 내가 공부한 것들이 전혀 쓸모없다는 생각으로 청춘의 20대를 사회과학을 공부하며 보낸 것을 잔뜩 후회하며 살았다. 공부한 것을 써먹으려는 생각은 전혀 하지 못한 채 말이다.

물론 '투자'를 시작하는 데는 공부가 필수도 아니고, 돈에 대한 감각만 있으면 일찌감치 시작해 30대에 큰 부를 얻는 사람도 봤다. 그럼에도 불구하고 자본주의에서 부를 쌓아가는 원리를 전공하며 공부까지 한 나는 어찌 보면 참 한심한 케이스라는 생각도 든다. 그러나 지나고 보니 공부를 덜 해서도 아닌 관념의 문제, 마인드의 문제였다.

'황금 보기를 돌 같이 하라' 급의 집안 분위기에서 청렴하고 떳떳하게 일한 만큼의 정당한 대가를 받고 분수에 맞게 살면 되는 거지 '돈돈거리면 못 쓴다'는 생각을 30대 후반까지 갖고 살았다. 그러다 보니 경영학이나 경제학 심지어는 세법과 상법 등 각종 법률까지 공부했으면서도 절세는커녕 돈을 모으려는 생각은 전혀 못하고 산 것이다. "물고기를 잡아주지 말고 낚시하는 법을 가르쳐라." 물론 훌륭한 말이다. 그러나 낚시하는 법을 가르치는 것보다 양어장을 만들어 물고기를 기르는 법을 가르쳐주는 게 훨씬 낫다. 내 양어장, 내 저수지에 물고기가 많으면 물고기를 잡아야 할 때 낚시꾼을 고용하면 된다.

투자는 마치 양어장을 만드는 것과 같다. 날 때부터 물고기가 많은 좋은 저수지 땅을 물려받아 그저 날을 잡아 그물을 던져 놓기만 하면 되는 경우를 금수저라고 한다면 은수저, 흙수저로 태어난 사람은 물고기를 기를 양어장을 만들어야 하는 것이다. 원래부터 없던 양어장을 가지려면 많은 시간이 필요하니 시간을 들여 조금씩 조금씩 만들어나가야 한다. 그리고 그 작업은 빨리 시작할수록 좋다. 늦을수록 양어장 만들기에 힘이 부치기 마련이니까.

개발자의 투자는 달라야 할까?

개발자의 투자도 마찬가지다. 젊을 때부터 시작하는 것이 좋다.

요즘은 네카라쿠배(네이버, 카카오, 라인, 쿠팡, 배달의 민족)가 아니더라도 신입 연봉이 꽤 높아져서 급여에서 생활에 드는 비용을 잘 계산하면 투자할 만한 돈이 조금은 생긴다. 지금 내가 개발자로 사회생활을 처음 시작했던 당시로 되돌아간다면 한 달에 몇 십만 원 정도는 주식이든 부동산이든 투자를 위해 남겨뒀을 것이다.

요즘은 금융당국의 금리 인상에도 불구하고 이자가 20~30년 전에 비하면 저 밑바닥 수준이니 개개인의 저축이나 적금이 의미 없게 느껴져서 그렇지 사실 저축의 개념은 현재 가치를 포기하는 댓가로 이자 수익을 얻기 위한 수단에서 끝나는 것이 아니다. 경제학적으로 저축은 투자를 위한 '시드 머니(Seed Money)'를 만드는 행위를 말한다. 실제 수익은 투자와 그 투자의 성공으로부터 얻게 된다는 의미다.

단언컨대 평범한 개발자가 부를 축적하려면 근로소득만 갖고는 절대 어림없다. 투자를 위한 돈을 만들기 위해서라도 어느 정도까지는 근로소득을 높여야겠지만 근로소득은 나이를 먹으면서 정규분포곡선과 비슷한 모양이 된다. 기술 수준을 높이려는 노력을 게을리하지 않더라도 시간의 연장일 뿐이지 결국은 마찬가지다. 따라서 적은 금액으로 시작하더라도 투자소득을 얻을 수 있는 부분을 늘려가라는 말을 꼭 해주고 싶다. 현재 나의 경우, 늦게 시작했음에도 근로소득과 투자소득의 금액이 비슷한 상태까지는 되었다. 마치 수익곡선이 손익분기점을 지나듯 앞으로 투자소득의 비중은 근로소득의 비중을 상회할 가능성이 크다.

투자소득을 늘려가는 것이 중요한 또 하나의 이유

투자소득을 꾸준히 늘려가는 것을 강조하는 데는 나이를 먹어가면서 근로소득의 궤적이 정규분포곡선을 따라간다는 것 말고도 중요한 이유가 하나 더 있다.

바로 삶의 질에 관한 것이다. 물론 투자소득으로 근로소득 외에 돈이 생기니 좀 더 넉넉하게 되는 것도 삶의 질을 높이는 데 일조한다고 볼 수는 있다. 하지만 근로소득만 8천만 원인 경우와 근로소득 5천만 원, 투자소득 3천만 원으로 전체 금액이 같은 경우를 비교해도 후자가 더 낫다. 전자가 후자보다 더 많은 잉여 시간을 확보할 수 있게 되기 때문이다.

경험상 연봉이 높을수록 내가 시간을 들여 신경 써서 해야 할 일들이 늘어났다. 어느 순간에는 급여를 받는 만큼의 일을 하고 나면 더 이상의 내 시간이 없는 순간이 왔다. 그렇다고 받는 돈이 몇억 원씩 되어 만족할 만한 수준이 되는 것도 아니었다. 그저 이전보다 좀 더 받지만 내 시간 또한 그만큼 더 줄어든 느낌이라고 할 수 있다. 근로소득인 연봉도 어느 수준까지는 올려가야겠지만 연봉과 투자를 위한 시간을 맞바꿔야 하는 시점이 오면 굳이 그러지 말라는 이야기다. 투자를 위한 시간은 삶에 필요한 여유 시간이라고도 할 수 있다.

누군가는 투자보다 여유를 만끽하는 데서 더 큰 효용을 얻기도 하기 때문이다. 여기서 '투자를 위한 시간'이라는 말을 쓴 이유는 투자에는 결정을 위해 투입해야 하는 시간이 필요하기 때문이다.

충분한 확실성을 확보하지 못한 투자는 실패한다. 확실성을 얻는 데 투입할 시간이 바로 투자를 위한 시간이다. 투자를 생각하지 않고 살던 때에는 그 잉여 시간들을 여행이나 사진 같은 취미 생활을 하는 데 사용했다. 여유를 만끽하는 데 썼던 것이다. 물론 그 시간들이 지금은 좋은 추억거리가 되어 두고두고 써먹을 이야깃거리가 되었지만 생각해보면 조금은 투자를 위해 썼어도 좋았을 법하다. 인생을 살아가면서 돈을 벌고 모으는 일에만 온 시간을 들여가며 산다면 나중에 후회스러울지 모른다. 하지만 금수저가 아닌 이상 어느 정도의 자산을 갖게 되기까지 내 인생에 주어진 '시간'들을 '돈'과 효율적으로 맞바꾸며 살아내야 한다.

어떤 투자를 할 것인가?

내가 가진 시간을 투자해 미래의 현금 흐름을 만들어낸다는 것은 아주 단순한 이치다. 그리고 투자에는 여러 가지 방법이 있다. 나를 돈 버는 수단으로 생각한다면, 나 자신이 희소성을 갖고 발전하는 데 투자해야 한다. 다른 사람을 통해 돈을 벌려면 네트워크와 관계 그리고 관계로부터 기회를 얻을 수 있는 매력적인 사람이 되는 일에 투자해야 한다. 주식이나 부동산같은 자산시장에서 돈을 벌기 위해서는 경제의 흐름, 산업의 동향, 정책과 금리 등에 대해 관심을 갖고 관찰하며 분석하는 시간에 투자해야 한다.

누구나 알고 있듯 어떤 것을 하더라도 '돈'을 벌기 위해 '시간'을 투입해야 한다는 사실에는 변함이 없다. 그러나 굳이 순서를 따지자면 나의 가치를 높이는 일이 먼저다. 왜냐하면 다른 모든 것들이 망가지더라도 나의 삶을 다시 일으켜 세울 수 있는 것은 내가 어떤 사람인가에 달려 있기 때문이다. 그만큼 내가 가진 가치(사회적으로 인정되는 가치)를 높이는 일은 포기하지 않을 삶을 위해 반드시 필요하다. 그리고 내가 가진 사회적 가치와 희소성이 높아질수록 나를 둘러싼 네트워크도 보다 긍정적이고 도움이 되는 바람직한 네트워크로 발전하게 된다.

따라서 나의 가치를 높이면서 내가 가진 가치와 장점들이 받아들여지고 서로 발전해나갈 수 있는 인적 네트워크를 구축하는 것이 두 번째다. 여기에 더해 자산에 대한 투자도 함께 해나가는 것이다. 굳이 우선순위를 두자면 이렇다는 것이지 내 삶을 보다 풍성하게 만드는 일에 어느 하나만 선택할 것은 아니다. 자산에 대한 투자가 필요한 이유는 그 수익이 시간에 의존적이지 않고 시드머니에 의존적이라는 데에 있다. 자산에 대한 투자는 그 결정을 내리기 전까지 이것저것 알아보고 생각할 시간이 필요하다.

하지만 투자가 이루어진 후에는 모니터링하는 데 필요한 정도의 시간만 있으면 된다. 오히려 시드의 규모에 따라 미래 수익의 규모가 큰 차이를 보이게 된다. 그렇기 때문에 《어린 왕자》에 나오는 '코끼리를 먹은 보아뱀' 같은 모양의 생애 근로소득 곡선을 보완해줄 훌륭한 도구가 된다.

다시 말해 시간이 흐를수록 개발자로서 내가 갖고 있는 가치와 희소성도 감가상각된다는 점에서 '투자'는 같은 시간을 들여도 예전 수준의 소득을 얻기 힘든 미래에 대비한 보험 같은 것이다. 물론 끊임없이 공부하고 기술을 익히며 발전해가면 된다고 생각하는 사람도 있을 것이다. 나도 그랬다. 그러나 나에게 찾아온 예의 그 게으름과 귀차니즘이 언제 당신의 문을 두드릴지 모른다.

자산에 대한 투자로 가장 추천하는 것은 주식이다. 부동산을 비롯해 다른 자산들에 관해서는 사실 잘 모른다. 경영학을 전공한 덕분에 금융시장에 대한 이해나 기업분석, 산업분석 같은 주식투자를 위해 필요한 지식과 뷰(View)를 어느 정도는 갖고 있기도 하지만 굳이 그런 공부를 하지 않았더라도 좋은 기업을 알아보는 것은 누구나 할 수 있는 일이기 때문이다. 다만 트레이딩은 하지 말라는 이야기를 꼭 해주고 싶다. 트레이딩은 쉽게 말해 짧은 기간에 이 종목 저 종목을 오가며 주식 매매를 빈번하게 하는 것을 말한다. 따라서 내가 사고 팔 종목들을 둘러싼 갖가지 상황에 대한 이해와 매수매도 시점을 결정하기 위해 많은 시간을 투입해야 한다.

결국 트레이딩을 하다 보면 대부분의 시간을 그곳에 쏟아부을 수밖에 없게 되고 내 가치를 쌓아가는 일은 요원해진다. 트레이딩은 앞서 언급한 자산에 대한 투자와는 성격이 다르다. 내가 투입한 시간과 노력에 따라 수익을 얻을 확률이 높아질 뿐, 투입되는 시간의 절대량 관점에서 보면 완전 근로소득이다. 그럼 어쩌라고? 성장이 예상되는 산업의 좋은 기업에 장기투자하거나 안정적인 수익률을 보장하는 ETF 등에 꾸준히 투자금을 늘려가면서 시간을 두고 좋은 기업들을 발굴해나가면 된다. 근로소득을 통해 얻은 수

익의 일부로 꾸준히 시드를 키워가다보면 투자소득이 근로소득을
넘어서는 날이 오게 될 것이다.

미래를 위해 취미
한 가지는 갖자

혹시 당신의 취미도 개발인가?

당신의 취미가 진정 개발이라면 당신은 비교적 이른 시기에 큰 성취를 이룰 것이 분명하다. 아무리 타고난 재능 운운해도 오랜 시간 즐기면서 하는 사람은 절대 무시할 수 없고 그 점은 어떤 분야에서든 마찬가지라고 생각한다. 그런 의미에서 개발도 취미가 될 수 있다. 그러나 취미라는 것이 지금 나의 생계를 지탱해주는 그 무언가여서는 안 된다. 내가 흙수저로 태어나서 갖고 있는 편견일 수도 있지만, 취미로 돈을 벌 수는 있어도 그것이 생계유지의 수단이 되는 순간 취미는 더 이상 취미가 아니게 된다는 생각이다.

취미 활동은 처음부터 끝까지 모든 게 즐겁고 편하고 쉬워야 한다는 것이 아니다. 취미 활동을 하는 과정에서 혹 어려움이 있다해도 업으로 하는 일보다도 훨씬 더 고통스러운 순간이 있어도 그것들을 기꺼이 감내하고 싶은 마음으로 임하게 되는 것들이 있다고 할까. 그러려면 기본적으로 생계와는 무관해야 한다. 생계에 직접 영향을 미치게 되는 순간 그런 순간들은 즐거움이 아닌 그야말로 스트레스가 되고 생계 유지를 위해 타협 아닌 타협을 하게 되면서 즐거움이 아닌 의무가 되어버리기 때문이다.

개발이 취미인 사람도 생계와는 관계없이 순전히 즐겁게 취미 생활을 하고 있다면 그것도 나쁘지 않다. 그러나 코딩이 취미라면서 여가 시간에 코딩을 즐기는 개발자를 의외로 찾아보기 힘들듯 개발을 취미로 하는 경우도 흔하지는 않다. 오히려 다른 직업을 가진 사람들이 취미로 개발을 배우러 다닌다거나 책이나 유튜브로 프로그래밍 강의 등을 보며 뭔가 원하는 소프트웨어를 만들어보려는 일반인(여기서는 개발자가 아닌 사람들을 말한다)들은 많지만.

개발자라면 개발 말고 다른 취미를 가져라

자신이 업으로 하는 일을 취미로 삼았을 때의 장점이 없는 것은 아니지만 사실 '왜 굳이'라는 생각이 든다. 자연스레 정말로 취미가 되었다면 모를까 웹툰 작가가 만화 그리는 게 취미라거나 피아노 연주자가 피아노가 취미라 해도 그림을 그리거나 건반을 두들기는 것은 누가 봐도 일의 연장 혹은 일을 잘하기 위해 연습하는 것으로밖에 보이지 않는다.

다행인지 불행인지 소프트웨어 개발이란 분야는 아주 다양해서 서로 다른 직업군이라 봐도 무방할 정도다. 그래서 나처럼 비교적 로우 레벨에서 돌아가는 프로그램을 개발하는 개발자들에게는 웹

서비스를 개발하거나 앱을 만들어보는 일은 전혀 다른 일처럼 생각되어 일상에서 잠시 떠나 새로운 느낌을 주는 마치 취미 같은 일이 되기도 한다. 그러나 그렇게 시작했다손 치더라도, 어느 정도 하다 보면 취미로 시작 한 것이 일처럼 느껴지거나 실제로 일이 되어버려 결국 그만두게 되는 경우가 많다. 개발의 본질은 다르지 않기 때문이다. 나 역시도 처음엔 취미 삼아 만들어보려던 앱 하나가 성능을 고려하고 UI가 마음에 들지 않아 고민하고 결국 재미는 사라지고 일처럼 되어버려 그만둔 적이 있다.

　개발자가 개발을 취미로 하는 것이 안 좋은 이유보다는 개발 외에 다른 것을 취미로 했을 때 더 좋다고 생각되는 이유들을 이야기해보고자 한다. 먼저 정서적으로 메마르기 쉬운 개발자들이 개발이 아닌 취미 생활을 통해 다양한 정서를 느끼고 보다 많은 교감을 할 수 있는 기회가 되기 때문이다. 개발은 지식의 공유, 요구사항, 개념이나 설계에 대한 논리적 이해와 보완을 위한 커뮤니케이션 활동, 각종 세미나와 회의 등 사람 간의 교류가 있을 법한 다양한 활동들로 구성된다. 그러나 개발자의 삶을 놓고 보면 이런 활동들이 실제로 상당한 시간들을 차지하기는 해도 심리적으로는 자신만의 영역을 구축하고 만들어가는 데 익숙해진다. 나만의 섬에 컴퓨터와 함께 틀어박혀 정서적 안정을 찾으려 하기 쉽다는 것이다. 취미는 그런 개발자의 정서적 안정을 찾아가는 길에 양질의 도움을 준다.

　다른 이유로는 정말로 개발하고 싶은 무언가를 찾게 될 가능성이다. 즐거운 취미 생활을 하던 중에 아니면 취미를 같이 하는 누군가와 함께 새로운 개발 프로젝트를 구상하고 그것이 그대로 사업화되는 일은 요즘처럼 스타트업이 붐처럼 활성화된 시대에 흔한 이야기가 되었다.

자신이 찍은 사진을 보정하는 것을 참 좋아하던 개발자가 원하는 보정 스타일을 갖춘 앱이 없어 사진 보정 앱을 스스로 만들어 앱스토어에 올려 결국 회사를 차렸다는 것처럼 개발자에게는 자신이 열정을 갖고 신나서 개발한 것만큼 좋은 커리어가 되는 것도 없다. 또 그렇게 개발한 무언가가 많은 사람들에게서 인정받거나 사업화되었을 때의 흥분은 말로 다하기 힘들 것이다. 물론 회사에서 주어지는 업무로서의 프로젝트도 내가 아이디어를 내거나 주도한다면 어느 정도 그런 느낌으로 일할 수는 있겠지만 전자와는 본질적으로 다르지 않을까?

또 한 가지 긍정적인 효과는 본업에 대한 집중력이 좋아진다는 것이다. 일에서 집중력을 크게 저하시키는 요인 중 하나는 바로 스트레스다. 여기서 스트레스는 오히려 도움이 된다는 '보약 같은 적절한 긴장' 같은 수준의 스트레스를 의미하는 것이 아니다. 스트레스가 심하면 집중력이 떨어지는 것뿐 아니라 건강도 나빠지고 소화도 안 되고 그러다 결국 공황장애를 겪거나 더 이상 일을 할 수 없는 지경에까지 이르러 퇴사를 하기도 한다.

그런 스트레스를 내가 안 받고, 적절한 수준에서 통제 가능하다면 얼마나 좋을까? 스트레스는 의외로 물리적인 환경이 바뀌거나 그 무언가에서 정신적으로 격리되었을 때 사라지거나 해소된다.

개발자는 자신의 일로 인해 정신적으로 스트레스를 받는 직업을 줄 세우면 꽤 상위에 들지도 모른다. 앞서 이야기했듯이 개발일은 때때로 답을 얻을 때까지 생각의 끈을 놓기 힘든 경우도 많고, 놓고 싶어도 무리한 일정 때문에 놓을 수 없는 경우도 비일비재하기 때문이다. 이런 개발자들이 뭔가 취미 활동에 열중한다는 것 자체가 힘든 일처럼 여겨질 수 있다. 그럼에도 불구하고 개발자에게 개발이 아닌 다른 취미를 갖는 일은 무의식적으로 스트레스를 줄여주고 본업에서의 집중력을 발휘할 수 있게 해주는 아주 좋은 수단이 될 수 있다.

취미는 미래에 나의 먹거리?

취미를 가져야 하는 이유라고 하기에는 취미 생활 자체의 의미를 너무 훼손하는 듯하지만 잘 기른 취미가 미래 나의 생계 유지에도 큰 도움을 줄 수 있다는 것을 명심하자. 물론 그렇게 되기 전에 어느 정도의 부를 이뤄 근로소득으로부터 엑시트(Exit)해서 그야말로 생계 걱정 없이 이런저런 취미 생활을 해가며 살아갈 수 있게 된다면 그보다 좋은 일도 없을 것이다.

어떤 책에선가 읽은 적이 있는데 진정한 부자는 생계에 대한 걱정 없이, 사는 내내 현금 흐름이 줄지 않는 파이프라인을 구축한 사람이라고 한다. 하지만 그렇게 되더라도 보람을 느끼거나 삶에서 적절한 필요성을 느낄 만큼의 일이 정신 건강에도 좋지 않을까?

나의 아버지를 비롯 주변에 보면 정년퇴직이라든지 더 이상 지속할 수 없게 된 다른 이유로 업을 그만두게 되었을 때 취미의 유무와는 상관없이 닻을 내리지 못해 떠밀려갈지 모를 배처럼 불안해하곤 하는 모습을 보며 뭐라도 업이란 게 없는 것보다는 있는 게 낫겠다는 생각을 하게 된다. 뭐 평생을 앞만 보며 달려온 사람에게는 취미 생활이나 하며 당분간 쉬는 게 약이겠지만, 오히려 그런 사람일수록 충분한 시간이 흐르고 나면 또 다시 할 무언가를 찾게 되지 않을까?

그런 의미에서 취미 생활을 통해 오랜 시간 쌓인 경험치나 노하우가 있다면 이전 본업으로 삼던 일을 더 이상 하고 싶지 않거나 못하게 되었을 때 다른 일을 찾아 헤매는 수고를 훨씬 줄일 수 있다는 생각이다. 소프트웨어 개발은 그 분야의 특성상 발전의 속도가 아주 빠르기 때문에 경험과 노하우가 퍼포먼스에서 차지하는 비중과 지속력이 다른 직종에 비해 많이 떨어진다. 다시 말해 끊임없이 공부하고 생각하고 새로운 기술과 툴의 사용법을 익혀야 하는 직업이다. 그러나 사람은 노화하고 개발자도 사람이다. 20~30대에 비해 40~50대가 되면 뭔가를 생각하는 순발력도 예전 같지 않고, 망할 집중력은 5분을 넘기기도 힘들어진다.

결혼이라도 해서 아이라도 생기면 또 어떤가? 사람마다 다르겠지만 정도의 차이일 뿐 '노화'라는 방향성은 순발력과 집중력을 필요로 하는 사고 작용을 해야 하는 개발자 같은 부류에게 치명적이다. 따라서 언제까지 그 퍼포먼스를 유지하느냐가 능력이라고 볼 수도 있다. 하지만 그 퍼포먼스도 제각각인 것이고 굳이 개발자로 살아남기 위해 반감기에 접어든 그 물리적인 퍼포먼스를 유지하려 스트레스에 시달릴 필요도 없다고 생각한다. 단도직입적으로 말해 개발자의 수명은 그리 길지 않다는 말이다. 길어야 60세라고 생각한다. 역으로 100세 시대, 제2의 삶 등이 화두가 되고 있는 추세에 비춰볼 때 개발 하나만 생각하며 살기에 인생은 그리 짧지 않다.

그렇다고 너무 돈이 될 취미를 찾으려고 노력할 필요는 없다. 가끔 사람들에게 취미가 뭐냐 물어보면, 아직 못 정했다며 하는 말이 나중에 잘되면 돈을 많이 벌 수 있는 것을 찾는데 아직 그런 취미를 못 찾았다는 것이다. 이것은 결정장애가 아니다. 이런 사람은 그냥 제2의 인생을 위한 생계 수단 자체를 고민하는 것이지 '취미'를 찾고 있는 것이 아니다.

소위 직장인이라 불리는 많은 사람들이 소망하는 것 중 하나는 내가 하고 싶은 일을 하면서 돈도 버는 것이다. 그 이야기는 결국 내가 지금 업으로 하고 있는 일은 하고 싶은 일이 아니라는 반증이고, 그게 불만이어서 제2의 인생에서는 내가 하고 싶은 일 해가며 그것으로 돈 벌어먹고 살고 싶다는 뜻이다. 그리고 제2의 인생에서의 생계 수단은 이왕이면 취미처럼 즐거운 일이었으면 좋겠는데 그것을 못 찾았다는 이야기다. 그렇다. 그 '이왕이면'이라는 생각 때문에 취미조차 갖지 못한다.

고마 그냥 취미 해라

제2의 인생에서 얼마나 경제적으로 도움이 될까 따지지 말고 그냥 취미로 즐겨라. 즐겁게 오랜 시간 하다 보면 그 시간이 쌓여 때로는 그쪽으로 전문가가 되기도 하고 예기치 않은 기회에 유명세를 타기도 한다.

이미 은퇴한 선배 개발자들 중에 멋진 제2의 인생을 사는 분들이 더러 있다. 일찌감치 커피를 좋아하던 한 분은 꽤나 훌륭한 카페를 제주에 차렸다. 그림을 좋아하던 한 선배는 웹툰 작가가 되었다. 여행을 좋아하던 한 분은 가족과 여행을 하다가 해외에 정착했다. 물론 그런 결과들이 현실화되기 위해 필요한 여러 조건들이 있겠지만 말이다. 하다못해 나 같은 경우도 앞에 밝힌 것처럼 취미로 사진을 하면서 용돈벌이를 하기도 했다. 지금 나의 취미는 딱히 사진은 아니다. 세계사 교과서 초반부에 등장하는 '동굴벽화'를 그렸던 오래전 사람들처럼 뭔가를 끄적거리고 싶은 원초적인 욕구가 강해서인지 드로잉이나 수채화 같은 뭔가를 그리는 것이 취미가 되었다. 또 아직은 예의 그 사진처럼 그림으로 돈을 벌거나 먹고 살 궁리를 한 적이 한 번도 없다.

예술을 전공해 생업으로 삼고 있는 사람들을 생각하면, 나의 경우 그저 취미로 하는 활동이기도 하고 지금은 뭔가를 표현해내는 것이 마냥 좋다고 할까? 연필을 잡고 있든 붓을 들고 있든 그림을 그리는 동안은 걱정도 복잡한 생각도 없어 참 좋다. 누군가에게는 건반이, 뜀박질이, 글쓰기가 그런 취미가 될 수 있을 것이다. 취미로 쓴 글을 어딘가에 올렸는데 조회수 빵 터져 인기 웹소설 작가가 된 회사원 이야기를 어떤 드라마에서 본 적도 있는 듯하다.

억지로라도 시간을 정해 취미활동을 해라

취미를 즐겁게 하다 보면 업이 될 수도 있지만 업으로 발전시키기 위해서는 넘어야 할 수준이라는 것이 있게 마련이다. 내가 지금 업으로 삼고 있는 활동을 생각해보라. 그 활동들로 돈을 벌기 위해 내가 만들어내야 하는 수준이 과연 어느 정도인지 생각해보자. 취미가 그 수준을 넘게 되는 것은 오랜 시간의 노력을 들인 후이거나 타고나서 가능한 일일 것이다. 하지만 취미인 만큼 오랜 시간 즐겁게 할 수 있고 그동안 몰랐던 나의 천부적인 재능을 발견하게 될 수도 있다. 오래전 함께 일했던 한 개발자는 당시 '목공'을 취미로 매주 공방에 나가 목공을 배우러 다니며 즐거워하곤 했다. 목재를 선별하는 방법이나 이 나무는 이래서 비싸고 저 나무는 저래서 어딘가에 적합하지 않다는 둥 이런저런 이야기를 해주기도 하고, 자신이 기술을 익히면서 만든 작은 결과물들을 주변 지인들에게 나눠주며 수년을 그렇게 지내더니 수작업으로 가구 하나를 만들 정도로 실력을 갖추게 되었다. 내 책상 키보 앞에는 아직를 그분에게 선물받은 키보드 팔목 받침대가 놓여 있다.

그러나 안타깝게도 주위 개발자들에게 취미가 뭐냐고 물으면 딱히 신나서 자신의 취미에 대해 늘어놓거나 변변한 대답을 하는 사람이 참 드물다. 취미를 갖기 위해서는 정신적인 여유가 필요하다. 또한 취미 활동이란 본질적으로 내가 가진 세상에 대한 관심의 발현이다. 따라서 여유도 세상에 대한 관심도 없다면 그 사람에게 '취미 같은 건 개나 줘버려'가 되는 것이다.

다른 직군의 사람들은 퇴근하고 갖가지 취미 활동을 즐기거나 하다못해 독서모임이라도 나가던데 개발자들은 요즘 유행하는 가요도 잘 모른다. 딱히 즐거워 보이지 않는 시간 때우기용 게임을 하거나 그냥 컴퓨터 앞에 앉아 Reddit(소셜 뉴스 웹사이트)의 어떤 쓰레드(Thread)에서 누군가 O3DE(Open 3D Engine: Unity 같은 게임 제작 플랫폼)와 언리얼 엔진(Unreal Engine: 미국의 에픽게임즈에서 개발한 3차원 게임 엔진)을 비교해놓은 글들을 읽고 있다. 그런 것을 굳이 즐거운 취미 생활이라고 한다면 '그건 취미가 아니야'라고는 말하지 못하겠지만, 뭔가 정말로 즐거운 취미를 가질 만한 정신적인 여유가 부족하다고 느껴진달까? 그렇다. 제대로 된 취미도 정신적인 여유가 있어야 갖고 싶고 가질 수 있다. '아, 누구는 이러고 싶어서 이렇게 사나? 나도 그 정신적인 여유라는 걸 좀 누려봤으면 좋겠다'라고 하지만 정말로 여유를 만들지 못하는 건지 그냥 자신과 타협하는 건지는 진지하게 고민해봐야 할 일이다. 조언하자면 억지로라도 취미 생활을 위한 시간을 정해두고 빼라. 그 어떤 것도 그 시간만큼은 훼손하지 못하도록. 처음에는 뭘 할지 몰라 우두커니 앉아 있더라도 좋으니 적당한 시간을 취미용 시간으로 빼두라는 것이다. 그렇게 그 시간을 온전히 여유로 만들어두면 취미가 생긴다. 정말로 즐길 수 있는 취미 말이다.

REBOOT

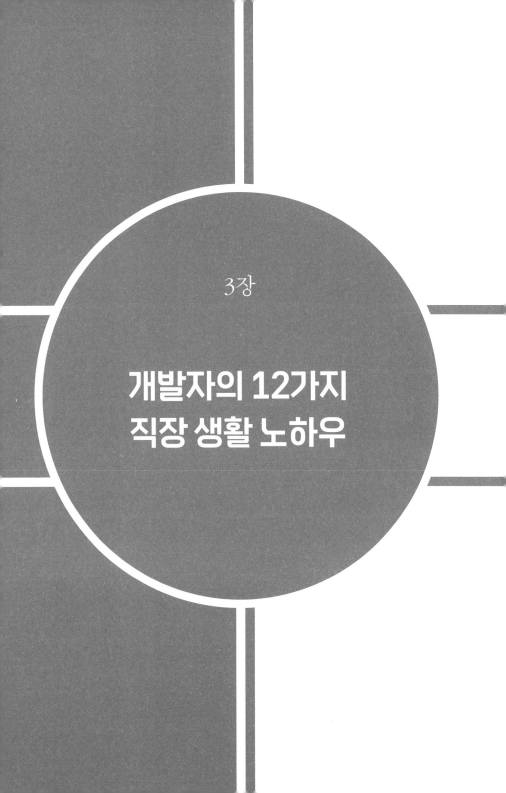

3장

개발자의 12가지
직장 생활 노하우

이력서는 나만의
포맷으로 만들자

이력서는 말한다

이력서는 그 개발자에 대해 많은 것을 알려준다. 다시 말하면 제출된 이력서를 통해 개발자의 커리어뿐 아니라 채용 주체가 알고 싶어 하는 다양한 것들을 파악할 수 있다는 이야기다. 지원자가 이력서를 작성할 때 고려해야 할 것들이 많겠지만, 그중에서도 다음의 4가지 기준은 개발자의 이력서에서 너무나도 중요하다. 그 개발자를 실제로 인터뷰할지 말지가 다음에 소개할 내용들에서 결정된다. 즉 서류심사(Document Screening)의 결과를 좌우하게 된다는 뜻이다. 이력서를 판단할 때 기준이 되는 4개 항목은 다음과 같다.

- 읽는 상대방을 얼마나 배려하고 있는가
- 가장 중요한 내용에 주목할 수 있게 작성했는가

- 불필요한 내용들에 주관적인 의미를 부여하지는 않았는가
- 핵심적인 경력만 담았는가

최근 들어 다양한 업무에 AI 솔루션이 사용되고 있는 추세다. 그러나 아직 채용이나 면접과 같은 인사 업무와 관련해 AI는 믿을 만한 결과를 도출해줄 만큼 발전된 상태가 아니다. 발전하고는 있지만 사람이 재산인 소프트웨어 분야에서 실제 이력서를 검토하는 과정에 채용 담당자를 대신해 활용할 만한 AI 소프트웨어는 아직 없다. 따라서 이력서를 검토하는 사람의 주관적인 판단이 많이 작용하게 되는 것도 사실이다.

요즘은 업무와 관련 없는 다른 조건을 일부러 보지 않기 위해 지원서에 특정 정보들을 제외하도록 하는 경우가 많다. '사람'이 검토하지 않는다면 불필요한 것들이다. 대부분의 회사는 온라인으로 지원서를 받는다. 중소규모의 기업들은 채용 포털사이트에서 제공하는 약식 지원서를 그대로 입사 지원서로 활용하는 경우가 많다. 대기업은 자사 고유의 양식으로 단계별 작성 가이드에 따라 작성 후 저장된 지원서를 데이터베이스에 저장한다. 그리고 채용이 진행될 때마다 매칭 시스템을 통해 적합한 팀에 검토 배정을 하기도 한다. 그러나 어떤 경우가 되었든 이력서의 최종 검토는 결국 '사람'이 한다.

이력서를 검토하는 일은 정말 피곤한 일이다. 나와 함께 일할 사람을 선별하는 일이라고 생각한다면 피로도가 좀 덜할 수도 있

다. 하지만 이력서를 검토하는 사람과 같은 팀에서 함께 일할 확률은 소규모 회사라면 그나마 모를까 대기업이나 어느 정도 규모가 있는 기업에서는 거의 없을 것이다.

　규모가 있는 기업일수록 이력서를 검토하게 되는 사람은 채용 담당자 혹은 인사 담당 부서의 누군가, 그도 아니면 부서장, 팀장 정도가 될 가능성이 크다. 이 사람들 중에 이력서를 검토하는 일이 자신의 본연의 업무에서 꽤 큰 부분을 차지하고 있는 경우도 혹시 있을지 모른다. 하지만 정기 공채를 제외하고는 비정기적이고 간헐적인 업무 특성상 그저 귀찮은 일이 될 가능성이 크다(물론 누구를 채용하느냐가 조직의 흥망과 귀결되는 스타트업의 경우는 논외다). 또한 그 일을 잘한다고 해서 더 높은 평가가 주어진다거나 알아주는 경우도 없다 보니 이력서를 들여다보는 것 자체가 그다지 환영할 만한 일은 아니다. 이쯤에서 앞에 열거한 내용들을 다시 한번 읽어보자. 그리고 생각해보라. 과연 내 이력서가 읽어볼 사람들이 열었던 파일을 바로 닫고 휴지통으로 옮기지 않을 정도는 될지. 스크리닝(Screening) 과정에서 살아남고 싶은가? 그렇다면 지금 당장 이력서를 들여다보라. 이제 이력서의 판단 기준이 되는 4가지 항목을 차례대로 살펴보자.

읽는 상대방을 배려하라

　내 이력서를 읽는 사람을 배려한다는 것은 글자 크기, 글자 사이의 간격과 줄 간격, 들임과 강조 등을 포함한 전체적인 문서의 포맷만을 이야기하는 것이 아니다. 스타일이 구태의연하지는 않은지, 어디서 많이 본 듯한 구성이나 문장들은 아닌지, 쓸데없이 지원하는 회사에 대한 칭찬을 늘어놓고 있지는 않은지, 정작 내용 자체는 한 번 작성해서 수십 군데는 똑같은 내용으로 뿌렸을 것 같아 보이는데 지원한 회사에 뼈를 묻겠다는 둥 너무나 가벼워 보이는 괜한 다짐을 하고 있지는 않은지 등 자기 자신이 이력서를 검토하는 입장이 되어 살펴보라는 것이다.

이력서를 검토하다 보면 이런 사례들이 정말 많다. 이력서 포맷과 관련해 2000년을 20년 이상 훌쩍 넘긴 지금에도 80~90년대에나 봤을 법한 이력서 포맷을 그대로 사용하는 사람도 있었다. 그런 이력서들을 보면 마치 '나 옛날 사람이야. 고지식하고 꼰대 같은 스타일이니 알아서 해'라고 말하는 느낌이 든다. 물론 이런 경우는 퇴직 후 실제로 취업을 하려는 것이 아니라, 실업급여를 받기 위해 구직활동을 증명하고자 오래된 이력서을 아무렇게나 지원하는 경우일 수 있다. 그 진위 여부야 알 수 없지만 이런 이력서들은 뒤도 안 보고 휴지통행이다.

가장 중요한 내용에 주목하게 하라

개발자의 이력서에서 가장 중요한 내용은 경력 사항이다. 따라서 가장 핵심이 되는 경력 사항에 주목할 수 있게 작성해야 한다. 문서를 훑어 내려가는 시선의 움직임까지 고려해 눈에 띄게 작성한다면 금상첨화일 것이다. 주의해야 할 점은 그렇게 작성까지 잘 해놓고 인터뷰에서 정작 그 중요한 부분에 대해 제대로 설명하지 못하는 경우도 있다는 것이다. 설마 그런 사람이 있겠느냐고 반문할지 모르지만, 면접관으로 들어가 그런 경우를 여러 번 봤다. 너무나 아쉽고 안타까운 일이다.

일단 서류에 통과해 면접까지 왔으면 그 회사나 조직에서는 이력서에 적힌 내용을 바탕으로 면접에서 확인할 사항만 제대로 확인되면 채용하겠다는 의사를 밝힌 것으로 보면 된다. 애초에 안 뽑을 것 같으면 서류에서 거르지 굳이 면접장까지 오게 하지는 않는다는 뜻이다. 그런데 그렇게 중요한 내용을 잘 작성해놓고는 설명을 못한다면? 지원자 입장에서는 준비를 못하거나 안 한 것이지만, 회사 입장에서는 채용하려 했던 중요한 내용을 아예 검증할 수 없거나 충분히 확인하지 못한다는 의미이기 때문에 채용할 수 없다는 결론이 나는 셈이다.

당신에게만 의미 있는 내용은 과감히 빼라

어떤 이력서는 채용 공고를 낸 입장에서 전혀 관심 없는, 불필요한 내용을 장황하게 적었다는 느낌을 주기도 한다. 직무기술서를 제대로 읽었다면 어떤 역량의 지원자를 원하는지 알 수 있었을 텐데 전혀 상관없는 역량과 프로젝트에 대한 기술이나 경험을 늘어놓는 경우다. 대충 쓰기라도 했으면 안타깝지라도 않을 텐데 정말 그것 말고는 문서도 잘 만들고 별로 흠잡을 데 없어 오히려 한숨이 나오는 경우도 있다. 이런 일은 예전에 다른 회사에 지원하

면서 공들여 작성한 이력서를 다시 쓰려니 힘들어서 그대로 사용
했거나 지원한 회사가 많다 보니 잘못 첨부된 경우 등이 원인이 될
수 있다.

높은 실업률과는 별개로 한때 우리나라 기업들이 채용 인원을
대폭 줄였던 적이 있다. 당시 이력서만 백 군데 넘게 냈지만 서류
조차 통과하기 힘들다며 삶을 걱정하듯 토로하는 모습이 뉴스에
종종 나오곤 했다. 지금도 누군가에게는 비슷한 상황일지 모르겠
다. 하지만 채용될 확률을 높이고자 많은 곳에 지원하려고 노력
하기보다는 꼭 가고 싶은 회사를 몇 개 선택해 이력서를 타겟팅
(Targeting)하는 전략이 훨씬 낫다고 생각한다. 선택과 집중이 무엇
보다 필요하다는 이야기다.

꼭 필요한 경력만 담아라

마지막으로 경력 개발자들이 이력서를 작성할 때 생각해볼 만
한 내용이다. 경력 개발자의 이력서를 검토하다 보면 자신의 화려
한 경력을 드러내 보이기 위해 애쓴 흔적이 보인다. 아니, 그래 보
이고 싶은 마음이 느껴진달까. 물론 자신이 보잘것없는 그저 그런
사람으로 보이는 것을 좋아할 사람이 과연 있을지를 생각해보면
이해가 안 가는 것은 아니다. 그러나 화려함보다 중요한 점은 자신
이 뭘 얼마나 잘하는 사람인지 콕 집어 드러내는 것이다.

시니어 개발자나 특정 분야의 전문가를 채용하기 위한 자리는
경력의 화려함보다는 조직에서 원하는 분야에 대해 얼마나 높은

수준을 지니고 있는가를 중요하게 생각한다. 오히려 경력 사항은 심플하고 가짓수도 별로 없지만 한 분야에서 독보적인 프로젝트를 수행했거나 난이도가 높은 프로젝트에 참여해 깊은 경험치를 보유하고 있겠다는 느낌이 든다면 전자보다 확실한 우위에서 협상까지 진행될 가능성이 크다(그래서 전문 분야를 만들어가라는 말을 앞에서 강조한 것이다).

따라서 경력 개발자라면 이력서에 경력의 화려함을 나타내기 위해 자신이 한 번이라도 발을 담갔던 프로젝트는 모조리 기억에서 끄집어내기보다 누구에게라도 내가 한 프로젝트라고 자랑스럽게 이야기할 만한 것들 위주로 핵심적인 내용을 잘 풀어내는 것이 훨씬 낫다. 그러기 위해서는 지원하는 회사나 포지션의 직무기술서를 제대로 파악하고 있어야 한다. 상대방이 원하는 경력과 거리가 멀다면 과감히 이력에서 빼는 것이 좋다.

나는 지원하는 회사에서 10년 차를 원하는지 5년 차를 원하는지를 보고 가고 싶은 자리라면 과감히 연차도 낮춘다. 보안이나 순수 네트워크 쪽은 10년 이상을 요구하는 경우도 적지 않지만, 보통 개발자 10년 차 이상을 요구하는 곳은 많지 않다. 그도 그럴 것이 최근의 기술 트렌드는 너무나 빨리 변하고 진화해서 10년 차 이상이 무의미한 경우가 많기 때문이다. 내가 일하는 분야는 다른 분야에 비해 아직 10년 차 이상의 소위 '고인 물'이라고 할 만한 개발자들이 상대적으로 많지만, 그것은 결국 레거시 시스템 소프트웨어(Legacy System Software)라는 사실을 반증하는 것이기도 하다.

어쨌든 중요한 것은 10년 이상 경력자들은 총 근무 연수를 차라리 줄여 지원할지언정 이것저것 다 넣어 제발 늘리지는 말라는 이야기다. 수 페이지에 해당하는 그 별거 아닌 프로젝트 이력을 보고 싶어 할 사람도 별로 없다. 딱 중요한 것들만 추려서 경력 사항을 장식하고 연차도 그 기간에 맞게 줄여보길 권한다.

그럼 오히려 궁금해진다. '도대체 이 사람은 개발자로 일을 시작한 지 꽤 된 거 같은데 왜 이 정도 경력만 있지?' 이처럼 그 경력들이 꽤나 괜찮아 보인다면 오히려 대면해 물어보고 싶어진다. 나머지 기간에는 과연 어떤 일들을 한 건지, 또 다른 무언가가 있는 건지 등의 내용은 인터뷰에서 이야기하면 된다. 다른 내용으로는 이런저런 것들이 있었는데 직무기술서를 보니 별로 중요해 보이지 않아 빼버렸다고 말이다. 경력자인 당신이 인터뷰 자리에 간 이상 당신은 상대방이 확인하고 싶은 것만 잘 설명하면 성공이라는 것만 기억하라.

신입 개발자에게
주는 조언

어쭙잖은 포트폴리오는 그만두자

신입 개발자라면 이력서를 제출할 때 염두에 둬야 할 것이 있다. 우선 신입 개발자는 이력서에 채울 항목이 그다지 많지 않을 것이다. 처음 시작하는 사람치고 많은 이력을 갖고 있기란 쉽지 않다. 신입 개발자들은 개발 경험도 거의 없을뿐더러 학교 생활이야 뻔하고 소위 기본적인 스펙을 쌓는 데 많은 시간을 보내다 보니, 대부분의 이력서가 별다를 내용 없이 비슷비슷한 경우가 많다. 더욱이 비전공자의 경우 다른 직군에 지원했다면 충분히 빛을 발할 경험들임에도 개발 직군에 지원하면서 부각시켜봐야 별 도움 안 되는 그저 그런 내용으로 전락하는 일들도 생긴다.

이렇듯 지원서에 자신이 갖고 있는 업무상 강점으로 쓸 내용이 거의 없다 보니 그럴듯하게 내세울 만한 게 하나는 있어야 할 것 같은데, 혼자서 만들어내자니 뭘 어떻게 해야 할지도 모르는 상황에 처하거나 쉽게 쉽게 가는 방법을 찾다 보니 어쭙잖은 포트폴리오를 만드는 일에 시간을 쏟는다.

그런 이유 탓일까? 신입 개발자 채용을 위해 지원받은 서류들을 검토하다 보면 거의 천편일률적으로 첨부된 것이 하나 있다. 학원에서 '○○ 개발자 전문가 과정' 같은 수개월짜리 수업을 들으며 강사와 함께 만든 포트폴리오와 프로젝트 링크페이지가 그것이다. 요즘은 학부 과정에서 컴퓨터공학이나 소프트웨어를 전공한 사람도 졸업 전후 수개월 사설 학원을 다니며 포트폴리오를 만든다고 한다. 별도로 제출된 그런 포트폴리오 문서를 보면 이것저것 그림도 그려넣고 작성하는 데 상당한 공을 들였다는 것을 알 수 있다. 하지만 정작 회사에서는 그 포트폴리오를 별로 중요하게 보지 않는다. 포트폴리오에 나타난 프로젝트의 수준도 낮은 편이고 한마디로 '쓸데없는 것에 시간 낭비하고 왔구나' 하는 생각이 드는 경우가 많기 때문이다.

포트폴리오 자체가 중요하지 않으니 만들 필요 없다는 소리가 아니다. 변별력 없는 뻔한 포트폴리오 만들어봐야 시간 낭비라는 이야기다. 자신도 결과물의 수준이 그리 높지 않다는 사실을 잘 알면서도 '뭔가 했다고 내세울 만한 게 이것밖에 없는데 그럼 어떡하냐, 어쩔 수 없는 거 아니냐'고 할 수도 있다. 그 마음도 이해한다. 하지만 학원에서 입사 지원 시 사용할 포트폴리오를 만들기 위해 수개월 동안 배운 내용 정도는 제대로 된 사수 하나 붙여 놓으면 일주일이면 한다. 모두 비슷비슷한 상황에서의 차별적 우위는 포트폴리오가 아닌 다른 곳에 있다.

이런 거 '해봤어요'보다 '관심 있어요'가 부각되도록 쓰자

신입 개발자가 지원서에 중점적으로 드러낼 부분은 프로젝트로 '이런 거 저런 거 해봤어요'가 아니다. '학교 친구들과 스타트업을 차려봤어요'가 아니다. 적어도 내가 관심 있어 하는 기술 분야가 뭐가 있는지, 정말 관심이 있다면 궁금한 게 한두 가지가 아닐 텐데 궁금증을 풀어보려고 어떤 것들을 어디까지 해봤는지, 직무기술서에는 이러이러한 것을 한다고 써 있는데 내가 할 줄 아는 내용이 그 일을 하는 데 구체적으로 어떻게 도움이 될 것 같은지를 중요하게 생각해봤다는 것을 드러내는 것이 훨씬 낫다. 이런 부분에서 긍정적인 평가를 얻어내야 좋은 결과를 얻을 수 있다.

신입에게 원하는 것은 현재 이것저것 얼마나 알고 있느냐가 아니다. 앞으로 회사에서 실제 개발에 필요한 기술적인 내용들을 이해하고 습득해갈 수 있는 바탕이 잘 갖춰졌는가와 해당 개발 조직의 문화와 업무에 잘 적응할 수 있는가다. 그러려면 기본을 얼마나 잘 알고 있는가가 중요하다.

예전 신입 개발자 채용과 관련된 업무가 내게도 처음이던 시절 이것저것 기술적인 질문들을 선별해 면접 질문지까지 만들어 면접장에 들어갔던 적이 있다. 그러나 질문지에 준비해간 질문을 거의 해보지도 못한 채 면접을 마칠 수밖에 없었다. 왜냐하면 전공자였음에도 불구하고 기술적인 내용은커녕 기본적인 개념조차 이해하지 못하고 있어서 채용한다면 교과서부터 다시 읽혀야 할 판이 었기 때문이다.

회사는 내가 일을 해주는 대가로 급여를 받는 곳이지 뭘 배우러 다니는 학교나 학원이 아니다. 업무를 맡기기 위해 수개월 많게는 수년을 가르치기만 해야 한다면, 그 가르치는 일은 누가 할 것이며 그 비용을 과연 당연하게 받아들여야 할 것인가? 그 후로 많은 생 각을 했고, 신입 개발자에게 기본적인 개념을 잘 이해하고 있는지 를 확인하게 되었다.

기본이란 소프트웨어와 컴퓨터공학의 기초가 되는 내용들을 말 한다. 컴퓨터 구조와 운영체제 컴파일러와 네트워크 이론 등 어렵 고 재미없는 내용들이겠지만 이런 내용들을 소홀히 한 채로는 한 계가 있게 마련이다. 신입 개발자로 지원했는데 전공자든 아니든 컴파일러 이론을 어느 정도 수준까지 이해하고 있는 사람이라면 다른 것 안 보고도 뽑는다고 장담한다. 특정 프로그래밍 언어의 문 법을 알고 여러 가지 툴들을 잘 다룬다고 해서 개발을 잘할 수 있 는 것이 결코 아니다. 소프트웨어 개발의 핵심적인 부분에 도달하 는 데 언어와 툴은 반드시 필요하기는 해도 중요하지는 않다.

기본은 여전히 중요하다

최근 IT 관련 수많은 강의 및 교육 콘텐츠가 업로드되고 있지만 대부분은 특정 언어나 툴의 사용법을 초보자를 대상으로 쉽게 설 명하는 수준에 그친다. 그것들만 챙겨듣고도 훌륭한 개발자가 된 사람도 있을지 모르지만 그런 사람은 소위 '뭘 해도 될 놈'이고 대부분은 쉽지 않다.

기본을 탄탄하게 다지려면 생각을 이리저리 해가며 책을 들여다보길 추천한다. 텍스트북이라고 하는 소위 교과서급의 서적들에는 그동안의 컴퓨터공학과 소프트웨어 분야에서 수많은 시도와 노력으로 검증된 알짜배기 논문들의 정수가 담겨 있다고 봐도 무방하다. 맨 뒤의 레퍼런스만 봐도 소프트웨어 분야에서 난다 긴다 하는 사람들의 논문들이 즐비하다. 당연히 그 뛰어난 사람들이 검증한 내용들을 제대로 이해하려면 깊은 생각을 해가며 읽어야 한다. 읽다가 호기심이든 내용을 더 잘 이해하기 위해서든 관련 논문을 찾아보는 것도 큰 도움이 된다.

'공부가 제일 쉬웠어요'도 아니지만 꼭 어렵게 공부하라는 말도 아니다. 단지 기본을 제대로 갖추는 일에 즐겁게 시간을 투자하면 개발자로 살아가는 내내 도움이 된다는 말을 꼭 해주고 싶다.

경력 개발자에게
주는 조언

학위보다 결과물로 말하자

사실 경력 개발자의 지원서에는 중요하지 않은 것이 별로 없다. 요즘은 개인정보나 가족 사항을 적는 경우도 별로 없고 IT 혹은 전산 부문과 관련 없는 자격 증명도 굳이 적을 필요가 없다. 어학도 시험성적이나 증명이 필요하다기보다는 실제로 외국인과 소통하며 업무를 할 수 있는지 지원자가 알아서 판단하고 지원하라는 식이다. 그러다 보니 지원서나 이력서에 기술할 내용은 전공 및 학습 영역과 저서 및 논문을 포함하여 자신이 발행한 출판물, 지금까지 다녔던 회사와 참여했던 프로젝트 그리고 각 프로젝트에서 자신이 담당했던 역할 및 업무가 거의 전부다.

경력지원자라고 학교나 전공을 안 보는 것은 아니지만 그보다 연구 영역과 그 부분에서의 성취나 결과물이 더 중요하다. 연구 영역에서 얻는 성취는 석사나 박사 같은 학위 그 자체보다는 얼마나 인지도 있는 결과물을 얻어냈는지가 훨씬 중요하다. 예를 들어 논문 같으면 SCI(Science Citation Index: 과학기술, 생의학 및 그 관련 분야의 문헌에 대한 인용색인으로, 빈번하게 인용되는 문헌의 정보가 축적되어 있다)급인지 국제 유명 컨퍼런스 발표 논문인지 국내 학술지 논문인지 1저자인지 아닌지 등일 것이다. 기고문 같으면 해당 기고문의 조회수나 다운로드 수 혹은 다른 웹페이지로부터 링크된 수 등일 것이다. 물론 뉴스나 잡지 같은 곳에서 인용될 정도면 그 자체로 증명된 결과라고 할 수 있을 것이다. 물론 인터뷰에서 핵심적인 내용을 알기 쉽고 간결하게 설명해낼 수는 있어야 한다. 석사 이상의 과정을 마쳤다면 지도교수님이나 연구실의 연구 수준에 따라 그 자체가 큰 영향력을 갖는 경우도 있다. 기술 서적을 출판한 경우 좀 애매하기는 하지만 개발 관련한 웬만한 기술 서적은 다 자신의 경험을 바탕으로 작성하는 경우가 많다 보니 그 정도로 책을 써낼 정도라면 어느 정도의 증명은 되는 것이라고 생각한다.

이력서에 적힌 내용 중에서 뭐니 뭐니 해도 가장 중요한 것은 그동안 참여했던 프로젝트들 가운데 핵심 프로젝트의 내용과 기술적 레벨이 채용하고자 하는 포지션에 어울리는가일 것이다. 그래서 잡다한 프로젝트들 이것저것 다 쓸 필요 없고 쓰지 말라는 이야기다. 어떤 사람은 심지어 자신이 참여하지도 않은 프로젝트까지 써 놓는다. 인터뷰에서 물어보면 대답도 하지 못한다. 내용이 뭔지 묻는 사람보다도 모르는 경우도 봤다. 정말 어이가 없다는 말밖에 안 나온다.

중요한 프로젝트 3개 정도만 내용을 잘 설명하고 얼마나 깊이 관여했는지 어떤 난이도를 갖는 문제를 경험했는지 설명할 수 있다면 그것으로 충분하다. 때로는 분야에 따라 프로젝트에 대해 물어볼 필요도 없이 이력서에 적힌 경력만으로 채용되는 경우도 있다. 진입장벽이 높은, 한마디로 그 분야에서 일하기 위해서는 선행되어야 하는 학습의 난이도가 높거나 기간이 꽤 되는 분야의 경력자는 서류에서 통과하면 인터뷰 같은 것을 생략하는 경우도 있다. 결국 분야 자체에서 희소성을 갖고 있기 때문인데 그것도 어느 정도 수준의 경력자에 해당하는 이야기일 것이다.

이력서를 업데이트하기에 좋은 때

만약 자신이 여기저기 마음에 드는 회사를 찾아 지원해가면서 이직하는 스타일이 아닌 내 이력에 관심 있는 회사로부터 연락이 오길 기다리는 타입이라면, 링크드인(LinkedIn), 글래스도어(Glassdoor), 원티드(Wanted) 같은 인기 있는 플랫폼 어딘가에 자신의 프로필을 잘 작성해뒀을 것이다. 프로필과 이력서는 뭐가 다른가? 별로 다르지 않다. 형식에 구애받지 말자. 다시 한번 말하지만, 중요한 것은 이력서를 볼 사람이 무엇을 궁금해하는지와 내가 이력서를 통해 어떤 것들을 드러내 보일 것인가다.

구직이나 채용, 매칭 서비스를 제공하는 많은 플랫폼들이 그대로 사용해도 괜찮을 만큼의 비교적 깔끔한 이력서나 프로필을 온오프라인 문서로 만들어주기 때문에 그것을 그대로 써도 무방한 경우도 있지만, 중요한 점은 최근의 중요한 업데이트는 내가 입력해야 한다는 것이다. 플랫폼에서 알아서 반영해주지는 못한다. 좋은 이력이 될 만한 프로젝트에 참여한 사실이나 이직을 통해 현재어떤 조직 어떤 포지션에서 일을 하고 있는지, 새로 발간한 책의소개 등 행복한 개발자 생활을 이어가면서 내 이력 정보를 업데이트한다면 결국은 시간을 들여 신경 써야 할 귀찮은 일들을 줄여준다. 그럼 그런 업데이트는 언제 하는 것이 좋을까?

새로 참여하게 된 프로젝트 관련 업데이트라면 프로젝트가 진행되는 중반 이후가 좋다. 초창기, 중반을 넘어서도 해당 프로젝트가 드랍(Drop: 중단)되거나 비즈니스 상황에 따라 펜딩(Pending: 보류)되는 경우가 종종 있기 때문에 구현의 마무리 내지는 테스트를 앞둔 시점에 업데이트하면 좋다. 이때가 좋은 이유는 대부분의 이력관리 플랫폼들이 사용자의 이력이 업데이트되는 시점에 노출의우선순위를 높여주는 방식으로 매칭이나 추천 알고리즘을 가져가기 때문이다. 그러면 그냥 업데이트를 하면 되지 왜 굳이 프로젝트중후반까지 가서 해야 할까? 이는 이력서가 업데이트되면 우선순위가 높아진 내 이력서를 열람하는 회사나 헤드헌터가 많아지고면접 일정이나 입사 지원을 위한 메일이나 연락이 올 가능성이 높아지기 때문이다. 아무리 좋은 기회라도 자신이 이직할 준비가 되어 있어야 할 것 아닌가?

보통 프로젝트가 한참 진행 중인 때에는 이직을 결정하기가 쉽지 않다. 혼자나 소수의 인원이 팀을 이뤄 진행하는 프로젝트의 경우는 더더욱 그렇다. 내가 맡은 일에 대한 책임감 때문에라도 프로젝트의 성패를 떠나 구현이라도 어느 정도 끝나야 그나마 마음이 편하다.

그럼 이렇게 묻는 개발자도 있을 것이다. 프로젝트가 다 끝나고 나서 업데이트하면 되지 않느냐고 말이다. 개발자에게 프로젝트란 끝이 없다. 하나의 프로젝트가 끝나면 얼마 지나지 않아 다음 프로젝트가 대기 중이다. 프로젝트를 끝내고 업데이트하면 괜찮은 조건의 이직 제의 메일 혹은 메시지를 받았을 때 또 다른 책임감과 부담을 주는 다음 프로젝트의 요구사항을 들여다보고 있을 가망성이 높다. 꼭 이직을 위해서 시점을 선택하지 않더라도 프로젝트가 중반을 넘어가면 중단될 확률도 상당히 줄고 그동안 프로젝트를 진행하면서 핵심적인 내용이 잘 정리되는 시기여서 단 몇 줄을 업데이트하더라도 알찬 내용으로 반영될 것이다.

조직이나 포지션의 변화에 대한 업데이트라면 이직을 하고 적어도 3개월 정도 지난 후 업데이트하는 것이 좋다. 이직하면서 현재 다니는 회사 사람들에게 어디로 이직하는지 광고하고 축하받으며 이직하는 경우는 드물 것이다. 현재보다 나은 곳으로 이직을 하는 경우라 하더라도 굳이 현 직장의 동료들과 인사팀에 구체적인 내용을 알릴 필요는 없다. 만에 하나라도 긁어 부스럼을 만들 일은 애초 하지 않는 것이 좋다.

이직한 회사에서의 상황을 생각해봐도 3개월 정도 지난 후 업데이트하는 것이 좋은 이유는 보통 신입이든 경력이든, 채용 후 첫

3개월 정도는 회사나 조직의 적응 기간으로 보아 계약직으로 유지되거나 평가 기간으로 두는 경우가 많기 때문이다. 그럴 일이야 드물겠지만 3개월 뒤에 정식계약을 하지 못하게 된다면 이력의 업데이트가 무안해지지 않을까? 이와 관련해 한 가지 코멘트하자면, 잘했고 못했고를 떠나 입사 후 3개월 뒤 정규직 전환이 안 되어 퇴사하게 된 경우는 과감히 이력서에서 빼라.

최근에 받은 23년 차 정도 되는 경력 개발자의 지원서가 생각난다. 그분의 최근 이력은 3개월 근무 후 퇴사한 회사들로 한 페이지가 넘었다. 채용하려는 입장에서 이런 이력은 완전히 마이너스 요소다. 어떤 개인적인 사정으로 인해 3개월을 못 넘겼든 회사에서 거부한 것이었든 차라리 그 기간에 자신과 가정을 돌보며 쉬었다고 하는 편이 낫다.

끝으로 내가 쓴 논문이나 책과 같은 출판물에 관한 업데이트는 발간 직후가 좋다. 발행되기도 전에 업데이트 먼저 하면 관심 있게 찾아본 내 이력서에 적힌 내용이 짧은 기간일지라도 검증이 안 되는 거짓 내용으로 분류될 수 있기 때문이다. 그렇다고 너무 오랜 시간이 지나 업데이트하게 되면 그야말로 이력서의 한 줄이 될 뿐이니 업데이트의 효과를 생각한다면 발행하고 가급적 이른 시점에 업데이트하는 것이 좋을 것이다.

개발자가 이직할 때 알아야 할
3가지 전제 조건

'고인 물'이 고여 있기만 하는 이유

내가 개발한 소프트웨어를 가지고 스타트업을 차려 사업가가 되었다면 '이직'은 그리 중요한 고려사항이 아닐 것이다. 하지만 개발자 초창기에 자신이 개발한 소프트웨어를 가지고 수익을 내는 회사를 만들기란 쉽지 않은 일이다. 이쪽에 오래 몸담아왔다면 이름만 들어도 알 만한 소프트웨어 업계의 많은 인물들도 그들 커리어의 초중반은 급여를 받는 개발자였다. 더욱이 그들의 커리어를 살펴보면 대부분은 좋은 기회에 이직을 통해 업그레이드되어왔다는 것을 알 수 있다.

소위 '부르는 게 값'인 그 사람들이야 그렇다 쳐도 일반 개발자들에게 이직은 신중하게 고민해가며 결정할 일이다. 이직은 커리어에 직결되기도 하고 무엇보다 연봉을 높일 기회가 되며, 개발자로서 어느 정도까지 되는지 스스로를 테스트해볼 수 있는 기회가 되기 때문이다. 사람마다 갖는 특성이 각기 다르기 때문에 10년이고 20년이고 한 회사에 오래 머물러 있는 개발자도 없지 않지만 새로운 것을 개발해내고 도전하기를 즐겨 하는 개발자의 특성상 한 곳에 10년 이상 머물러 있기란 쉽지 않다. 뭐 그 이상 머물러 봐야 고인 물이 되기 십상이다.

'고인 물'을 좋게 말하면 그 회사나 조직에서 개발한 소프트웨어에 대한 많은 경험과 노하우를 갖고 있어 개발 프로젝트 초기에 많은 결정 사항들을 정할 때와 진행 과정상에서 이런저런 도움을 줄 수 있는 존재라고 할 수 있을 것이다. 그러나 보통 고인 물이라고 부르는 이유는 대부분의 고인 물들이 자신이 갖고 있는 경험과 노하우들을 조직 내에서 자신의 영향력을 행사하거나 자신의 안위를 유지하는 데 사용하기 때문이다.

개발 조직이 아닌 다른 조직들에서 그것이 힘이고 권력이어서 그것을 얻기 위해 오랜 기간 근무하길 선호할 수도 있다. '이긴 자가 살아남는 것이 아닌 살아남는 자가 이긴 것'이란 말처럼.

그러나 개발 조직은 다른 조직과는 다른 업무상 특성 때문에 소수의 인원들이 영향력을 행사하고 세력화되는 것이 결코 좋은 일은 아니다. 그런 의미에서 개발 조직의 고인 물들은 새로운 개념과 아이디어를 긍정적으로 검토하고 받아들이기보다는 조직에 갓 들어온 사람들 입장에서 꼰대라 해도 무방할 정도의 마치 '벽'과 같은 존재가 되어버리는 경우도 많이 봤다.

개발자에게는 이직이 중요하다

고여 있지 않고 흐르는 물이 되려면 어떤 전제와 조건이 필요할까? 길은 간단하다. 자신이 몸담고 있는 '물'을 가는 일이다. 훌륭한 커리어를 만들어가기 위해서든 연봉을 높이기 위해서든 이런저런 이유로 개발자는 다른 직군에 비해 상대적으로 이직을 자주하게 되며 또 해야 한다.

예를 들어 평균 3년에 한 번 이직하는 경우를 생각해보자. 30년을 개발자로 일해도 몸담게 되는 회사는 10개 정도다. 그런데 프로젝트의 주요 개발자로 한 회사에서 일하는 동안 내 개발자 인생에 의미 있는 프로젝트는 얼마나 될까? 남이 만들어놓은 소스 코드를 유지 보수하느라 반 이상을 보내게 될지도 모른다.

물론 한 회사의 소프트웨어를 오랜 기간 만지다 보면 새로운 것을 만들어 넣기도 하고 부수적인 프로젝트를 진행하는 일도 많다. 경우에 따라 완전히 뜯어고치게 되는 일도 있기 때문에 재직 기간이 길수록 굵직하고 의미 있는 프로젝트를 맡을 확률도 커지긴 한다. 하지만 생명주기가 비교적 긴 시스템 소프트웨어나 솔루션을 개발하는 회사에서 오랜 기간 있다 보면 개발자로서의 발전보다는 매너리즘에 빠진 자신을 발견하기도 하고 무엇보다도 '다른 것 좀 하고 싶다'는 생각이 밀려올 때가 있다. 개발자에게 이직은 지금 하고 있는 것과는 다른 그 무언가를 찾는 일이다.

좋은 이직의 전제 조건 1: 저쪽이 더 좋아서

이직이란 이벤트가 발생하면 한 회사에서는 '퇴직'을, 다른 한 회사에는 '입사'를 하게 된다. 이 경우 퇴사의 사유는 '이직'인 것이다. 그러나 실제로 많은 개발자들이 퇴사하는 이유는 이직이 아니고 '더 이상 현재 근무하는 회사에 있고 싶지 않아서'인 경우가 많다. 즉 자신이 근무하는 회사가 마음에 안 들어서 이직을 결심하고는 이직할 회사를 찾는다는 것이다. 그게 너무나 당연해서 '다들 이직하는 이유는 그거 아냐?'라고 생각할지도 모르겠다. 그러나 좋은 이직의 전제 조건은 '지금이 싫어서'가 아니라 '저쪽이 더 좋아서'다. 한마디로 이직할 곳과 그곳으로 이직하고 싶은 이유가 먼저고 퇴사를 결정하는 것은 나중이라는 것이다. 그렇게 되면 이직의 사유는 다음과 같은 내용들이 된다.

- 참여하고 싶은 개발 프로젝트를 진행하고 있는 회사를 발견한 경우
- 지금보다 훨씬 나은 조건(주관적 기준)으로 이직을 제의받은 경우
- 커리어 관리상 필요한 이직인 경우

꼭 시니어가 아니더라도 개발에 욕심이 있는 개발자들은 '나도 저런 프로젝트에 참여해보고 싶다'든지 '저 회사가 저걸 개발한다고? 아, 나도 저기에서 일했어야 하는데……'하며 아쉬워했던 경험이 있을 것이다. 글로벌하게는 아파치 소프트웨어 재단(Apache

Software Foundation: 오픈 소스 소프트웨어 프로젝트를 운영하는 비영리 단체)에서 지원하는 오픈소스 프로젝트들처럼 수많은 커뮤니티와 오픈 프로젝트들을 통해 참여하고 싶은 프로젝트를 고를 수도 있을 것이다. 하지만 문제는 돈을 벌지 않으면 안 되는 시기에 오픈 프로젝트에 참여하는 것이 단순히 열정페이가 될 수 있다는 것이다. 그런 점에서 오픈 프로젝트 참여는 재정적인 여유나 안정성을 좀 확보한 뒤에 고려하는 것도 좋다고 생각한다.

여하튼 정말 꼭 해보고 싶은 프로젝트나 개발에 참여하고 싶은 소프트웨어가 있다면 그 회사로의 이직은 자신의 발전은 물론 우리나라 소프트웨어의 발전이란 측면에서 생각해봐도 좋은 이유가 된다고 생각한다. 어느 정도의 역량을 갖추고 나면 이런 사유로 이직을 하는 경우 현재보다 나은 조건으로 이직하게 되는 경우가 많다.

좋은 이직의 전제 조건 2: 저쪽이 훨씬 나은 조건이어서

두 번째로는 지금보다 훨씬 나은 조건으로 이직 제의를 받는 경우다. '이직 제의'는 보통 일정 수준 이상이 되어 헤드헌터나 해당 기업의 HR팀의 인재 탐색에 부합되었을 때 발생한다. 따라서 신입 개발자들의 경우 다른 회사에 근무하는 아는 선배나 친구로부터의 '이직 제의'를 제외하고는 매우 드문 이벤트일 것이다.

반면에 전문 분야에서 역량을 인정받는 시니어가 되면 수시로 이직 제의를 받게 된다. 어떤 경우는 원하는 조건을 문의하는 일도 있는가 하면 현재 연봉을 포함해 수치화할 수 있는 지표들을

15~20% 이상 상향 조정된 조건을 보장한다는 이직 제의도 있다. 스타트업 같은 곳은 실질적으로 프로젝트의 성패에 따라 조직의 존망이 결정되기 때문에 스톡옵션을 이직 제의 시 조건에 포함시키는 경우가 많다.

어떤 경우든 사람마다 원하는 조건은 다르기 때문에 금전적인 부분이 클수록 좋은 조건이라고는 할 수 없다. 나의 경우는 오전에 근무시간을 자율적으로 이용할 수 있다면 연봉에서 천만 원 정도는 양보할 수 있을 정도로 오전의 자율성을 중요하게 생각한다. 프로젝트에 대한 메저링(Measuring: 단순하게는 Man/Month를 산정하는 것이라 봐도 좋고, 좀 구체적으로 들어가면 전체 설계를 감안한 각 부분 부분들에서 중요하게 수행해야 하는 작업에 투입되는 인력과 시간에 대한 계획 정도라고 생각하면 된다)과 이에 기반한 일정 관리도 내가 할 수 있어야 한다. 이런 조건 외에도 개인별로 선호하는 조건들은 많고 실제로 이직을 결정할 때 중요한 고려사항이 된다.

좋은 이직의 전제 조건 3: 저쪽이 커리어에 더 도움이 돼서

이직의 전제 조건이 되는 마지막 요소는 얼마나 내 커리어에 도움이 되느냐 여부다. 이는 프로젝트 수행 이력을 관리하기 위해서일 수도 있고 근무한 개발 조직의 이력 관리를 위해서일 수도 있다. 또한 누구나 인정하는 개발 조직에서의 근무 경험은 꼭 커리어 관리를 위해서만이 아니더라도 해볼 만한 것이다.

예를 들어 이름도 거창한 샌프란시스코에 있는 구글캠퍼스나

IBM 산호세연구소 같은 곳이 아니더라도 훌륭한 개발 문화와 조직, 개발 프로세스 등을 갖춘 좋은 회사에서 일할 기회가 생겼다면 오랜 기간은 아니더라도 한 번은 경험해볼 만한 좋은 이직 사유가 된다.

그러나 현실은 위와 같은 이직 사유가 아닌 현재 직장에 대한 불만이나 도피로 이직하는 경우가 비일비재하다는 것이다. 살기 위해서는 어쩔 수 없다고 할지 모르겠다. 그만큼 아직도 우리나라의 개념 없는 경영진과 개발 부문 리더들 때문에 일찌감치 개발자로 행복하게 살긴 글러먹었다고 생각하는 사람들이 많다는 것을 알기에 그 심정도 이해는 한다. 그래도 어쩔 수 없이 이직을 해야 하는 경우라 해도 그 이유는 가급적이면 개인적인 불만보다는 다음과 같은 이유들이었으면 하는 바람이다.

- 급여가 밀리는 경우
- 엉뚱한 일을 지속적으로 해야 하는 경우
- 조직 내 특정인과 계속된 마찰이 있는 경우

연봉개발자에게 급여는 개발의 지속성을 보장하기 위해 기본적으로 충족되어야 하는 조건이다. 투자를 받아 개발과 사업을 지속하는 스타트업을 제외하고 급여가 밀려 지급되지 않는다면, 앞서 언급한 좋은 이직을 위한 전제 조건을 고려하기보다 먼저 퇴사를 결정하고 이직할 회사를 찾는 것이 낫다. 물론 경영상의 실수일 수도 있고 단기적인 영업 부진이 원인일 수도 있다. 그럼에도 그 모든 것을 통틀어 급여가 수개월 동안 계속 밀리고 있다면, 그 회사의 소프트웨어를 개발하는 것이 개발자로서 자신의 꿈인 경우가 아니라면 퇴사를 하는 것이 맞다.

불법적인 일은 아니더라도 개발이 아닌 엉뚱한 일을 지속적으로 해야 하는 경우도 있다. 특히 일이 되게 하기 위해서 누군가를 압박하면서 일을 해야 하는 경우 등과 같이 인간관계를 훼손해가면서 일해야 하는 경우 그 일이 아무리 개발과 관련된 일이라 할지라도 일찌감치 퇴사하는 것이 낫다. 그런 조직에 오래 있어봐야 삶은 계속 고단하고 정신적으로 피폐해지기 마련이다. 이런 경우 대부분은 그 원인이 경영진에 있는 경우가 많다. 그 경영진이 개발자 출신이든 아니든 상관없다. 그 자리에 있어서는 안 될 사람이 돈 때문에 혹은 그 무엇 때문에 그 자리에 앉아 있어서 일어나는 일이다. 행복하게 개발할 수 있는 자리를 찾아가는 것도 능력이다.

마지막으로 조직 내에서 특정인과의 마찰이 계속해서 일어나는데 그 영향이 업무에 방해가 되고 조직 생활에 대한 불만을 증폭시키는 경우다. 속마음을 터놓고 진솔한 대화를 통해 관계를 개선하기 위해 노력해봐야겠지만, 그런 노력들을 할 만큼 했는데도 불구하고 해소되지 않는 경우를 말한다. 물론 관리자와 논의 후 부서 이동이나 마찰을 피할 수 있는 조치를 취할 수도 있을 것이지만, 개인적인 생각으로는 이런 경우 회사나 개발 조직 자체가 마음에 들더라도 이직을 하는 편이 낫다. 사람 간의 마찰이나 충돌이 비단 어느 한쪽의 잘못만은 아닐 것이다. 어느 누구의 잘못이 명백한 문제들은 오히려 빨리 해결되는 경우도 많다. 사람 간의 맞지 않는 특성들이 충돌하는 경우가 참 힘든 문제다.

개발자가 하는 일의 상당 부분을 차지하는 것이 커뮤니케이션이라고 했다. 개발 조직 내에서의 커뮤니케이션이 그러한 지속적인 마찰과 반복되는 충돌로 인해 훼손된다면 결론에 이르기까지 너무나 많은 에너지가 낭비되고 적절한 시기를 놓치게 되어 일정 등이 망가지는 경우가 생기게 된다. 이는 개발자의 삶을 지속적으로 피곤하고 지치게 만드는 식으로 악순환이 벌어진다. 직장은 인격 수양을 위한 장이 아니다. 회사로서는 업무를, 개발자 개인으로서는 행복한 개발과 발전을 저해하는 요소가 있고 개선의 여지가 크지 않다면 그 절을 떠나는 것이 낫다.

나에게 맞는 회사를 찾는
이직의 기술

이직할 회사의 5가지 조건

사람마다 선호하는 조직의 문화나 업무 스타일은 다 다르다. 시간이 흘러 사회적인 분위기나 풍조가 바뀌면 전반적인 개발 조직의 분위기나 문화도 변해간다. 수년 전만 하더라도 생각지도 못한 일들이 개발 조직의 보편적인 모양이 되어버리는 경우도 많고 개인들도 자연스레 이 변화를 받아들이기도 한다. 그럼에도 자신이 원하는 혹은 회사나 개발 조직을 선택하는 데 중요하게 고려하는 기준들이 있게 마련이다.

요즘처럼 워라밸이 중요하게 받아들여지는 사회 분위기에서도 돈이 제일 중요하다는 사람도 주변에 있다. '복지고 뭐고 다 필요 없어. 난 돈만 많이 주면 돼!'라며. 이렇듯 사람마다 다르기 때문에 뭐가 더 중요하다 또는 이직을 결정하기 위해서는 이것을 기준으로 삼아야 한다고 딱 잘라 말하기는 힘들다. 그렇다고 이것저것 다

고려하다 보면 결국 '내가 원하는 꿈의 회사'가 되어 1도 없을 그런 회사를 기준으로 두는 꼴이 된다. 버릴 것은 버리고 그래도 이 요소는 중요하게 고려해봐야 하지 않을까 하는 것들 서너 가지를 우선순위에 두고 이를 기준으로 판단하는 것이 좋다고 생각한다.

아무리 보편성을 갖는 내용들이라 해도 주관적인 부분이 분명해서 와닿지 않을 수도 있다. 조심스럽긴 하지만 나의 경우 개발자로서 중요하게 생각하는 여러 조건들 중에서도 이직을 결정할 때는 다음의 내용을 고려한다.

- 어떤 소프트웨어를 개발하는가
- 개발 조직의 문화
- 개발 조직의 리더
- 업무 자유도
- 구성원의 비율

어떤 소프트웨어를 개발하는가?

먼저 이직할 회사가 개발하고 있는 소프트웨어나 내가 참여할 프로젝트가 어떤 프로젝트인지 가능한 구체적으로 아는 것이 중요하다고 생각한다. 왜냐하면 개발자로서 앞으로 수년 동안 해야 할 일에 대한 결정이기 때문이다. 이직을 결정하게 된 이유가 되는 내용이라면 이미 이에 대한 고려는 마친 상태일 것이다. 그러나 조건이나 그 밖의 다른 이유로 인해 이직을 고려하게 된 경우, 이직을 고려하는 회사에서 내가 어떤 일을 하게 될 것인지 파악하기 위해서는 시간과 노력을 들일 필요가 있다. 사전에 그런 노력들을 했어도 충분치 못한 경우 막상 가보니 기대와는 다를 수도 있고, 그렇게 되면 얼마 지나지 않아 다시 이직하게 되는 불편을 감수해야할 수도 있기 때문이다.

개발 조직의 문화

그 회사가 개발하고 있는 소프트웨어에 대해 아는 것이 개발 본연의 업무와 관련된 것이라면, '개발 조직의 문화'는 개발자가 얼마나 성숙 내지는 발전 가능한가와 관련된다. 미리 말하자면 누구나 인정할 만한 훌륭한 조직문화를 갖고 있는 개발 조직은 흔치 않다. 다만 구성원들이 좋은 조직문화를 만들어가는 노력을 기울이며 조금씩이라도 발전해가는 조직이라면 긍정적으로 생각해볼 만하다. 아직도 경영진 혹은 그 무언가에 의해 그런 노력과 시도들이 원천봉쇄되거나 구성원들이 그런 쪽으로는 전혀 생각할 여유조차 없는 조직들이 너무나 많다. 우리는 이런 조직들이 변화해가지 않는다면 도태되도록 과감히 떠날 필요가 있다.

개발 조직의 리더

기업의 규모가 작을수록 개발 조직의 리더 혹은 개발 조직에 직접적인 영향을 미치는 사람이 어떤 사람인가에 따라 그 조직의 분위기와 조직 특성 등이 아주 큰 영향을 받는다. 왜냐하면 규모가 커질수록 더 많은 사람들이 협업을 해야 하기 때문에 각종 업무 프로세스나 프로토콜이 정착되고 기업 차원의 문화나 분위기도 일반적으로 받아들여지는 수준에서 형성되기 때문이다.

대기업이라 해도 팀이 세분화되고 리더에 따라 조금씩 차이를 보이기는 한다. 하지만 작은 기업에서만큼의 영향력은 없기 때문에 이직에서 고려할 정도는 아니다. 보통 개발 조직의 리더는 개발자 출신인 경우가 많다. 오랜 기간 실무를 해온 개발자 출신인 경우, 개발 프로젝트 혹은 연구를 위해 필요한 것들, 특히 개발 기간과 관련해 구체적으로 가늠할 수 있기 때문에 개발자에게 터무니없는 납기를 요구하는 경우는 드물다.

경험상 터무니없는 납기를 맞춰 달라는 요구를 하는 경우는 대부분 비개발자 출신의 의사결정자들인 경우가 많았다. 하지만 이는 빈도의 차이일 뿐 결국 생각할 수 있는 능력의 차이와 이기심의 차이라고 봐도 무방하다. 때로는 알면서도 자신의 이익을 위해 개발자에게 무리한 요구를 하는 경우도 의외로 많다. 영업 핑계를 대고 비즈니스적으로 그렇게 가야만 하는 이유를 장황하게 늘어놓지만, 납기 외에도 터무니없는 아키텍처나 설계 등 개발자 입장에서 너무나 꺼려지는 무리한 개발을 요구하는 이유는 결국 따지고 들어가보면 자신의 욕심을 채우기 위한 경우가 대부분이다.

때로는 '월화수목금금금'으로 표현되는 쥐꼬리만 한 급여에 개발자들이 인생의 소중한 시간들을 착취당하던 시절 개발자로 일했던 자신의 경험들을 이야기하며 너희는 그 정도는 아니니 행복한 거 아니냐는 식의 '라떼는 말이야'를 시전하는 경우도 있다. 이런 일들은 그 사람이 의사결정의 키를 갖고 있는 한 지속적으로 개발자를 괴롭히게 된다. 결국 대표이사나 개발 조직의 리더가 개발자 출신인지 아닌지는 중요하지 않다는 말이다.

당하는 개발자 입장에서 보면 복불복이겠지만, 적어도 이직 프로세스가 완료되기 전이라면 자신이 가게 될 회사나 조직에 대해 이와 관련한 정보들을 최대한 수집하고 알아봐야 한다. 당하지 않기 위해서라고 생각해도 무방하지만, 개발자로 보다 제대로 일을 하며 살려면 필요한 사전 작업이다.

업무 자유도

개인적으로 시니어 레벨이 될수록 중요하게 고려하는 사항이 바로 업무 자유도가 아닐까 생각한다. 업무 자유도란 개발의 처음부터 끝까지, 즉 프로젝트의 범위 및 기간에 대한 협의, 기술적 요구사항에 대한 협의, 설계 및 구현 단계의 마일스톤(Milestone: 프로젝트 관리에서 특정 시점에 확인되어야 하는 특기할 만한 실행 내용-), 테스트 시나리오 및 기간, 대내외적으로 문서화해야 할 내용들에 대한 결정, 릴리즈 일정에 대한 협의 과정 등에서 개발자의 의견과 생각이 얼마나 받아들여지는가 그리고 업무수행을 위해 필요한 시공간적 환경을 얼마나 자유롭게 선택할 수 있는가에 의해 개발자가 느끼는 주관적인 만족도라고 할 수 있다.

업무상 책임과 그 업무를 하거나 업무상 필요한 결정을 위해 주어지는 자유가 적절히 조화를 이뤄야 자율적으로 일하는 개발자의 불만이 적고 프로젝트가 산으로 가지 않는다. 신입 개발자라면 오히려 뭘 어떻게 해야 할지 모르는 상황에서 알아서 결과를 내라는 말이 엄청난 부담으로 다가올 것이다. 그러나 자신의 전문 분야에서 어느 정도의 기술력을 갖고 있는 개발자라면 그에게 주어진 업무는 보통 그 시점에 조직 내 다른 사람이 대체하기 힘든 일인 경우가 많다.

그럼에도 일을 맡겨 놓고는 이래라저래라, 이때까지 뭐해서 보고해라 등 기간을 단축했으니 언제까지 프로젝트를 마쳐라, 일주일 안에 테스트 완료해라 등 개발자 입장에서는 전혀 생각 없어 보이는 요구를 회의 때마다 쏟아내는 경우도 있고, 업무의 효율성을 생각하지 못한 채 일반직 사원들과 동일한 근태 및 업무보고 등을 요구하는 경우도 많다. 나의 경우는 이런 것들이 마음에 안 들고 개선의 여지가 보이지 않는다면 그냥 퇴사해버린다. 그런 조직에서 일하고 싶은 마음도 없을뿐더러 일도 잘 안 되고 결과적으로 개발자로서 업무상 가져야 할 고유의 권한과 권리마저 심각하게 침해당하는 기분이 들기 때문이다. 그런 조직인지 아닌지는 면접하는 과정에서 몇 가지 질문들을 해보면 알 수 있을 것이다. 주관적으로 받아들일 수 있을 만큼의 업무 자유도도 보장되지 않는다면 안 가면 그만이다. 이런 점을 무시한 선택을 본인이 해놓고 회사에 대한 불만을 토로해봐야 바뀌는 것 없이 점점 힘들어질 뿐이다.

때로는 롱런하는 개발자가 되기 위해 배짱을 튀길 필요도 있다.

'이럴 거면 그냥 당신들이 알아서 하세요. 아니면 말 잘 듣는 다른 개발자 알아보시든가.'(주의: 신입 개발자는 절대 따라하지 말 것)

구성원의 비율

마지막으로 뭘 이런 것까지 고려해야 하냐고 할지 모르지만 경험상 중요하게 생각하는 것 중 하나가 바로 개발 조직 구성원의 비율이다. 개발자로서의 경험과 기술적 숙련도를 기준으로 상중하로 구분한 구성원의 비율이 어떤지를 보면 그 조직이 어떻게 돌아갈지 알 수 있다. 시니어가 많은 개발 조직이 흔하지는 않지만 우리나라에서 DBMS 같은 레거시 시스템 소프트웨어를 개발하는 회사나 개발 조직의 경우 의외로 개발 조직의 구성원 대부분이 10년차 이상의 시니어들인 조직도 있다. 이런 조직의 장점은 개발 조직 누구에게든 배울 것이 많아 성장하기 좋다는 것이다. 또한 책임질 일이 별로 없어 업무 결과에 대한 부담이 상당히 줄어든다.

하지만 이런 장점과 달리 단점도 있다. 수년 동안 조직에서 막내 혹은 보조적인 역할을 수행하게 될 가능성이 크고, 앞서 이야기한 업무 자유도 면에서도 불리한 위치일 수밖에 없을 것이다. 개인적으로는 중간층(대략 5~10년 사이의 경력 개발자들)이 두터운 회사가 제일 좋다고 생각하는데, 찾아보면 의외로 많지 않다. 가장 자신감이 넘칠 때이기도 하지만 채용 공고들을 보더라도 대부분 이 정도 레벨의 개발자를 선호하고 채용 조건도 좋기 때문에 이직이 많기 때문이다. 뭐 어쨌든 이런 중간층이 많은 회사가 좋은 이유는 일이 특정 사람에게 일이 몰리지 않고 고루 분배되어 순조롭게 진행될 가능성이 크기 때문이다.

개발이 순조롭게 진행되는 것은 소프트웨어로 먹고사는 회사에서 상당히 중요한 일이다. 영업의 종착점도, 기술지원의 결과도 품질관리팀의 일정도, 인사팀 업무의 과부하도 결국은 개발 진행이 잘되느냐 그렇지 못하느냐에 의해 좌우된다. 개발 프로젝트는 끝도 없이 큐에 쌓인다. 이것들을 하나하나 착착 해결해가는 조직은 일하는 분위기도 좋다.

주니어가 많은 조직도 장점이 있느냐고 할지 모르지만 없지는 않다. 새로운 좋은 트렌드가 조직에 반영될 가능성이 그래도 높다는 것 그리고 부드러운 조직문화와 끼리끼리의 비공식조직을 만들어가며 즐겁게 일하자는 분위기가 형성되기도 한다. 그러나 고수준의 문제가 해결되지 않아 외주를 주거나 시니어를 채용해야 하는 경우도 발생하고, 실력 없이 분위기만으로 회사가 돌아가는 경우는 거의 없기 때문에 조직 차원에서는 늘 해결해야 할 문제들이 쌓이기 마련이다.

순간의 선택이 10년을 좌우한다

이직할 회사의 조건이라는 것으로 앞서 소개한 5가지 내용만 있는 것은 분명 아닐 것이다. 다만 개인적으로 꼽은 이 5가지 정도는 기본적인 판단 기준으로 삼아도 좋을 것들이라 생각한다. 이것 말고도 연봉, 워라밸, 출퇴근 거리, 회사의 네임밸류 같은 것들도 개인에 따라서는 중요한 고려사항이 될 것이다. 명심할 것은 이직의 조건은 누군가의 기준이 아닌 자신의 우선순위와 기준에 따라 선택하고 결정해야 한다는 점이다. 아주 어릴 적 어떤 광고에서 들었던 말이 떠오른다.

"순간의 선택이 10년을 좌우합니다."

개발자의 이직은
면접이 다 한다

면접에서 흔히 나오는 5가지 질문

이직할 만한 좋은 회사를 찾았다면 본격적인 이직 활동에 들어가게 된다. 바로 지원할 회사에 맞는 이력서를 작성하고 면접을 준비하는 일이다. 중요한 것은 이력서의 작성과 면접의 준비가 별개가 아니라는 것이다. 이와 관련해서는 이력서에 관한 이야기에서 어느 정도 풀어놨으니 여기서는 면접과 관련된 이야기를 주로 하려고 한다.

흔히 면접을 '면접 시험'이라고 부르듯 문제를 내고 맞히는 시험장이라고 생각한다. 특히 코딩 테스트가 있는 경우 더더욱 그렇게 생각하는 듯하다. 그러나 개발자 면접에서 답을 맞히고 못 맞히고는 당락을 좌우할 만큼 중요한 것은 아니다. 그보다는 면접 시간 내내 지원자가 대답을 하기 위해 어떤 과정을 거치는지, 그 과정을 거친 이유와 대답한 내용을 도출해가는 과정, 이력서에 쓴 내용들이 어느 정도 수준으로 행해진 것인지 등을 중요하게 관찰한다. 그렇기에 때로는 정말 어려운 질문도 있고 엉뚱하리만큼 답이 있을까 싶은 질문을 던지기도 한다. 지원 동기 등 일반적인 면접에서 공통적으로 행해지는 질문들을 제외하고 개발자의 면접에서 흔히 받는 질문들은 다음과 같다.

- 컴퓨터공학 혹은 소프트웨어공학을 포함한 IT 분야의 기본적인 개념에 대한 질문
- 해당 조직이 개발하고 있는 소프트웨어의 컨셉이나 아키텍쳐에서 기본적으로 알고 있어야 하는 내용에 대한 질문
- 피면접자의 프로젝트 이력에서 그 회사에서 관심 있어 하는 부분의 내용에 대한 설명을 요구하는 질문
- 개발 업무를 하면서 맞닥뜨릴 수 있는 상황과 어떤 방식으로 해결할 것인지에 대한 질문
- 답을 하기에는 정보가 부족하거나 경우의 수가 많은 질문

기본적인 질문의 중요성

기본적인 개념을 묻는 질문들은 그 조직에서 일할 수 있는 최소한의 실력을 갖추고 있는지 확인하는 것이라고 생각하면 된다. 이런 기본적인 내용조차 답을 제대로 못한다면 당신은 기본적인 학습이 불충분하거나 알아도 대답을 잘 못할 정도로 아주 소극적인 사람일 것이다. 대부분의 개발팀에서 이런 사람을 일부러 뽑으려

하지는 않을 것이다. 만약 본인이 그런 경험이 있다면 기분이 좋지 않겠지만 인정할 것은 인정하자. '그땐 그랬지'라고.

그렇다고 해서 이후의 시간들을 포기할 필요는 없다. 오히려 기본적인 내용을 명쾌하게 설명할 수 있을 만큼 숙지하지 못하고 있다는 점을 솔직하게 인정하자. 그리고 기본을 다지기 위해 어떻게 해야 하는지 조언을 구하면 된다. 면접에 소중한 시간을 할애한 것은 회사만이 아니다. 면접자 본인도 뭐라도 얻어가야 할 것 아닌가.

LG전자와 일본에서 짧게 일하면서 신입 개발자 딱지를 막 떼고는 DBMS 분야의 개발자가 되기 위해 면접을 보던 날이 생생히 떠오른다. 지금이야 이쪽에서 일할 개발자를 인터뷰하기 위한 질문지를 내가 작성하게 되면서 신입이라면 어떤 것들을 묻고 확인할지, 경력자라면 또 무엇을 인터뷰할지가 A4용지로 정리하면 적어도 10장 이상은 된다. 하지만 돌이켜보면 그 당시 나는 10개도 안 되는 질문에 뭐 하나 제대로 대답하기 힘든 정도의 수준이었다. 하지만 결과적으로 나는 면접에 합격하여 그 회사에 들어가게 되었는데, 면접 시간 내내 내가 한 대답이라고는 '잘 모르겠습니다', '들어본 적 없습니다', '공부한 적 없습니다'와 같은 대답이 대부분이었다.

그날 인터뷰에 들어온 사람은 소위 S대에서 물리학을 전공하고 DBMS 하면 누구나 아는 오라클이라는 회사에서 일하다 개발본부장을 맡게 되신 분이어서 소위 '넘사벽'이라고 할 만했다. 면접을 엉망으로 마치고 회사 현관문을 나오면서 너무도 허탈하고 억

울한 마음에 문 앞까지 배웅을 나온 그분을 붙잡고 질문받았던 내용을 공부하려면 뭘 어떻게 공부해야 하는지 무슨 책을 봐야 하는지 좀 알려달라며 늘 지니고 다니던 메모지에 적어갔던 기억이 난다. 그리고 나는 면접장을 나오자마자 바로 서점으로 달려가 '이산수학' 책을 한 권 샀다.

나처럼 하면 면접에 붙는다는 말이 아니다. 기본적인 질문을 통해 정말로 확인하고 싶은 것은 그 내용을 알고 있는지보다는 어쩌면 진짜로 할 마음이 있는 사람인지가 아닐까? 시니어가 되어도 빈도가 줄어들 뿐 모르는 내용에 대해 질문하고 답할 일은 얼마든지 있다. 단지 개발자 초기에는 뭘 하든 온통 물어물어 할 일들뿐이다. 그런 점에서 어떤 식으로 조언을 구하고 포인트를 짚어 궁금한 것을 제대로 전달할 수 있는지도 확인 사항이다.

필수적인 기술에 관한 질문

두 번째로 빈번한 질문은 지원한 회사 혹은 개발 조직이 진행 중이거나 진행할 프로젝트에서 필수적으로 다뤄야 하는 개념이나 아키텍처, 기본적인 모듈의 특성이나 라이브러리 등에 대한 질문이다. 알고 있는 내용임에도 당황하거나 대답에 자신 없어 하는 경우를 많이 봤다. 이런 상황이 벌어지는 것은 질문자가 대답하는 개발자 자신보다 해당 내용에 대해 훨씬 잘 알고 있을 것이라고 생각하기 때문이다. 설령 그것이 사실이라 해도 다시 한 번 말하지만 면접은 시험이 아니다. 자신이 알고 있는 내용을 가감없이 얼마나 논리적으로 잘 설명해내는가가 중요하다. 질문 자체가 너무 특정 영역의 구체적인 내용에 해당해서 언뜻 질문 내용조차 잘 이해되지 않는 경우도 있을 수 있다. 그런 경우라고 하더라도 하나하나 질문을 통해 본인의 수준에서 이해할 만큼 이해한 뒤 자신이 알고 있는 것들을 재료 삼아 차근차근 설명하면 된다. 오히려 질문 내용도 제대로 이해하지 못한 채 이런저런 대답만 장황하게 늘어놓는다면 확실한 마이너스 요소가 된다.

관심 분야에 대한 질문

지원자가 작성한 논문이나 프로젝트 이력에 기반한 질문들은 해당 내용이 사실인 경우 비교적 답을 하기가 수월할 것이다. 면접에서 받게 되는 많은 질문들 중 본인이 가장 잘 알고 있을 내용이어서 자신 있게 답하고 때로는 요구하지 않은 설명까지 장황하게 늘어놓기도 한다. 이런 질문은 지원자 본인이 참여했던 프로젝트가 맞는지 어떤 역할들을 수행했는지에 대한 것과 지원한 회사에서 진행 중인 개발과 관련하여 관련 지식을 어느 정도 보유하고 있는지, 또 얼마나 역량을 발휘할 수 있을 것인지를 확인하기 위한 것이다.

따라서 내가 잘 알고 있는 내용이라고 요구하지도 않은 답변을 장황하게 늘어놓는 것은 별 도움이 되지 않는다. 오히려 자신의 경험이 지원한 회사의 업무와 어떻게 연결될 수 있는지에 대해 궁금해하고 있다거나 잘 알고 있다는 것을 피력하는 것이 중요하다.

문제 해결력에 관한 질문

특정 상황을 주고 이런 경우 어떻게 할 거냐는 식의 질문을 하면 면접관들의 눈치를 살피는 경우를 자주 봤다. 이런 질문은 보통 질문 하나로 끝나지 않는다. 연이어 몇 개의 질문으로 이어지는 경우가 많다. 이 질문들은 조직 문화나 분위기에 잘 적응할 수 있을지에 대한 판단과 대답하는 사람의 일관된 특성이 어떤지를 알기 위한 것이다. 속을 알 수 없는 사람보다는 훤히 보이는 사람이 낫다. 이랬다저랬다 대답의 일관성이 없어 보이면 그 사람의 특성을 알기 힘들다. 조직 구성원의 관리 차원에서 구성원들의 생각이나 속을 알 수 없는 것만큼 리스크가 큰 것도 없다. 조직에 대한 불만이 어느 정도인지 언제 조직을 떠날지 가늠이 안 되기 때문이다.

도대체 왜 저런 질문을 할까?

면접관들이 "우리나라에 라면으로 건빵을 만들어 먹는 사람은 몇 명 존재할까?", "시내버스에 농구공이 몇 개나 들어갈까?"와 같은 때때로 '도대체 이런 질문은 왜 하는 거지?', 분명 시간을 들여 생각해보면 답이 나올 거 같긴 한데……', '이 짧은 시간에 정답을 맞출 수 있는 사람이 과연 있을까?'라는 생각이 드는 엉뚱한 질문을 하기도 한다. 창의성을 테스트하는 것으로 생각해 기발한 아이디어를 짜내려 애쓰는 사람도 있고, 정확한 답을 구하려고 이리저리 머릿속에 계산기를 두드리는 사람도 있다.

면접자들의 생각과 달리, 이런 질문들은 천재를 가려내기 위해서가 아니다. 사전에 생각해보지 않았던 문제를 해결하기 위해 어떤 과정을 거치는지, 그리고 필요한 정보들을 어떻게 규정하고 구해가는지를 보기 위한 것이다. 때때로 그 과정에서 질문자와 짧은 논의를 거쳐 전제 조건이나 제약사항을 결정하기도 하고 서로 합의된 범위 내에서 결론을 도출하기 위해 거치는 노력들이 있는데, 그런 것들을 보기 위한 것이지 과정이 논리적이라면 결과가 0이든 무한대든 상관없는 것을 210401이라는 답을 했다고 해서 잘 맞혔다고 어떻게 그런 짧은 시간에 답을 구할 수 있었냐고 감탄해할 질문들이 아니라는 이야기다.

위에 열거한 질문들 외 다양하게 많을 질문들은 논외로 하더라도 위의 질문들만이라도 당황하지 않고 대답한다면 면접에서 좋은 결과가 있을 것이다.

연봉과 복리후생,
어떻게 협상하고 어떻게 판단할까?

남은 문제, 연봉 협상

면접 후 채용이 확정되면 연봉을 비롯해 채용을 진행하기 위한 협상 단계에 들어간다. '신입의 경우 급여는 당사 기준에 따릅니다'란 문구를 본 적이 있을 것이다. 심지어는 여러 채용 포털사이트에서 채용 공고들을 보다 보면 신입 채용이든 경력 채용이든 '임금은 당사 기준을 따름'이라든지 '채용 후 당사의 지급 규정을 따름'과 같은 뭔가 정해진 액수가 있는 듯 애매한 문구들을 보게 되는 경우가 많다. 최근 생긴 어떤 스타트업의 경우 신입 개발자에게도 얼마나 받고 싶은지 써내면 최대한 맞춰주겠다고 했다는 회사에 대한 이야기를 들은 적이 있다. 하지만 사실상 기준으로 삼을 이전 연봉이란 것도 업무 역량을 판단할 경력도 없는 신입의 경우 연봉 협상의 여지란 거의 없다고 봐도 무방하다.

반면 경력자의 경우 반드시 협상을 거쳐 연봉을 정하게 된다.

채용 프로세스에 연봉 협상을 위한 과정이 별도로 없는 듯 진행되고 있다면 근로계약서에 사인하기 전에 연봉 협상을 위한 단계를 개발자 본인이 만들어야 한다.

"저희 회사는 3~5년 차의 개발자인 경우 이런이런 범위 내에서 지원자의 역량 등을 종합적으로 판단해 급여를 책정하고 있습니다"와 같은 말을 듣고 '아, 그렇구나' 하고 회사에서 책정하는 대로 받겠다는 생각이 든다면, 스스로 자신을 개발만 아는 순진한 개발자라며 포장하고 싶겠지만 절대 아니다. 그냥 호구다.

경력 개발자에게 면접은 채용되기 위한 '시험' 과정이기도 하지만, 내가 얼마만큼의 연봉을 받을 수 있는 사람인지, 최소 이 정도의 연봉은 요구할 자격이 있다는 것을 어필하는 자리이기도 하다. 연봉 협상에서의 암묵적인 밀당이 이미 면접 때부터 진행된다고 보면 된다. 물론 이것은 중소규모 이하인 경우에 해당하는 내용이다. 대기업이나 어느 정도 규모가 있는 회사들은 조직 구성원이 워낙 많은 데다가 스타플레이어보다는 일정 수준 이상의 역량을 가진 구성원들이 정해진 프로세스대로 세분화된 업무 범위 내에서 적시에 결과물만 내놓으면 되는 구조인 경우가 많다. 그렇다 보니 연봉 테이블이 이미 있고 그 안에서 정해진 룰과 페이 밴드(Pay Band: 특정 조건에 따라 차등적으로 연봉의 범위를 정해놓은 것) 안에서 연봉이 결정되곤 한다.

특별한 목적에 의해 영입하는 인재의 경우 그야말로 온갖 조건들을 서로 협상해가며 채용이 결정되기도 하지만, 일반적으로는 거의 정해진 수준 안에서 결정되기 때문에 굳이 실익이 크지 않은 연봉 협상을 하자고 채용 프로세스를 이탈하게 될 위험을 감수할 정도는 아니란 뜻이다. 그러나 중소기업 혹은 작은 규모의 소프트웨어 회사에 이직할 때는 반드시 연봉 협상을 해야 한다.

협상의 영역을 확장하자

개발자에게 이직을 위한 연봉 협상이란 과연 무엇일까? 흔히 연봉 협상이라고 하면 앞으로 받게 될 1년치 급여를 합한 금전적인 액수를 결정하는 것이 전부라고 생각한다. 하지만 진정한 연봉 협상은 내가 이전보다 앞으로 더 나은 조건으로 일하기 위해 얻어낼 수 있는 것들을 얻어내기 위한 과정이다. 여기서 더 나은 조건이란 연봉을 포함해 업무 내용에 대한 만족, 업무 시간 및 강도에 대한 만족, 업무 환경에 대한 만족, 업무 자유도에 대한 만족 및 그 회사에서 얻게 되는 실질적인 복리후생의 총합 등을 고려한 전체적인 효용 가치가 이전보다 더 높아야 한다는 것이다. 따라서 이직할 회사에 본인이 어떠한 것들을 기대하는지 잘 생각해보고 따져봐야 한다.

그렇다 해도 내가 바꾸거나 얻어낼 수 있는 것은 사실 거의 없지 않느냐고 반문할 수도 있다. 물론 그 조직의 문화나 업무 방식, 분위기를 현격히 저해할 만큼 큰 영향을 미칠 수 있는 터무니없는 요구라면 받아들여지기 힘들 것이다. 하지만 합리적인 이유가 있고 고려해줄 만한 내용이라면 이를 관철시키거나 양보하기 위한 조건을 협상하는 과정도 필요하다. 그럼에도 딱 잘라 거절당한다면 그것은 둘 중 하나다. 굳이 인재를 영입하지 않아도 되는 회사이거나 내가 그 회사에게 절대적으로 필요한 존재가 아니거나.

앞서 말했지만 대기업에서 이런 협상의 여지가 그리 많지 않은 이유는 여러 사람들에게 공통적으로 받아들여질 만한 정도의 근무 환경과 조건이 이미 갖춰져 있기 때문이기도 하지만, 정해진 프로세스 내에서 어느 정도의 역량이면 소화할 만한 업무에 굳이 이 사람이 아니면 안 되는 경우가 드물기 때문일 것이다. 그러나 개발 팀의 규모가 작거나 개발자의 역량과 업무 결과가 큰 영향을 미치는 조직은 일부러 그런 협상을 유도하지 않아도 협상의 여지가 분명 존재한다. 얼마 안 된 신생 조직이나 스타트업의 경우 그런 인재의 영입 과정에서 더 나은 조직문화가 만들어지고 개선되는 일도 있다.

이런 과정들이 불편하고 귀찮게 여겨질 수도 있다. 단 몇 개월을 일하게 될지 수년 더 나아가 평생직장이 될지 모를 일이지만 앞으로 내가 일할 곳이 아닌가. 불편은 짧지만 그 결과는 내가 그곳에서 일하는 내내 영향을 미친다. 따라서 그런 협상 과정이 온라인으로 이루어지든 오프라인으로 진행되든 적어도 '그냥 그렇게 됐다'는 식으로 생략되지 않도록 스스로 기회를 만들어가길 바란다.

워라밸이 근무조건이 된다면

요즘은 '워라밸'이 좋은 회사가 인기도 많다. 그렇다 보니 스타트업이나 매출 규모가 그리 크지 않아 금전적인 보장이 약한 작은 기업들, 잇따른 사업의 성공으로 개발 조직의 규모가 비약적으로 늘어야 하는 기업들은 훌륭한 '워라밸'을 무기로 채용시장에서 승부하는 경우가 많다. 그래서 그런지 요즘 채용 공고를 보다 보면 회사나 개발 조직에 대한 소개글에서 혹할 만한 근무 환경이나 근무조건, 복리후생을 제공하는 것 같은 표현들이 자주 보인다.

'출퇴근 자유', '무제한 휴가', '휴게실 냉장고에 시원한 맥주 구비', '즐기며 일할 수 있도록 플레이스테이션 등 게임기와 만화책 구비', '매월 하루는 가족의 날로 4시 퇴근', '2주에 한 번 금요일은 오전 근무' 등 그 회사를 직접 가보거나 조금만 생각해봐도 실제로는 별로 누릴 만한 것이 없지만 얼핏 보기에 그럴싸해 보이는 것들이 참 많다. 먼저 '출퇴근 자유' 또는 '휴가 무제한'처럼 근태에 일절 제약이 없이 자유로운 근무 환경을 표방하는 내용들에 대해 말하자면, 최근 몇 년간 코로나19 같은 바이러스로 인해 반강제적인 재택근무가 늘고 있고 여행에도 많은 제약이 있는 것과는 별개로 문구 자체만 보자면 굉장한 업무 자유도가 주어진 것처럼 보인다. 그러나 소프트웨어를 만드는 회사는 물론 서비스를 제공하는 회사의 경우도 인건비는 회사의 지출(비용) 항목들 중 매우 큰 부분을 차지하며 스타트업이나 소규모의 기업일수록 구성원 개개인이 발휘해야 하는 역량에 대한 요구가 클 수밖에 없다.

즉, 최대한의 업무 효율을 끌어내야 살아남을 수 있는 경우가 대부분이다. 따라서 이런 기업에서 출근 안 해도 되고 휴가도 무제한으로 쓸 수 있다는 말은 근태관리를 할 필요가 없을 정도로 해야 할 일이 많을 것이란 것을 내포한다.

예전에 나에게 직접 연락을 해왔던 어떤 스타트업이 그랬다. "출근 안 하시고 놀든 여행을 가시든 결과만 보여주시면 됩니다. 더 좋은 결과를 얻기 위해 업무 시간에 제약을 두지 않고 있습니다." 그래서 물었다. "현재 근무하고 계시는 분들은 보통 어떻게 일하고 계시나요?" 대답은 예상했던 대로였다. "하하, 다들 회사에서 일이 잘된다면서 매일 출근하시더라구요."

산더미 같은 일을 두고 여행 다니며 휴양지 해변가나 카페에 앉아 일할 수 있을 것 같은가? 이런 문구에 현혹되기보다는 그 실체와 자신이 현실적으로 원하는 근무조건이나 환경, 복리후생은 어떤 것들인지 잘 생각해볼 필요가 있다.

'워라밸'이 '일'이란 관점에서 볼 때 개인의 삶에서 일과 일 이외의 것 사이의 균형을 중요시하는 가치관을 담고 있는 말이라고 한다면, 회사나 기업 차원에서 '워라밸'에 직접적인 영향을 미치는 것들이 바로 근무조건과 복리후생이다. 그리고 근무조건의 일부는 근로계약서에 서명을 할 때 결정되기도 한다. 개발자 본인이 자신의 업무 스타일과 원하는 근로조건에 대해 잘 알고 있다면 어느 정도 선에서 회사와 협상할지 그리고 협상이 힘든 경우가 있다면 그 부분은 포기하고 계약할지 말지를 결정하면 될 것이다.

대부분의 개발자들은 그렇게 못한다. 힘들게 채용되었는데 괜한 요구를 해서 잘릴까 봐 그렇다. 그렇지 않다고? 아니면 다행이다. '잘릴까 봐'라는 문구를 쓰긴 했지만, 이를 완곡히 말하면 남은 채용 과정(별로 남아 있다고 할 만한 것도 없지만)에서 혹시 모를 불이익을 걱정하는 것이고, 중소기업의 경우 보통 채용 후 3개월 정도 정직원이 아닌 계약직 기간이므로 이런 부분을 신경 쓴 결과다.

근무조건이나 복리후생이야 자신이 일하는데 아무래도 상관없다는 사람이야 괜찮겠지만, 대부분의 사람들은 다른 조건들이 비슷하다면 근무조건과 복지가 좋은 회사를 택할 것이 분명하다. 굳이 일과 연결 짓지 않더라도 말이다. 유별나게 군다고 할지 모르지만 나는 분명 업무가 잘되는 조건들이 있고 그것 때문에 조직문화나 프로세스가 망가지지 않는다면 맞춰달라고 요구하는 것들이 있다. 내가 주로 요구하는 사항들은 다음 몇 가지다.

1) 자유로운 오전 출근 타임

예를 들어 오전 11시까지는 아무 때든 출근할 수 있었으면 좋겠다. 그렇다고 늦게 출근하면서 퇴근은 다른 사람과 같이 하겠다는 것은 아니다. 적어도 사규든 암묵적이든 사내에서 지켜지고 있는 일일 근로시간(보통은 8시간)만큼은 일하겠다는 것이다.

내가 오전 시간이 필요한 이유는 아직 어린 자녀의 등교를 함께 해주고 싶기 때문이기도 하고, 물 들어올 때 노를 저어야 효과적인 개발 업무의 특성상 늦게까지 일하거나 생각한 다음 날은 컨디션 조절을 위해서라도 필요하다고 생각하기 때문이다. 가끔 어쩔 때는 아무런 이유 없이 오전에 좀 쉬고 싶을 때가 있는 것도 사실이다. 이런저런 이유로 나는 오전에 '정해진 시간'이 있는 자체가 부담스럽고 싫다. 나는 계약 전에 면접이 끝난 후든 연봉 협상 과정이든 기회를 봐서 회사의 사정이 어떤지 물어보고 가능해 보이면 요구한다. 불가능하거나 받아들여지지 않으면 이직할 회사의 연봉을 포함한 다른 조건들로부터 얻는 효용이 이전 회사보다 더 나은지 아닌지를 따져본다. 연봉을 제외한 다른 모든 조건들은 비슷하지만 자유로운 오전 출퇴근이 보장되지 않는 경우 현재 연봉 수준에서 연봉이 1500만 원 더 높지 않다면 그 회사는 안 간다. 이직할 이유가 없기 때문이다. '오전 시간 자유로운 출퇴근'이란 근무조건이 그만큼 개인적으로는 중요하기 때문이다.

2) 점심시간과 휴식 시간의 자유

지금도 점심 먹으러 사무실 밖을 나갈 때면 엘리베이터도 그렇고 주변 건물에서 많은 사람들이 쏟아져 나온다. 소위 '점심시간'이라서 그렇다. 나도 웬만하면 아침, 점심, 저녁 삼시 세 끼를 다 챙겨먹는 사람이어서 점심시간이라고 크게 다르지 않지만, 먹고 싶을 때 먹을 수 있는 자유가 있어야 한다.

예를 들어 점심시간이 1시간 30분 정도라면 그 1시간 30분을 내가 원하는 시간에 점심 식사와 차 한잔 하는 데 사용할 수 있어야 한다. 그리고 일하다가 휴식이 필요하거나 업무를 하는 데 나은 환경이 필요한 경우 부담 없이 사무실을 벗어날 수 있는 자유가 보장되어야 한다. 그렇다고 해서 지금까지 경험상 사무실을 벗어나 다른 곳에서 오랜 시간 일하거나 휴식을 취해야 했던 적도 별로 없다. 다만 일을 잘하기 위한 컨디션 조절에 장애가 되는 것들이 물리적으로나 정신적으로 없어야 한다는 것이다. 개발자는 필요에 따라 생각을 제대로 해내기 위한 컨디션과 환경을 스스로 만들어내야 한다.

특히 많은 고려사항들을 정합성 있게 고려해야 하고 난이도가 높은 설계를 필요로 하는 경우가 그렇다. 여기에 절대적인 기준이 있는 것은 아니다. 분야도 다르고 개발자마다 수준과 경험, 역량과 본인이 갖고 있는 인간적 특성이 다 다르기 때문이다. 다만 업무상 필요에 의해 자유롭게 그렇게 할 수 있는 분위기를 선호한다는 것이다. 나 스스로가 이렇다 보니 예전 모 회사에서 팀장으로 재직하던 시절 팀원들도 쉬고 싶을 때 쉬고 일하고 싶을 때 일하면서 자유로운 분위기에서 더 좋은 결과를 만들어냈던 것으로 기억한다. 결국 근무조건, 근무 환경의 선택이라는 것은 내가 일을 해나가는 데 얼마나 도움이 되는 조건과 환경인지에 중점을 두고 생각할 일이다.

그런 점에서 내가 이 회사를 다니면서 느끼게 되는 효용 가치라는 관점에서 생각하는 '복리후생'과는 다른 것이다. 근무조건이든 복리후생이든 겉만 번지르르하고 실제로는 별 의미 없거나 있으나 마나 한 내용들에 혹해 정말 눈여겨보고 따져봐야 할 것들을 놓치지 않았으면 하는 바람이다. 내가 원하는 진정한 근무조건과 복리후생은 과연 무엇인지 생각해볼 필요가 있다. 다음은 비교적 최근 '원티드'라는 사이트에 올라온 스타트업이지만 어느정도 성장세에 접어든 어떤 기업의 채용 공고에서 발췌한 내용이다.

- 연 2회 연봉 협상 실시(6월/12월)
- 상/하반기 인센티브 지급(1월/7월): 성과에 따라 월 급여의 100~200% 상당
- 월별 성과에 따라 스팟성(Spot) 인센티브 별도 지급
- 맥북 등 최신 고급 장비 지원
- 성장에 필요한 도서 구입비 및 교육비 지원
- 선택적 근로시간제 실시
- 자율적인 원격 및 재택근무제 점심시간은 넉넉하게 1시간 30분 (실 근무시간 7.5시간!)
- 각종 경조사 지원(경조금, 경조 휴가)
- 설/추석 명절 선물 및 생일 선물 지급
- 결재 필요 없는 자유로운 연차 사용(반차, 반반차 사용 가능)
- 무엇보다도 가장 큰 복지인 뛰어난 동료들과 서로 존중하며 즐겁게 일하는 분위기

꽤 구체적이고 실제로 누리거나 지켜질 만한 내용들이 적혀 있지 않은가? 거창하지도 않고 이미지나 동영상도 없는 단 몇 줄이지만 이 정도면 훌륭하다. 나라면 이 회사와의 협상 과정에서 근로조건이나 복리후생과 관련해서는 '선택적 근로시간제' 항목의 구체적인 내용을 확인하고 점심시간을 1시간 30분이란 제약 없이 자유롭게 쓸 수 있는지 외에는 따로 요구할 만한 게 별로 없어 보인다.

대기업도 좋지만
중소기업도 괜찮아!

네카라쿠배?

2020년 8월 전자신문에 〈개발자 몰리는 '네카라쿠배'… 'R&D 퍼스트' 확산〉이란 제목의 기사가 났다. '네카라쿠배? 그게 뭐지?' 라고 궁금해하며 기사를 읽어봤던 기억이 난다. 2022년이 된 지금도 '네카라쿠배(네이버, 카카오톡, 라인, 쿠팡, 배달의민족)'인지는 모르지만 당시에 'FAANG(Facebook, Apple, Amazon, Netflix, Google)'처럼 이 다섯 글자가 지칭하는 곳이 어떤 기업들인지 알고는 고개를 끄덕일 수밖에 없었다. 이 기업들에 대한 개발자들의 선호도를 굳이 부정하고 싶지 않았기 때문이다.

당시에 이 기업들은 이미 사업적으로 궤도에 오를 대로 올라 덩치도 엄청나게 커진 데다가 근무 여건과 환경도 웬만한 대기업은 저리 가라 할 정도로 안정적인 상황이었다. 사원들을 위한 여러 복지제도와 혜택을 비롯해 비교적 자유로운 조직문화와 업무 환경이 기업 문화로 홍보되면서 실제 근무자들의 만족도와 상관없이 많은 인기를 끈다는 사실을 부정할 수 없었다.

지금이야 소프트웨어 소프트웨어 하지만 불과 10년 전만 해도 '이 정도까지는 아니었는데……'하며 그 인기를 실감하는 중이다. 기사의 내용에도 '네카라쿠배'를 나오지만 결국 가장 기억에 남았던 문구는 '개발자, 부르는 게 몸값'이란 문구였다. '과연 그럴까?'라는 생각은 둘째치고 그 '네카라쿠배'에 대한 평가가 앞으로 4~5년 후에는 어떻게 될지 궁금하다. 불과 얼마 전 예전에 같은 직장, 같은 팀에서 함께 일했던 한 동료 개발자가 카카오로 이직했다는 소식을 SNS에서 접하고는 축하한다는 댓글을 남기기는 했지만, 나는 이 일이 여전히 축하할 일인지는 잘 모르겠다. 2021년 5월 말, 어느 대기업의 한 개발자가 직장 내 괴롭힘을 호소하다 자살을 한 사건이 아직도 선입견처럼 뇌리에 남아 있어 그런지도 모르겠다.

대기업을 선호하는 현상은 자연스러운 일이겠지만, 중요한 것은 나 자신에게 그 일이 효용가치가 있느냐는 점일 것이다. 다른 사람에게는 괜찮아 보이는 것들도 자신에게 별다른 매력이 없다면 굳이 효용가치가 느껴지지 않을 것이다. 대기업이냐 중소기업이냐를 선택하는 문제도 맥락은 같다고 생각한다.

있어 보이느냐 아니느냐의 갈림길에서

요즘 같은 시절에, 더군다나 IT 산업에서 웬 대기업 중소기업 타령이냐 생각할지도 모른다. 하지만 피고용자 입장에서, 개발자라는 관점에서 이 둘은 실제로 여러 측면에서 매우 다르며, 직장을 선택하거나 커리어를 만들어 가기 위해 구분할 이유 또한 많다. 그런 이유들을 대체적으로 만족시켜주며 전반적으로 괜찮더라 하는 곳들이 현 시점에서는 '네카라쿠배'가 아닐까? 왜 대기업을 선호하냐는 질문에 돌아오는 답은 보통 이렇다.

- 성과급 포함 연봉이 세다.
- 안정적이다.
- 복지가 잘 되어 있다.
- 커리어에 도움이 된다.
- 업무 프로세스와 시스템이 잘 갖춰져 있어 배울 게 많다.
- 있어 보인다.

사실 맨 밑에 '있어 보인다'는 점은 세대를 막론하고 꽤나 중요한 가치가 아닐까 한다. 보통 사람은 자신의 아이덴티티를 드러내거나 높이기 위해 어떤 방식으로든 노력한다고 생각한다. 특히 개발자들은 자신이 가치 있게 여기는 것에 대해 주변을 의식하지 않는 경향이 더러 있다. 아니, 그런 사람들이 개발자가 되는 것인지도 모르겠다. 또 그렇다고 해서 부정적인 평가를 받는 것도 꽤나 싫어한다. 주변에서 '와!' 해주면 으쓱으쓱 신나서 키보드를 쳐대는데 주변에서 시큰둥하거나 부정적인 반응을 하면 나뭇잎 밑으로 숨어버리거나 헤드셋을 쓰고는 골방에 처박힌다.

여기서 개발자가 의식하는 '주변'에는 꽤나 다양한 레벨이 존재한다. 먼저 같은 팀 내에서 자신을 제외한 동료들이 있을 것이고, 회사 내에서는 개발을 제외한 다른 부서가 있을 것이다. 그리고 회사밖 지인이라는 주변이 있고, 이성 친구를 포함해서 본인이 특별하게 생각하는 주변이 있을 것이다. 이를 편의상 레벨 1~4라고 하자.

일반적으로 대기업에 다니면 레벨 3, 4에 위치하는 주변인들에게 '선방하는' 정도라고 생각한다. '있어 보인다'라는 표현이 그다지 무리라고 생각되지는 않는 수준이다. 나 역시 소위 '소개팅(요즘엔 소개팅이란 문화도 사라져가는 듯하지만)'이나 '연애'를 하던 당시에 회사 명함이 꽤나 신경 쓰였다. 나 스스로 너무나 만족스럽게 다녔지만, 누군가에게는 회사 이름만 갖고서는 개발자, 그것도 이쪽 분야아니면 알 턱이 없는 '듣보잡' 중소기업일 뿐이었고 그로부터 느껴지는 편견이 불편하게 느껴지는 경우도 있었다. 그래서 그런지 어디 다니냐는 질문보다는 어떤 일을 하냐고 묻는 상대가 아주 좋아보였다.

사실 앞에 나열한 대답들이 어느 정도는 인지상정이란 관점에서 수긍이 가지 않는 것도 아니고 중요하지 않다고 생각하는 것도아니다. 하지만 20~30대를 보내고 50대를 바라보는 나이가 되고보니 그저 인생을 좀 더 길게 본다면 여러 길들 중 저런 길도 있구나 하는 것이지 정작 개발자로 살아가는 데 가장 중요한 것들은 아니라는 생각이 든다.

객기로 대기업을 박차고 나왔지만 후회하지 않는 이유

나는 개발자로서의 첫 직장을 우리나라에서 나름 대기업인 LG 전자에서 시작했다. 신입사원 교육 등 교육 기간을 제외하면 일한 지 1년도 안 되어 사표를 냈고, 당시 퇴사 이유는 지금 생각하면 그야말로 객기를 부린 수준이어서 창피할 정도다. 하지만 그 후로 도 삼성, SK, 한화 등 비교적 큰 소프트웨어 개발 조직이 있는 기업들로 이직할 기회들이 있었지만 그러지 않았다.

소프트웨어 개발 분야에서 일하지 않는 다른 누군가가 내 커리어를 본다면 'LG 전자를 퇴사한 후로 중소기업을 전전하다가 막판에는 10명밖에 안 되는 이름도 없는 회사에 다니는구나. 점점 내리막이네'라고 생각해도 전혀 이상하지 않을 정도다. 하지만 지금도 나는 딱히 '대기업'에서 일하고 싶은 마음이 별로 없다. 아니 그보다는 대기업에서 근무하면서 얻게 될 효용(?)에 그리 큰 가치를 부여하지 않는다고 해야 할 것 같다.

LG 전자에서 겨우 1년 정도의 근무 경험으로 대기업에 대해 모든 것을 알 수 있을 리도 없고, 이미 그 후로 20년에 가까운 세월이 흘러 소프트웨어 산업 자체가 큰 변화를 겪은 마당에 소프트웨어 쪽 대기업은 이렇다는 평도 하기 힘들다고 생각한다. 하지만 대기업을 선호하는 이유들이 반드시 대기업에서만 충족되는 것도 아니고, 개발자로 살아가는 나의 삶에서 그보다 가치 있게 여겨지는 것들을 고려하다 보니 그 결정의 결과들이 우연히 대기업을 피해 갔다고 해야 할까?

현재 몸 담고 있는 회사는 회사 대표를 포함해 영업 조직과 기술지원 조직, 개발 조직을 다 합쳐 전체 인원이 30명도 안 되는 스타트업이다. 개발자로서의 첫 직장인 LG전자를 제외하면 이후 내 선택의 결과는 모두 중소기업 이하 규모의 소프트웨어 전문 기업들이었다. 중소기업이어서 선택한 것이 아니다. '이런 걸 개발하고 싶어', '이렇게 할 수 있었으면 좋겠어' 같은 기준을 두고 고르다 보니 결과적으로 이렇게 된 것일 뿐이다.

도대체 어떤 기준들이었길래 대기업들은 다 피해간 건지는 나로서도 명확히 따져본 적은 없지만, 내가 확실히 말할 수 있는 점은 중소기업이 갖는 장점이 분명히, 엄연히 있다는 점이다. 물론 중소기업이라고 해서 다 같은 중소기업은 분명 아니다. 그야말로 쫓아다니면서 절대 가지 말라고 말리고 싶은 회사들도 있다. 이런 지뢰 같은 회사들도 채용시장에 똑같이 올라와 있기 때문에 이직할 때는 더더욱 해당 회사에 중소기업만의 장점들이 정말 있는지 따져볼 필요가 있다. 만약 그렇지 않다면 굳이 그 회사에 다녀야 할 이유가 전혀 없다. 중소기업은 보통 다음과 같은 특징이 있다.

- 개발자로서 직접 생각하고 손쓸 일이 많다.
- 핵심 기술이나 서비스 개발의 기회가 크다.
- 정해진 프로세스보다 사람에 의해 좌우된다.
- 복지가 정말 좋거나 아니면 초라하다. 즉 모 아니면 도다.
- 연봉 협상의 기회와 여지가 크다.

- 깨알 같은 제도들이 더러 있다. (얼핏 보면 '에개, 이게 뭐야? 이런 것도 장점이야? 단점 아냐?'라고 할 수도 있지만 생각하기에 따라서는 중소기업을 선택할 만큼 큰 장점이 될 수도 있다.)

"혼자 하던 일을 13명이 달라붙어 있네요"

LG전자에 신입 연구원(개발자)으로 입사해 팀을 배정받고 4개월쯤 지났을까, 다른 중소기업에서 5년 정도 개발자로 일한 사람이 내 옆자리로 입사했다. 일주일쯤 지났을까? 그 개발자가 나에게 이런 말을 했다. "전에 있던 회사에서 저 혼자 하던 일을 여기서는 13명이 달라붙어 하네요." 나 역시 퇴사하기 전까지 아주 작은 부분의 일부를, 아니 그것의 일부를 만지작거리는 것이 내가 그 회사에서 한 일의 전부였다.

개발자로서 직접 생각하고 손쓸 일이 많다는 것은 일이 많아서 그런 게 아니냐고 할지 모르지만, 일의 절대적인 양을 의미하는 것이 아니다. '많다'보다는 '직접'이란 단어에 중점을 두고 생각해보면 좋겠다. 개발자 본인이 "난 '개발'이란 일을 해주고 돈을 받는 근로자인데 최대한 일 적게 하고 같은 돈 받는 게 최고지"라고 생각한다면 자신이 알아서 해야 할 일이 많을수록 부담스럽고 힘들어질 것이다. 그러나 '개발'이 하고 싶어서 개발자가 된 사람은 누군가 작성해놓은 코드를 몇 줄 수정하는 일에 만족하지는 못할 것이다. 스스로 직접 코드를 만들어내고 관련된 다양한 부분을 직접 개발해보고 싶어서 다른 사람의 연구 결과를 뒤적거리고 이런저런 시도를 해보고 자료를 검증하고 조사하는 과정과 시간들을 만족스럽게 받아들이게 되는 것이다. 동시에 그 모든 과정이 '일'로 받아들여져서 그 일에 대한 대가를 받고 인정마저 받길 원한다.

LG전자에 신입 개발자로 입사했을 때의 경험이다. 당시는 모바일 3사, 즉 삼성전자와 LG전자, SKY로 알려진 '팬택앤큐리텔'로 대표되는 모바일 임베디드 소프트웨어 개발 분야가 각광을 받던 때였다. 나는 군에서 제대하기 전에 한 잡지책을 보다가 모바일과 연동된 '스마트홈'이란 개념을 처음 접하고는 모바일에서 돌아가는 프로그램에 관심을 갖게 되었다.

우여곡절이랄 것도 없이 운 좋게도 제대한 지 넉 달 만에 LG전자의 GSM 모바일 폰 소프트웨어 개발 부서로 입사할 수 있었다. 그러나 입사하기 전 연습장에 이것저것 그려보며 과연 스마트홈을 가능하게 하는 프로그램은 어떤 걸지를 기대하며 직접 만들어보고 싶어 했던 나의 기대는 부서 배치를 받은 첫날부터 좌절되었다. 결국 1년도 못 되어 퇴사하고 말았다.

개발자의 시그니처는 자신이 만든 소프트웨어가 되어야 한다

보통 소프트웨어로 먹고사는 중소기업은 그 핵심 기술이나 제공하는 서비스의 범위가 분명하고 개발도 이를 구현하는 데 집중되어 특정 분야의 기술을 깊이 있게 다뤄보고 연구해가기에 적합하다. 대기업의 경우 제공하는 서비스와 제품의 완성도 및 M&A 등을 통해 기술적으로 아우르는 범위 자체가 중소기업들이 따라가기 힘들 정도다. 하지만 그 세부 구체적인 기술들의 구현과 개발자인 내가 그 설계와 구현을 어느 정도까지 해볼 수 있느냐는 또 다른 문제다. 쉽게 말해 어떤 플랫폼을 만들어 서비스로 제공하는 대기업과 중소기업이 있다고 한다면, 내가 그 플랫폼 구현물에 개발자로서 얼마만큼의 오너십을 가질 수 있는가와 관계된다.

재차 강조하지만 개발자로서 자신의 시그니처는 내가 만든 소프트웨어다. 요즘은 소프트웨어 덩치가 커져 혼자서는 만들기 힘들고 보통은 내가 어떤 소프트웨어의 개발 프로젝트에 참여했는가로 어필하지만, 이 역시 파고들어가 보면 그 프로젝트에서 어떤 부분을 어떻게 개발했는지에 개발자의 역량이 드러난다. 감히 이야기하건대 커리어에 엄청난 대형 프로젝트들이 수십 개 적혀 있는 사람이 개발자로 지원했다면 그 사람은 절대 개발자로 써서는 안 될 사람이다.

중소기업도 중소기업 나름이다. 그러나 규모가 작을수록 프로세스보다는 맨파워에 의존하게 된다. 상식적으로 생각해봐도 당연히 그렇다. 그런데 이유야 어찌 되었든 대기업에서 근무하다가 중소기업으로 이직해서 여기는 이런 것도 안 되어 있느냐는 등 프로세스가 없다는 등 일 자체가 아닌, 어떻게 일을 할 건지 감을 못 잡은 채 불만만 잔뜩 늘어놓는 사람들이 간혹 있다. 프로세스라는 것 역시 해당 조직의 상황에 최적화되어야 할 대상임에도 불구하고 여기는 왜 이런 프로세스가 없냐는 것이다. 프로세스는 무리가 안 가는 수준에서 평준화된 역량을 일정 시간 투입해 나오는 결과물을 사람의 영향을 최소화하면서 보장하기 위해 만들어진다. 쉽게 말해 소위 CEO, CTO, CFO, CIO 등 경영 전략적 의사결정을 하게 되는 소수를 제외하고 누구든 매뉴얼대로만 하면 유지 가능한 수준에서 성과를 내며 회사는 굴러가도록 만들어진 것이 바로 프로세스라는 말이다.

그렇기 때문에 뛰어난 역량을 가진 사람일수록 정해진 그런 프로세스 안에서 오래 버티기 힘들다. 그들이 오래도록 조직에 기여하게 만들기 위해서는 프로세스 자체의 수준을 끌어올리든가 그들을 특별대우해야 하는데 애초 대기업에서 그런 판단을 하는 해야 하는 자리에 있는 사람들은 권한도 책임도 역량도 없는 경우가 많기 때문이다. 더욱이 뛰어난 개발자는 언제든 자신이 하고 싶은 일이 생기면 떠나버리는, 회사 입장에서 보면 정말이지 길들이기 힘든 '야생마'같은 존재다. 그들에게는 프로세스고 뭐고 다 소용없다. 그들 자체를 인정하고 의견을 들어주고 생각에 가치를 부여하며 공유할 수 있도록 장을 만들어주는 곳에 남고 그런 곳을 찾아 떠난다. 오래도록 남아 개발자로서 뭔가 해보고 싶은 욕구를 계속 불러일으켜 주는 개발 조직이 대기업에도 분명 존재하겠지만, 대기업은 맨파워보다는 프로세스에 더 집중하고 짜여진 시스템이 매우 견고하므로 자기만의 소프트웨어, 자기가 하고 싶은 개발을 원하는 사람에게는 매우 안 맞는 옷일 수 있다는 말이다.

사람 중심이어서 가능한 복지는 중소기업이 더 좋다

사실 연봉을 받으면서는 인생의 3분의 1을 보내게 되는 일터의 복지는 꽤나 중요하다. 그러나 복지도 일종의 갖춰진 프로세스라는 관점에서 중소기업의 경우에는 취약한 경우가 많다. 이는 비용 면에서 규모의 경제를 달성하지 못하기 때문이다. 하지만 초기에 대규모 투자에 성공한 스타트업이라든지 어느 정도 궤도에 올라 규모 이상의 수익을 올리는 중소기업의 경우 오히려 대기업보다 근사한 복지를 자랑하는 곳도 더러 있다. 대기업과 동일한 항목들이 아니더라도 중소기업이라서 가능한, 다시 말해 사람 중심이라서 가능한 복지들도 꽤 있다.

대표적으로 자율출퇴근제가 그것이다. 코로나19라는 위협적인 바이러스가 이처럼 경제 생태계와 '재택근무'로 대변되는 근무 행태의 변화를 요구하기 전까지 자율출퇴근제를 실질적으로 운영하는 대기업들은 거의 없었다. 하지만 중소기업의 경우 자율출퇴근 혹은 탄력근무제를 꽤나 잘 운영하는 회사들이 더러 존재해왔고, 나 역시 10년 전부터 지금까지 줄곧 오전 자율출퇴근제 혹은 탄력근무제를 통해 컨디션을 조절하며 일해왔다. 그것은 물론 우리나라에서의 이야기지만 중소기업이어서 가능했던 일이 아닐까 싶다.

또 아이를 양육해야 하는 여성 개발자가 수년간 반일근무제를 통해 가정과 일 모두에 충실할 수 있었던 점도 기억난다. 휴게실에 운동기구가 있었으면 좋겠다는 건의를 하자마자 며칠 만에 운동기구들이 구비된다거나 어느 안건에 대해 의견을 수렴하고 꽨

찮은 생각일 때 실행까지 옮겨지는 속도가 매우 빠르고 실행 가능
성이 크다는 점도 대기업에서는 생각지 못한 또 다른 장점이다.
좀 쉬고 싶을 때, 그냥 나가서 걷고 싶을 때, 카페 같은 곳으로 가
서 잠시 생각에 잠기고 싶을 때, 좀 일찍 퇴근하고 싶을 때 훨씬 가
벼운 마음으로 그럴 수 있다면 굳이 거창하게도 '한 달에 한 번 4시
퇴근하는 가정의 날'이라는 복지 프로그램이 없어도 훨씬 나은 복
지가 아닐까? 직원들에게 필요한 복지를 합심해서 만들어갈 수 있
다면 굳이 거창하게 '무슨 무슨 날'을 만들 필요조차 없을 것이다.

연봉 협상으로 반전을 꾀하자

마지막으로 중소기업은 대기업보다 연봉 협상의 기회가 더 크
다. "애초에 별 볼일 없는 연봉으로 시작했으니 많이 올라도 거기
서 거기 아냐?"라고 할 수도 있다. 맞다. 연봉은 거기서 거기다. 아
니 오히려 매년 연봉 협상을 잘 해내지 못하면 수년이 지나 대기업
에서 설렁설렁하게 근무하던 친구와 두 배나 가까운 연봉 차이를
경험하게 될지도 모른다.

반대로 프로세스가 아닌 사람에 의존하는 중소기업에서 뛰어난
역량을 가진 개발자라면 좋은 연봉 협상의 기회를 종종 얻게 된다.
대기업은 사람이 많다 보니 누구는 이랬다더라 누구는 저랬다더
라는 조직 내의 차등이 결국 프로세스를 망가뜨린다는 사실을 알
기 때문에 평가에 의존하고 그 평가 결과에 따른 차등은 가능한 줄
이려고 노력한다. 그래서 입사할 때 결정된 연봉이 수년 동안 열심

히 일했다는 생각에도 별반 큰 폭으로 나아지지 않는 이유가 된다. 그래서 그렇게 노력을 쏟아부은 사람들은 연봉을 높이기 위해 이직을 결심하게 된다.

나는 개발자라면 애초 회사를 결정할 때의 선택기준을 좀 더 본질적인 곳에 두길 권하고 싶다. 시간이 흘러 스스로 희소성을 갖게 되면 돈은 어느 정도 따라온다. 물론 자신의 선택에 따라 시간 차이는 있겠지만, 결과값은 비슷해진다는 이야기다. 세상은 내가 하고 싶은 일이나 행동을 하기 위해서는 포기해야 할 것들이 많다는 것을 끊임없이 말해주지만, 적어도 그것을 위해 포기해야 할 대상이 연봉이라면 그래도 협상의 기회가 큰 쪽이 낫지 않을까?

도전의 요람,
스타트업 선택하기

스타트업이라는 선택

스타트업은 젊다. 정부와 지자체를 비롯 각종 창업 지원을 위한 예산도 예전에 비하면 정말 많이 늘었다. 또한 투자 부문에서는 실리콘밸리 등 선진 사례들을 연구하며 스타트업을 성공으로 이끌어가기 위한 노력들이 다각도로 행해진 덕분에 그야말로 스타트업 붐이 일었다는 생각도 든다. 그러나 아직까지도 40~50대의 중년이 감수하기에는 그 위험부담이 크고 각종 지원도 20~30대 젊은 층에 머물러 있어서 웬만한 아이디어나 사업성 갖고는 도전 자체가 어렵다. 변화와 발전 속도가 빠른 IT 분야의 기술이나 서비스의 특성상 비즈니스가 될 만한 혁신적인 아이디어도 젊은 층으로부터 나올 가능성이 훨씬 높다. 따라서 스타트업은 여전히 '젊다'.

반면에 개발자의 관점에서 '내가 일할 회사'라는 관점으로 스타트업을 바라볼 때는 일반인과는 다른 시각이 필요하다. '젊고 활기

차고 변화를 적극적으로 수용하는' 등의 막연한 이미지에 국한해서도 안 될 것이고, '난 20대니까 스타트업이 어울려'라는 막연한 낙관도 '마흔도 넘었는데 스타트업은 힘들겠지'라는 근거 없는 비관도 모두 편견에 불과할 것이다. 그렇다면 개발자에게 스타트업이란 어떤 일터가 되고 또 어떤 일터가 되어야 할까? 이에 대한 이야길 해볼까 한다.

기술 기반이냐 서비스 기반이냐를 정하자

먼저 일터로서의 스타트업은 스타트업도 그 분야나 유형에 따라 개발자에게 요구하는 수준이나 역량이 저마다 다르겠지만 크게 서비스를 기반으로 한 스타트업이냐 기술 기반의 스타트업이냐로 나눠볼 수 있다. 서비스를 기반으로 한 스타트업의 경우 초창기에는 단순히 서비스의 핵심 아이디어를 돌아가는 서비스로 구현해줄 정도의 실력만 있으면 된다. 설계의 대부분은 비즈니스 로직에서 오며 아키텍처에 해당하는 고민은 서비스 규모를 고려한 확장성과 이로 인한 성능의 저하가 예상되는 부분에 대한 것이 많은 부분을 차지한다. 서비스형 스타트업이라고 해서 기술 기반이 아니란 법은 없지만, 핵심이 서비스와 비즈니스 로직이라는 점에서 기술형 스타트업과 구분된다.

서비스형 스타트업의 경우 개발 조직을 구성하는 요즘의 추세는 프런트엔드(HTML, CSS, 각종 스크립트 언어들을 사용하며 인터넷에 보여지는 서비스 페이지를 포함 클라이언트 프로그램을 개발하는 부분)와 백엔드

(웹사이트 또는 어플리케이션의 요청을 처리하기 위한 서버와 데이터를 처리하고 관리하는 기술 등을 개발하는 부분)를 구분하여 세팅하는 것이다. 채용 공고 역시 이런 구분에 따른다. 그리고 당연하겠지만 요구되는 경력 수준이 그리 높지 않다. 스타트업이라는 고임금의 경력 개발자를 영입하기에는 자원적 제약이 큰 것도 한몫하겠지만 무엇보다 그 정도의 일이 아니기 때문이다. 물론 간단한 서비스라도 만들어본 경험은 있어야 하겠지만, 서비스형 스타트업에서 기술적 난제를 해결해가면서 개발해야 할 일은 그리 많지 않다. 따라서 딱히 시니어가 아니라도 스타트업 초창기의 서비스 정도는 구현 가능한 경우가 많다 보니 사업이 성공하기까지 돈이 부족해서 어려운 것이지 개발자를 구하기가 힘들어 팀 셋업이나 변경이 어려운 경우는 그리 많지 않다.

기술형 스타트업의 경우 기술적으로 구현되어야 할 요구사항을 명확히 이해하고 있는 소수의 핵심 개발자에 의해 제품이 개발된다. 대표적인 경우가 바로 솔루션 혹은 시스템 소프트웨어를 개발하는 스타트업이다. 이런 스타트업은 기본적으로 요구사항을 설계로 옮기는 단계에서부터 특정 분야에 대한 깊은 지식, 즉 전문 분야에 대한 이해가 필요하기 때문에 웬만한 경험으로는 감당이 안 되는 경우가 많다. 따라서 이런 기술형 스타트업에 아직 내세울 만한 전문 분야조차 없는 개발자가 운 좋게 합류한다 해도 할 수 있는 일은 별로 없다. 그나마 책임감이 있다면 굉장한 스트레스로 마음고생만 하다가 퇴사하게 될 가능성이 크다.

기본적으로 이런 스타트업은 대규모 투자를 받는다 하더라도 개발 조직의 규모를 처음부터 크게 키우지 않는다. 설계에 대한 검증이 어느 정도 끝난 상황에서 구현에 박차를 가해야 하는 상황이라면 모를까. 설령 그렇다 하더라도 설계를 이해할 정도의 수준은 되어야 하는 것을 감안하면 웬만한 경력으로도 쉽지 않다. 따라서 이런 스타트업의 경우 2~3명의 핵심 개발자가 존재하고 그들의 역량이 매우 중요하다. 게임을 개발하는 스타트업의 경우가 이 둘의 중간이 아닐까 싶다. 여하튼 개인적으로 기술적 혹은 사회적 난제를 해결하고 그에 기반한 새로운 서비스를 제공하는 스타트업이 있다면 유니콘이 될 가망성이 매우 높다고 생각한다.

묻지마 스타트업에 도전? 노노!

그럼 스타트업은 과연 도전해볼 만한 곳일까? 여기서 도전이란 스타트업을 만드는 도전을 말하는 것이 아니다. 개발자로서 스타트업에서 일해보겠다는 결심을 의미한다. 개발자로서 스타트업을 차렸다면, 그는 본질적으로 개발자보다는 사업가의 기질을 갖고 있는 것이다. 컴퓨터공학이나 소프트웨어를 전공하고 지원서를 낸 친구들의 이력서를 보다 보면 심심찮게 스타트업을 만들었던 경력들이 눈에 띈다. 이것이 취업 전략에서 나온 커리어인지 아닌지는 둘째치고 개발자로서 스타트업을 제대로 경험했다면 값진 경험이라고 생각한다. 창립자나 공공 창립자 또는 되도 않는 CTO 같은 역할이 아닌 스타트업의 핵심 소프트웨어를 구현한 개발자로서 말이다. 결론부터 말해 스타트업에서 일하는 것은 아무리 개발자라도 마인드부터 달라야 한다는 전제가 깔려 있다. '성공 가능성'을 높이기 위해 내가 할 수 있는 최대한의 역량을 쏟아붓는 일은 복지나 일일 법정근로시간 같은 것과 아무 상관이 없다. 아무리 개발자라고 하더라도 적당히 회사 다니며 워라밸의 가치를 절대적으로 소중히 여기는 사람은 절대 시리즈 B(투자 라운드) 이하의 초기 스타트업과는 어울리지 않는다. 내가 아니면 성공시킬 사람이 없다는 자신감과 열정으로 소위 자신을 갈아넣을 열정이 없다면 지양하라고 조언해주고 싶다.

스타트업을 생각하는 개발자라면

2020년 테헤란로 어느 빌딩 건물에서 스타트업 CEO들(아마도 성공보다는 실패할 가능성이 크거나 이미 실패한)이 대부분인 모임에 참석한 적이 있다. 그들은 하나같이 좋은 개발자를 구할 수가 없다는 문제에 직면해 있었고 개발자들이 해놓은 삽질 덕분에 결과물은 나오지도 않고 시간은 흐를대로 흘러 투자금도 바닥이 나버려 막막한 심정이라는 이야기들을 했다. 30명도 넘었는데 비단 그곳에 모인 스타트업뿐만 그런 문제를 겪는 것은 아닐 것이다. 너무나 많은 스타트업이 제대로 된 개발자를 구하지 못해 실패로 끝나게 된다.

성공까지 함께 갈 훌륭한 개발자를 찾아 그의 역량을 발휘하도록 하는 것도 CEO의 역량이겠지만, 사연을 들어보니 소위 먹튀 개발자가 너무나 많았다. 아니 먹튀라고 하기에는 별로 먹은 것도 없달까. 그들 개발자의 입장에서 생각해보면 애초 감당할 능력이 안 되어 프로젝트가 망가진 케이스가 반 이상은 되어 보였다. 그리고 '능력 있고 좋은 개발자라도 당신 같은 CEO라면 나라도 그랬을 겁니다'라고 말해주고 싶은 욕심으로만 달려든 CEO들이 또 반 이상이었다. 스타트업은 동료나 지인들과 함께 뭔가 한번 해보자고 의기투합하는 경우라면 그냥 덤벼볼 수도 있겠지만, 웬만하면 어느 정도의 경력을 쌓고 적어도 '다 가져와. 내가 다 해줄게'라는 무적의 자신감이 조금은 겸손으로 바뀌고 나서 뭔가 처음부터 끝까지 내 손으로 뭘 만들어보겠다는 열정이 생기면 도전하라는 충고를 해주고 싶다. 아니면 시리즈 A, B를 넘어 C 이상 대형 투자의 유치에 성공하면서 빵빵한 자본력으로 규모 있는 개발팀을 계획하거나 셋업 중인 스타트업에 조인하거나. 그러려면 일단 그럴 만한 역량을 검증받는 과정을 거쳐야 할 것이다. 일반적인 기술 면접의 차원이 아닌 상당히 주도면밀하게 계획된 검증과정 말이다. 나의 경우도 지금의 스타트업과 다른 스타트업 한 군데를 두고 고민을 하던 때를 생각하면 두 군데 모두 상당한 검증의 시간을 거쳤던 듯하다.

스타트업에서 일할 당신, 이것만은 명심하자

마지막으로 스타트업에서 일하고자 마음먹었다면 어떤 스타트업에서 일할지 결정하기 위해서는 내가 하고 싶은 분야 또는 내 전문 분야를 고려해 어느 정도의 관련성을 갖고 접근할 수 있는 프로젝트인지 잘 알아보고 확인해야 한다. 물론 이런 확인 과정도 '커피챗'이라든지 '메일'이라든지 여러 가지 방법으로 행해진다. 쉽게 말해 덤빌 만한 것인지, 덤벼도 되는 것인지, 덤벼도 좋을 프로젝트인지를 확인하라는 말이다.

최근 철도 분야 머신비전 쪽으로 국내에서 독점적인 지위를 갖고 있는 한 회사의 실무진으로부터 연구소장 자리를 두고 면접 제안을 받았던 적이 있다. 회사도, 조건도 괜찮아 보였고 이제 막 소프트웨어쪽으로 뭔가 제대로 해보려는 의지가 느껴지는 회사였다. 그러나 수일간 고민한 끝에 가지 않기로 결정했다. 그동안 내가 전문성을 발휘해 온 분야와 다른 분야였기 때문이다. 물론 소프트웨어라는 커다란 카테고리 안에서 어느 정도의 맥락이라는 것이 있어서 전혀 못할 일도 아니었지만, 해당 분야에서 나보다 깊은 경험치를 가진 분이 그 자리에 있는 게 맞다는 생각을 했다. 다시 말해 조건이 좋다고 쉽게 덤빌 일이 아니라는 생각을 했다는 것이다. 이 글을 쓰고 있는 지금도 나는 내가 해왔던 분야의 스타트업에서 연구소장이자 요즘 흔히 말하는 개발 쪽의 테크 리드(Tech Lead)를 맡고 있지만, 이 작은 기업에서조차 해당 포지션에서 신경 써서 해야 할 일들이 너무나 많다는 것을 잘 알고 있어서 오랜 고심 끝에 고사하게 되었던 것이다. 굳이 연구소장이 아닌 개발자 포지션이었다 하더라도 프로젝트에 대한 구체적인 내용을 확인한 뒤 의사결정을 했을 것이다. 개발자에게 스타트업이란 3년이든 5년이든 줄곧 밤낮없이 고민하며 보낼 시간들이기에 자신 스스로가 그런 선택을 할 수 있는 개발자인지 잘 확인해보길 바란다.

프로그래밍 언어는
무엇으로 할까?

몇 가지나 할 줄 알아야 하나요?

개발자의 첫 번째 도구는 바로 다름 아닌 프로그래밍 언어다. 사람은 언어를 통해 지식을 전파하며 돌아가는 시스템, 즉 세상을 만들어왔다. 인류의 역사상 가장 위대한 발명 중 하나가 활자라고 하는 이유도, 언어로 작성된 전달 매체를 생산할 수 있는 활자로 인해 문명의 발달 속도가 아주 빨라졌기 때문이다. 이러한 언어는 각 지역에서 다르게 발전해왔으며 지구상에 7,000개가 넘는 다양한 언어가 존재하게 되었다.

프로그래밍 언어도 마찬가지다. 소프트웨어의 역사가 기껏해야 100년도 안 되기 때문에 아직까지는 프로그래밍 언어가 140여 개 정도에 지나지 않지만 앞으로 그 증가 속도는 더 빨라질 것이다. 이렇게 저마다 무언가에 최적화된 새로운 프로그래밍 언어들이 탄생하고 있는 와중에 개발자가 되려는 사람이라면 과연 어떤 언어를 먼저 배우는 것이 좋을까, 라는 생각을 당연히 할 것이다. 한두 개 더 한다면 또 어떤 언어를 익히는 게 좋을지, 이 책을 읽는 사람 중 이미 수년 동안 개발자로 일한 경험이 있다면 나는 '두 번째 프로그래밍 언어로 어떤 언어가 좋을지' 한 번 이상 생각해봤다는 데 한 표를 던지겠다. 그만큼 개발자에게 어떤 프로그래밍 언어를 주 무기로 하느냐는 참 중요한 선택의 문제인 동시에 '기회비용'이기도 하다.

어떤 프로그래밍 언어도 그 문법을 이해하는 데는 그리 많은 시간이 걸리지 않는다. 그러나 하나의 프로그래밍 언어를 제대로 다룬다는 것은 문법에 대한 이해에 그치지 않는다. 영어 같은 일반적인 언어를 생각하면 금방 이해될 것이다. 초중고 장장 10년 넘게 영어책을 달고 살았어도 미국에 데려다놓으면 어리바리 꿔다놓은 보릿자루마냥 도착한 공항에서부터 헤매는 사람들이 의외로 많다는 사실. 심지어는 수능 상위 1% 안에 드는 사람도 그렇다는 사실. 그리고 나도 그렇다는 사실.

이런 적나라한 현실이 프로그래밍 언어와 개발자에도 그대로 적용된다. 프로그래밍 언어도 일반 언어와 마찬가지로 많이 보고 많이 써봐야 익숙해진다. 언제 어떻게 적절한 언어적 장치를 사용하는가는 경험에서 나온다. 백날 유튜브에서 프로그래밍 언어 강의를 봐봐야 절대 내 무기가 되지 않는다는 것이다. 그래서 언어 하나를 제대로 익혀 개발도구로 사용하려면 기회비용이 상당히 크다. 물론 그 기회비용을 어떻게 효율적으로 줄일지는 저마다의 선택이고 언어마다 다르며 개발자 개인의 역량에 따라 다를 것이다. 그러면 다시 질문은 명쾌해진다. "프로그래밍 언어, 몇 가지나 할 줄 알아야 하나요?"

매몰비용 말고 기회비용에 집중하자

내가 내린 결론은 가능한 많은 언어를 하려고 하지 말라는 것이다. 일을 하기 위해 어쩔 수 없이 익혀야 하는 경우는 예외다. 그러나 취미도 아닌데 부담을 갖고 이것저것 언어의 가짓수를 늘려갈 필요는 없다. '혹시 다음 유행할 언어를 미리 틈틈이 익혀 놓으면 좋지 않을까?' 이런 생각은 물론 할 수 있고 괜찮은 생각이긴 하지만, 지금 'Go(2009년 구글에서 만든 프로그래밍 언어)'와 관련된 어떤 프로젝트도 하고 있지 않으면서 막연히 그런 생각만으로 'Go Programming Language' 같은 부류의 책을 들춰보고 있다면 나중에 매몰비용이 될 기회비용을 지불하고 있는 셈이다.

나는 18년 전 개발자가 되기 위해 처음 배웠던 C 언어를 아직까지 메인 개발언어로 사용하고 있다. 그렇다. 언어로만 따지자면 C 개발자다. 다른 언어? 잘 못한다. C 언어를 하면 C++도 좀 하는 거 아닌가요? 절대 아니다. 십수 년 전의 C++과 지금의 C++은 그냥 다른 언어 같다. 자신 없다. 잘 못한다. 하지만 C만으로도 내가 할 일은 넘쳐났고 일할 회사는 많았다.

그렇다고 다른 언어를 전혀 기웃거리지 않고 살았다는 이야기는 아니다. C++이나 자바(Java)를 비롯 파이썬(Python), 노드(Node)

JS, Go, 스위프트(Swift) 같은 인기 있는 언어들부터 비주류인 리습(Lisp)이나 하스켈(Haskell) 같은 언어들까지 책 한 권씩은 읽어보며 조그만 프로그램 하나씩은 만들어 돌려봤다. 하지만 지금은? 문법조차 잘 기억 안 난다. 물론 머리가 나빠서 그런 것이겠지만, HTML을 제외한 어떤 언어든 줄곧 쓰는 게 아니라면 내 툴셋에 없는 것이나 마찬가지라는 이야기다. HTML은 왜 빼냐고? 음, 몰라도 상관없다. 해본 사람은 안다.

다시 처음으로 돌아와서 프로그래밍 언어는 몇 가지나 할 줄 알아야 할까? 내 대답은 "한 가지만 제대로 해도 먹고 사는 데 별로 지장 없다"이다. 자, 그럼 그 한 가지 언어를 뭘로 해야 할까?

어떤 언어가 제일 좋아요?

이젠 자바를 제치고 대세가 되어버린 파이썬과 최근 Go의 약진을 보고 있으면, 프로그래밍 환경과 더불어 언어에서도 세대교체가 이루어지고 있는 듯한 느낌을 준다. 약 20년 전의 JVM(Java Virtual Machine)과 바이트코드로 컴파일된 자바 프로그램은 당시 웬만한 퍼스널 컴퓨팅 환경에서는 정상적으로 돌아가기 힘들 정도로 무거웠다. 하지만 이제는 웹환경을 비롯해 대부분의 머신에서 쌩쌩 잘 돌아간다. 르

이 'JAVA'라는 언어는 나에게 하나의 프로그래밍 언어가 어떻게 쓸 만하다는 평가를 넘어 주류 프로그래밍 언어로 발전해가는지 보여줬다. 부끄러운 일이지만 1990년대 중반 학부 2학년 때였다.

수학과에 다니던 한 친구가 당시 'Java'라는 것을 해보려 한다고 했을 때 나는 참 무식하게도 그게 뭐냐고 그냥 커피숍을 차리라고 했었다. 당시 우리나라에 Java를 하는 사람이 거의 없었고 그 친구는 그 후로 2년 뒤 시애틀 마이크로소프트 본사에 입사했다.

그런 기억을 더듬어보면 지금 당장은 아니지만 앞으로 주류가 될 언어에 도전하는 것도 꽤 괜찮은 선택처럼 느껴진다. 4년 전쯤 Go를 해볼까 생각했을 때도 앞으로 Go라는 언어가 주류가 될 것 같은 느낌이 들었기 때문이다. 최근 Go를 사용하는 개발자 채용이 부쩍 느는 것을 보면 그때 그 느낌이 어느 정도는 맞았던 것 같기도 하다. 하지만 5분 전에도 나는 GO 파일이 아닌 C 파일을 작성하고 있었다.

'뭘로 시작하든 어느 정도 수준을 갖추게 되면 프로그래밍 언어 따위는 중요하지 않아요. 궁극적으로 그보다 중요한 것들이 훨씬 더 많아지게 되니까요. 예를 들어 해당 분야에 대한 지식의 깊이라든지'와 같은 말은 그럴싸하기도 하고 사실이기도 하다. 하지만 이제 시작하는 사람들에게만은 별로 공감이 안 가는 이야기를 하고 싶지는 않다. 결론부터 말하자면 분야에 따라 트렌드를 리딩하고 있는 언어가 가장 좋다는 생각이다.

여기서 말하는 '분야'는 개발자 자신이 구축해가는 인터널 (Internal)과 관련된 전문 분야를 의미하는 것이 아니라 웹서비스, 게임 소프트웨어, 시스템 소프트웨어, 임베디드, 솔루션 등과 같이 비즈니스에 따른 소프트웨어 유형이라는 범주에서 구분되는 분야

라고 생각하면 좋겠다. 물론 임베디드라든지 시스템 소프트웨어
처럼 언어에 트렌드라는 게 과연 있을까 싶을 정도로 소수의 언어
가 오랫동안 꾸준히 사랑받는 분야도 있다.

그럼에도 주류는 존재한다. 내가 몸담고 있는 분야 외에 다른
분야를 충분히 경험해본 적이 없어서 분야별로 어떤 언어들이 트
렌드인지 정확한 통계를 갖고 있지는 않지만, 주변 개발자분들의
이야기를 종합해보면 주류는 분명 존재하고 한번 인기를 얻게 되
면 그리 쉽게 자리를 내주지 않는다는 것이다. 궁금하면 자신의 분
야에서 가장 인기 있는 언어가 무엇인지 조금만 검색해봐도 금방
알 수 있을 것이다. 그래서 딱히 어떤 언어를 콕 집어서 그 언어에
대해 이야기하기보다 트렌드 혹은 주류인 언어를 선택해야 하는
이유를 다음의 관점에서 이야기해보려고 한다.

주류 언어를 선택하는 이유

다음과 같이 주류 언어를 선택해야 하는 3가지 이유가 있다.

- 이직(취업)
- 레퍼런스(학습 및 사용성)
- 툴(개발 편의성)

먼저 이직할 곳이 상대적으로 많다. 주류인 언어는 꼭 그렇지는
않지만 유행하는 소프트웨어 및 IT 환경을 반영한다. 따라서 그런

소프트웨어 개발을 필요로 하는 기업들이 채용시장에 많이 올라온다. 반대로 생각하면 그래서 더 많은 개발자들이 서로 경쟁이 치열해지는 게 아닐까, 라고 생각할 수 있지만 그 점은 안심해도 된다. 경쟁은 언어로 심화되지 않는다. 그리고 몇 개 언어를 제외하고는 늘 개발자가 부족한 게 현실이다.

다음으로는 주류인 언어를 메인으로 하게 되면 참고할 레퍼런스가 많다는 장점이 있다. 조금만 찾아봐도 필요한 소스 코드까지 누군가 인터넷에 다 올려놓았다. 어떤 개발 프로젝트(유지보수 말고)에 참여하게 되었는데 참고할 레퍼런스가 많다면 큰 도움이 될 것이다. 레퍼런스에는 여러 가지가 포함된다. 참고할 문서 자료부터 관련 라이브러리, 사용 가능한 패키지, 패턴이나 루틴, 알고리즘을 구현한 소스 코드까지 다양하다. 반대로 비주류에 생소하리만치 마이너인 언어들은 그런 언어 자체를 가지고 내가 무언가를 만들고 있다는 자부심은 줄 수 있을지 몰라도 참고할 만한 것들이 별로 없어 맨땅에 헤딩하듯 작업을 하게 되는 경우가 많다. 그러다가 노력과 시간을 들인 게 아까워 누군가 알아줬으면 좋겠다는 생각에 'OO 프로그래밍 언어로 만들어 본 △△ 소프트웨어' 같은 책을 내기도 하고……. 물론 저런 제목의 책들이 다 그렇다는 이야기는 아니다.

마지막으로 주류 언어를 쓰면 개발에 사용할 유틸리티나 툴들이 꽤 쓸 만하고 훌륭해서 좋다. 개발 생산성(이 용어를 딱히 좋아하진 않지만)에도 꽤 도움이 되고, 일단 편하게 작업할 수 있게 해준다. 편의성뿐 아니라 유지보수성 측면에서도 아주 큰 차이를 보이게 된다. 내가 Go를 미루고 미루게 되었던 이유 중 가장 큰 것은 디버깅(Debugging) 툴이었다. 지금은 꽤 쓸 만해졌다고 하던데 몇 년 전만 해도 Go의 디버깅 툴이 gdb(GNU Debugger, C프로그램을 디버깅하는데 가장 널리 사용되는 디버깅 툴 중 하나)에 한참 못 미친다는 것이 그 이유였다. 디버깅 툴 또는 해당 언어를 지원하는 IDE(Integrated Development Environment: 통합개발 환경)가 훌륭하면 그 언어는 이미 어느 정도 사용자 저변이 있다는 이야기고 반 이상 먹고 들어갈 수 있다는 의미다. 코드는 짧고 유지보수는 길다. 이렇게 쓰고 나니 역으로 어떤 언어를 선택하면 주류인 언어를 선택하게 되는지는 이미 답이 나온 듯하다. 레퍼런스가 많고 디버거 등 이용할 툴이 많아 사용성 및 개발 편의성이 뛰어나며 채용시장에서 개발자를 많이 찾는 언어. 이런 언어를 메인으로 하면 좋다.

언어에 대한 편견, C는 어렵다?

자바는 JVM과 바이트코드를 이용해 플랫폼 독립적인 코드를 작성할 수 있게 해주며 잘 만들어진 패키지들이 넘쳐난다는 점, 파이썬은 문법이 간결해 금방 파익히고 사용하기 쉬운 데다가 지원하는 라이브러리가 굉장히 많다는 점, 정말 그런지는 모르겠으나 C# 같은 경우는 언어적 완성도가 높다는 점, 노드 JS는 백엔드와 프론트엔드를 하나의 언어로 작성할 수 있게 해준다는 점, 이것도 내세울 만한 장점인가 싶기는 하지만 스위프트는 Object-C보다 훨씬 쉽다는 점, 펄(Perl)은 문자열 분석과 의미 추출에 탁월하다는 점, 루비(Ruby)는 쉽고 직관적이어서 한때 웹 개발 쪽에서 왕이 될 뻔했다는 점 등 지금 열거한 언어들 외에도 각 언어마다 특장점으로 내세우는 무언가가 있게 마련이다.

반면에 C에 대해 이야기할 때는 딱히 장점보다는 이래서 자바보다 떨어진다, 저래서 파이썬보다 안 좋다, 그래서 C 대신 다른 언어를 쓰는 게 낫다 등의 이야기를 많이 듣는다. 아직도 C를 하느냐고, 언제적 C언어냐고 말이다. 그러나 C가 그런 평가를 받는 궁극적인 이유는 따지고 들어가 보면 수많은 다른 언어들이 만들어지게 된 이유나 베이스가 되는 언어가 바로 C 언어이기 때문이다.

C가 갖고 있는 어떤 불편함 또는 비효율성을 극복하려는 생각에서 만들어진 언어들, 그 언어들을 업그레이드한 언어들, 또 그런 언어들과 비슷하기는 한데 다른 철학을 수용한 언어들 등 일일이 말하자면 입 아픈 이야기가 된다. 그럼에도 불구하고 세상에서 가장 많이 사용되고 있는 프로그래밍 언어를 10개 꼽으면 C는 지금도 그 안에 들어가는 주류 언어 중 하나다. 웹서비스 개발 쪽이야 C를 사용할 일이 거의 없겠지만 내가 몸담고 있는 시스템 소프트웨어, 특히 리눅스, 유닉스, 윈도우를 비롯한 OS 진영이나 DBMS를 비롯한 ESP(Event Stream Processing), CEP(Complex Event Processing), CDC(Change Data Capture) 등 대량의 데이터를 효율적으로 처리할 목적을 갖고 있는 소프트웨어들은 C나 C++로 작성된 것들이 아주 많다.

뭔가 C언어에 대한 부심 같은 뉘앙스로 시작한 글이기는 하지만 딱히 C가 대단한 언어라느니 제목과 달리 쉬운 언어라는 것을 말하려는 게 아니다. 어떤 프로그래밍 언어든 특정 분야에서 주로 사용되는 언어는 분명 그 특장점이 다른 언어들보다 뛰어나기 때문이며, 그 언어를 익히는데 필요한 시간을 포함 해당 언어가 갖고 있는 치명적인 단점이 언어가 갖고 있는 특장점들을 모두 상쇄하고도 남아 선택을 포기해야 할 일은 거의 없다.

분야별 인기 언어들

주류 언어 말고도 분야마다 많이 쓰이는 언어가 있다. 우선순위에 상관없이 소개하면 다음과 같다.

- 웹서비스 개발
  - 백엔드: PHP, Python, Ruby, Java, NodeJS, Rust
  - 프론트엔드: React, Angular, HTML, CSS, Javascript, NodeJS, jQuery, Vue
- 게임 소프트웨어 개발
  C++, C#, Java, Javascript, HTML5, SQL, Python, Lua, Rust, UnrealScript
- 모바일 소프트웨어 개발
  Javascript, Kotlin, Python, C++, C#, PHP, Swift, Java, HTML5, Lua, Action Script

- 솔루션 개발

  Java(Spring framework), C++, Javascript, SQL, C
- 임베디드 소프트웨어 개발

  C, C++, Java, Rust, Python, Ada, Assembly, Verilog, Lua, LabView, Elixir, Erlang
- 시스템 소프트웨어 개발

  C, C++, Rust, Go, Nim, Ada, Lisp, Assembly

딱 봐도 웹서비스 개발 쪽에서 C 언어는 비주류이고 굳이 C를 사용해 비효율성과 비생산성을 증폭시킬 이유는 없어 보인다. 그러나 시스템 소프트웨어를 비롯해 일부 솔루션 쪽이나 임베디드 쪽에서 C는 전통적인 강자이자 주류 언어가 된다. 이렇듯 프로그래밍 언어는 분야에 따라 중요하게 쓰이는 주류가 되기도 하고 그 반대가 되기도 한다. 따라서 내가 몸담고 있는 분야가 어느 쪽인지 어떤 분야에서 나의 전문성을 쌓아갈 것인지 생각해보고 주력 언어를 선택하고 필요한 언어들을 익혀 나가는 것이 좋다.

C가 어려운 진짜 이유

흔히 C를 어려운 언어라고 생각한다. 사실 어렵다면 한없이 어렵고 쉽다면 또 C만큼 쉬운 것도 별로 없다고 생각한다. 그러면 20년 가까이 C만 갖고 프로그래밍하고 있는 나는 어떨까? 부끄러운 이야기지만 나는 여전히, 내가 C를 '잘 못한다'고 생각한다. 일을 못하는 것이 아니라 C 언어가 갖고 있는 장점들을 극대화시켜 프로그램을 최적화하는 면에서 개발자로서 많이 부족하다고 생각한다. 어떤 언어에서 정통했다고 말할 수 있는 사람이 그리 많지 않겠지만, 요구사항에 따라 돌아가는 프로그램을 만드는 일은, 그 언어에 대해 이러쿵저러쿵 이야기하는 것도 포함해서 하나의 언어에 정통하는 것과는 또 다른 의미를 지닌다.

그럼 C가 어렵다고 하는 가장 큰 이유는 무엇일까? 흔히들 이야기하는 포인터? 아님 함수 포인터? C 문법책은 C를 만든 사람들이 쓴 책을 기준으로 250페이지 정도밖에 안 된다. Java나 C++ 같은 언어를 비롯 다른 언어들에 비하면 문법이 그리 어려운 것도 없다. 하도 이런저런 책들에서 포인터 때문에 어렵다 어렵다 하니 실제로 해본 적도 없는 사람들이 C는 포인터 때문에 너무 힘들다고 한다. 과연 그럴까? 포인터의 개념이라든지 함수 포인터 같은 것은 몇 번 써보면 금방 익숙해진다. 특정 언어를 어렵다고 느끼는 이유는 학습의 난이도에서 결정되는 것이 아니다. 근본적으로 '프로그래밍'이란 활동에서 어떤 점을 중요하게 생각하는가에 의해 달라진다.

예를 들어 프로그래밍은 개발생산성, 즉 빨리 돌아가는 프로그램을 구현해낼 수 있어야 한다는 점을 중요하게 생각하는 사람들은 각종 패키지와 라이브러리들이 하나의 플랫폼화되어 있는 IDE나 프레임워크에 익숙해져 그에 의존하게 되는 경향이 있다. Java의 Spring, Unity, Ruby on Rails, ASP.Net, Express 같은 것들이 그것이다. 그래서 그 프레임워크의 사용법, 즉 라이브러리나 패키지, 플러그인들을 검색하고 갖다 쓰는 방법만 알면 프로그래밍이 수월한 언어들을 익히고 자주 사용하게 된다. 그래서 구조부터 정의하고 하나하나 만들어가야 하는 C 같은 언어는 귀찮고 재미없고 어렵게 느낀다. 그런 사람들에게 리눅스 환경에서 작동하는 vi 편집기에 키보드 하나 딸랑 내주고 뭔가 만들어보라고 했을 때 막막함이 느껴질 수도 있겠다는 생각이 들기도 한다.

또 다른 경우로 메모리에 대한 관리는 알아서 해주고 개발자는 돌아가는 로직에만 집중할 수 있도록 해주는 프로그래밍 언어가 최고라는 생각도 있다. 이런 생각을 가진 사람들에게 일일이 메모리의 할당과 해제를 신경 써주고 메모리 주소를 핸들링하면서 데이터를 처리해야 하는 C는 마찬가지로 귀찮고 어렵고 자신이 만든 프로그램에 대한 안정성을 담보하기 힘든 언어처럼 여겨질 수 있을 것이다. 그러나 성능(Performance)이나 미션 크리티컬(Mission Critical: 시스템에 장애가 발생하면 비즈니스 전체 혹은 해당 시스템의 목적달성에 막대한 영향을 끼치는 시스템)한 임베디드 혹은 시스템 소프트웨어를 개발하는 사람들에겐 C말고 다른 언어로 개발하는 것이 훨씬 어렵게 느껴질 수 있다. 개인적으로 오래해서 그런 것이 아니라 C가 파이썬보다 쉬운 것 같다. 지금 내가 구현하고 있는 프로그램들을 파이썬으로 작성한다면 언어적으로 고민할 부분이 더 많았으면 많았지 적을 것 같지 않기 때문이다. 결국 언어란 것은 절대적으로 어떤 언어가 낫다 어렵다 비효율적이다 할 것이 아니다.

물론 모든 부분에서 떨어지는 언어도 존재하기는 하겠지만 특정 분야에서 주류가 되는 언어들은 그렇게 비교해서 선택할 게 아니라는 말이다. 서점에 가서 이 책 저 책 새로 나온 책들이 뭐가 있나 구경하는 게 소소한 취미 생활이기도 해서 가끔 대형 서점에 들르곤 한다. IT 코너 앞에 있다 보면 이제 막 프로그램을 배우려고 책을 고르는 친구들이 어떤 언어를 선택할까 대화하는 것을 종종 듣게 되는데, 다 그런 것은 아니지만 카테고리에서 딱히 연결성 없는 언어들 중 무엇을 선택할지 고민하고 있는 경우가 있다. 그럴 때마다 이런 말을 해주고 싶다. 자신이 전문성을 기르고자 하는 분야를 확실히 정한 뒤 그 분야의 주류 언어를 선택하면 적어도 실패하는 일은 없다고.

기타 개발 장비는
무엇이 있을까?

키보드 덕후들

가끔 프로그래머 혹은 컴퓨터 엔지니어가 등장하는 영화나 드라마에서 시선은 모니터 안의 윈도우들을 넘나들며, 손은 엄청나게 빠른 속도로 '타다다닥' 키보드를 쳐대다가 어느 순간 '탁' 하고 엔터를 치면 '좌악' 하고 결과물이 출력되는 장면들이 나오곤 한다. 보고만 있어도 그저 대단해 보이는 그런 장면들.

영화 속의 장면들은 사실 개발자의 일상적인 모습은 아니다. 어쩌다 가끔 그런 비슷한 장면이 연출되기는 하지만, 대부분 프로젝트 마감을 앞두고 벌어지는 속으로는 안쓰러운 장면인 경우가 더 많다. 개발자의 물리적인 작업공간에서 레고나 피규어 같은 장식품들 외 개발에 사용되는 도구들 중 유난히도 좋아 보이는 것이 있다면 바로 키보드일 것이다. 인터넷에 당장 검색해보더라도 키보드 자판이 동작하는 메커니즘에 따른 분류와 장단점, 그 분류 내에서도 소재에 따른 구분과 장단점, 소리에 따른 구분, 키 감에 따른 구분, 키의 개수에 따른 구분, 심지어는 엔터 키의 크기나 스페이스 바의 길이에 따른 구분과 그 장단점들까지 엄청난 수의 콘텐츠들이 있다는 것을 알 수 있다. 그만큼 키보드에 애착을 갖거나 아이덴티티를 부여할 정도로 중요하게 생각하는 개발자들이 많고 좋은 키보드란 어떠해야 하는지 몇 시간은 떠들 수 있는 개발자도 있다.

개발자에게 물리적인 교감(?)이 가장 많이 이루어지는 사물이 키보드인 점을 감안하면 이해가 안 가는 부분도 아니다. 키감이 안 좋은 것보다는 좋은 게 낫고, 오래도록 키보드를 쳐대도 손목이나 손가락에 무리가 덜 가는 것이 좋다. 키 하나하나가 눌려질 때 내는 소리조차 귀가 행복해하면 더 좋은 것이고, 기구적으로도 아름다움이 느껴지는 구조와 재료, 염료를 사용한 것이면 더 좋을 것이다. 이런 것들을 모두 충족시켜주는 키보드, 그러면서도 가성비가 훌륭한 키보드를 고르려는 노력을 참 많이 한다.

개발자에게 좋은 키보드란?

가끔 보면 키보드가 아깝다는 생각이 들거나 그런 훌륭한 키보드를 가졌음에도 '아 제발'이란 생각이 드는 사람들이 종종 있다. 자신은 듣기 좋을지 몰라도 주변 사람들의 집중력을 흐트러뜨릴 정도의 키보드 소리를 민폐라고 생각하지 못하는 사람들, 뭔가 일도 열심히 하는 것 같고 막 두드리기는 하는데 뒤에서 보고 있으면 오타를 끊임없이 되돌아가 지우고 다시 쓰고를 습관처럼 반복하는 사람, 뭔가 잘되어 가고 있는 것 같아 태클 걸기 미안한데 '타다다닥 탁!' '타다다닥 탁' 엔터를 굉장히 강하게 타격하는 사람, 키를 뺏다 끼웠다를 반복하며 청소하고 갈아 끼우길 습관처럼 하는 사람 등. 기분 탓이라고 해도 크게 다르지 않을 변별력 없는 심미적인 기준에 이게 낫네 저게 낫네 하기보다는 개발자라면 키보드와 관련해 다음과 같은 것들을 좀 더 고려하면 좋을 듯하다.

- 키보드 렉
- 키보드 소음
- 키보드의 높이

개발자가 코드를 써 내려갈 때 속도가 붙기 시작하면 무의식적으로 손가락이 아주 빨라진다. 집중하고 있다는 이야기다. 손은 습관적으로 그냥 키보드 위에서 움직일 뿐 코드의 라인들을 순간 순간 머리로 써 내려가게 되는 때가 있다. 그런데 이때 가장 짜증 스러운 경우는 누군가가 인터럽트(Interrupt: 더 높은 우선순위를 갖는 일이 끼여들어 진행중인 일을 잠시 중단하게 되는 일)를 걸거나 키보드가 계속 렉이 걸려 내 속도를 못 따라오는 경우일 것이다. 요즘에도 렉이 걸리는 키보드가 있냐고? 있다. 5만 원이 넘는 제품이었지만 키보드 렉이 있어 다른 제품으로 바꿔야 했다.

다음으로는 소음이다. 기계식 키보드에서 주로 소음이 심한 경우가 많은데, 인당 독립된 개발공간을 제공하는 회사가 아니라면 여럿이 함께 일하는 공간을 쓰는 이상 기본적인 매너는 갖춰야 한다고 생각한다.

가끔 이런 말을 하는 사람들이 있다. 키보드 소리 때문에 집중을 못할 정도면 그 사람의 집중력이 문제 아니냐고 반문하는 것이다. 아니다. 그는 왜 도서관에서 조용히 해야 하는지 이해하지 못하는 사람이다. 굳이 기계식 키보드를 사용하고 싶다면 '적축' 정도를 사용하는 것이 좋다고 생각한다. 소리를 아예 내지 말라는 것이 아니다. 자신은 그 소리가 좋을지 몰라도 주변 사람들은 아닐 수 있다는 것과 다른 사람의 집중력을 흐트러뜨릴 정도의 소리를 내가며 나만 좋으면 그만이란 생각을 지양해달라는 말이다.

마지막으로 키보드의 높이는 작업 피로도에 큰 영향을 미치기도 한다. 그동안 일하면서 주변에 손목이 아프다는 개발자분들을 심심찮게 봤다. 그분들에게 키보드를 바꿔보라는 이야기를 하면 지금 사용하는 키보드에 애착이 있어서 쉽게 바꾸려 하지 않는 경우가 많았다. 이런 경우는 손목을 받쳐주는 나무로 된 바나 손목 패드를 키보드 앞에 두거나 해서라도 손목에 가는 무리를 줄여야 하겠지만, 개인적으로 요즘처럼 다양한 종류의 꽤 쓸 만한 키보드가 넘쳐나는 시대에 자신의 타자 습관과 손목에 맞는 키보드를 선택하는 것도 필요한 일이라고 생각한다.

개발자에게 가장 중요한 개발 장비란?

앞서 키보드 이야기를 먼저 꺼내기는 했지만 개인적으로 개발자에게 가장 신중하게 고려해야 하는 장비는 바로 의자와 모니터라고 생각한다. 걷는 자세, 앉아 있는 자세, 잠자는 자세, 먹는 자세 등 자세는 한 사람의 많은 부분에 영향을 미치며, 순간적이고 단기적인 것이 아니라 건강에서부터 심지어는 연애에 이르기까지 전반적이고 장기적인 영향을 미친다. 일하는 자세 또한 매우 중요하다. 하루 8시간을 기준으로 어찌 보면 인생의 일부 구간에서 3분의 1은 이 일하는 자세로 지내게 되는 만큼 바른 자세로 일하는 것이 중요하다.

요즘에는 거북목을 교정하고 치료해주는 병원들이 많이 생겼다. 그만큼 책상에 앉아 모니터를 보는 시간이 늘면서 목과 어깨, 허리 등 자세가 망가지는 사람이 늘고 있다는 반증이다. 개발자는 다른 직군에 비해 의자에 앉아 모니터를 쳐다보고 있는 시간이 상대적으로 매우 긴 편이다. 일하는 종종 자리에서 일어나 스트레칭을 하거나 나가서 걸을 수 있다면 좋겠지만, 일하다 보면 그게 여의치 않은 경우가 많다. 나도 떠올려보면 화장실 갈 때를 제외하고는 하루 종일 책상에 앉아 모니터를 쳐다보고 있는 날이 참 많다. 30대에는 잘 몰랐는데 40대 후반이 되니 이제는 목과 허리에 부담을 느낀다. 좀 더 뭘 해보고 싶어도 뻐근하고 통증이 느껴질 때면 그날은 더 이상 일을 하고 싶지 않은 마음도 들 때가 있다.

타이머를 맞춰 두든 의식적으로 자리에서 일어나길 권하지만,

나조차도 그게 잘 안 된다. 기본적으로 의자에 앉아 있는 시간 자체가 문제이기 때문에 좋은 자세를 유지하도록 해주는 의자가 좋다. 안락한 의자를 고르라는 말이 아니다. 척추를 바로 세워주고 목이 구부정하지 않게 되는 것이 중요하다.

그다음은 모니터다. 눈이 피로하게 되면 집중력이 흐트러지고 일의 흐름이 끊긴다. 아무리 좋은 모니터라도 오래 들여다보고 있으면 눈이 피로해지고 시력에도 안 좋은 영향을 주기 때문에 주기적으로 자리에서 일어나 먼 곳을 바라보는 것이 가장 좋다. 그러나 어디 그게 마음대로 되던가. 좋은 모니터를 쓰는 수밖에. 요즘은 좋은 모니터들도 많이 나왔지만 선명하고 색상의 재현율이 높다고 해서 눈에도 좋은 것은 아니다. 오히려 LCD의 경우 백라이트라든지 초당 깜박거림 같은 것들이 눈의 피로도와 시력에 더 큰 영향을 미친다. 좋은 의자와 모니터는 장기적인 관점에서 개발자의 퍼포먼스와 삶을 유지하는 데 도움을 주므로 키보드보다 중요하게 고려하길 바란다.

우리나라
IT 지도

말은 제주도로 개발자는 수도권으로?

나는 초중고 시절을 충청도에서 보낸 흔한 말로 지방 출신 촌놈이다. 그래서인지 중년이 되어 가끔 고향에 다녀올 때면 전통적인 산업이 활발하던 어린 시절과는 달리 한산한 거리와 눈에 띄게 줄어든 인구 수준을 느끼며 세상의 변화에 적응하지 못한 도시들이 쇠퇴해가는 모습을 느끼곤 한다. 소프트웨어 개발 회사를 차려 지역 소프트웨어 인재 양성에 힘을 기울여보면 어떨까 하는 생각을 안 해본 것도 아니다. 이제는 지방이라 해서 네트워크 인프라가 부족한 것도 아니고 해외 곳곳을 다니며 개발 일을 하는 사람들도 많아지는 마당에 굳이 소프트웨어 개발을 서울에 올라가서 해야만 할 것도 아니라고 생각하기 때문이다.

더욱이 코로나19를 겪으며 수많은 회사들이 재택근무를 생활화했고 '위드 코로나' 국면으로 접어든 지 한참 지났는데도 불안감으로 인해 변화된 근무 환경을 유지하려는 조직들도 꽤 많다. 그럼에도 불구하고 소프트웨어 산업, 기업들은 서울을 비롯한 수도권에 거의 밀집해 있다고 해도 과언이 아니다. 비즈니스 때문일 수도 있고 인력들이 서울에 몰려 있어서 그럴 수도 있다.

어찌 보면 소프트웨어는 넓은 부지의 생산시설이 필요한 것도 아니고 다른 산업이나 직군에서도 사용하는 컴퓨터와 모니터, 키보드 같은 것들을 제외하면 별도의 장비가 필요한 것도 아니며 사무실은 있어도 그만 없어도 그만 기호에 따라 선택해도 되는 무형의 제품이어서 '왜 굳이?'라는 생각이 들지만 소프트웨어 산업이야말로 사람이 다 하는, 다시 말해 사람만으로 사업이 되는 산업이다 보니 사람과 사업이 몰려 있는 수도권에 그 많은 회사들이 몰려 있는 것도 이해는 된다.

서울, 대전, 대구, 부산 찍고

초등학교, 중학교 시절 '사회'라는 과목이 존재하던 시절 교과서를 통해 당시 우리나라의 지역별 주요산업이 무엇인지 배웠던 기억이 가물가물하다. 이 작은 땅덩어리에서 지역별로 나눠봤자 뭐 그리 다르겠나 싶지만 차이가 많다. 지리적인 특성이 중요한 농업, 임업, 어업, 광업의 경우는 당연할 것이고 제조업의 경우도 섬유, 화학, 제철, 조선, 자동차, 기계 어떤 산업이냐에 따라 특화된 지역이 존재한다.

우리나라에서 IT 산업, 더 구체적으로는 소프트웨어 개발 분야는 딱히 지리적 특성을 타는 산업은 아니지만 사업적으로 보다 적합한 곳을 중심으로 IT 단지 혹은 IT 밸리 같은 이름으로 활성화된 곳들이 존재한다. 물론 서울과 수도권이 전체의 90% 이상을 차지할 정도로 대다수의 회사들이 이곳에 위치하지만 지방 대도시에도 IT 기업들이 모여 있거나 활성화된 지역이 없지는 않다.

수도권을 제외하고 규모가 있다고 생각되는 곳으로는 대전(엄밀히는 유성)의 '대덕밸리'가 있다. 대덕밸리가 경기도의 '판교'처럼 원래부터 IT 회사들 위주로 형성된 곳은 아니다. 과학기술 분야에서 점차 세계적인 연구 중심의 학교가 되어가고 있는 KAIST(한국과학기술원)가 이곳에 위치하다 보니 이들 기술력을 바탕으로 설립된 기술 기업들이 모여 있는 곳이 대덕 연구단지인데, 최근 소프트웨어 기술이 쓰이지 않는 분야가 거의 없고 또 소프트웨어 기술 연구를 기반으로 하는 회사들이 많이 생겨나다 보니 대덕밸리도 상당한 IT 기업들이 존재하게 되었다고 볼 수 있다.

다음으로는 대구를 들 수 있다. 대구는 수도권과 대전을 제외하고는 그래도 역량 있는 IT 기업들이 꽤 존재하는 지역이다. 특히 대구의 대학들을 비롯 소프트웨어 쪽 교육기관들을 거친 개발자들의 역량이 꽤 높다. 다만 소프트웨어 회사라고 하더라도 서울과 먼 지역색이 반영되어 그런지 서울의 기업들에 비해 조직문화가 다소 구식에 경직된 회사들이 많고 임금이 상대적으로 낮다. 이쪽은 연고가 있는 사람이라면 몰라도 서울을 비롯한 타 지역에서 취업이나 이직을 위해 대구로 옮기기는 쉽지 않을 듯하다.

부산 역시 대구와 비슷하겠지만 예전부터 우리나라 제2의 도시라는 타이틀을 비롯해 최근에는 대규모 자본이 투입된 부동산 개발과 투자 붐이 일면서 굉장히 핫한 지역이 되었다. 또한 부산대학교라는 꽤나 인지도 있는 지방 명문대도 있어서 IT, 소프트웨어 기업들도 꽤 있을 법한데 실상은 그렇지 못하다. 얼마 전 지자체를 중심으로 IT 쪽 산업의 인프라를 키우려는 시도도 있었지만 지방이 갖고 있는 한계를 극복하기에는 역부족이었던 듯싶다.

IT 기업과 인력의 분포라는 관점에서 우리나라의 IT 산업지도는 대략 이 정도다. 사람마다 어떤 지역을 선호하든 어떤 것에 가치를 두느냐에 따라 제각각일 것이다. 만나본 개발자 중에는 괴짜 같기는 하지만 일부러 출퇴근 거리가 긴 곳을 선호한다는 사람도 있었다. 출퇴근 시간이 아무리 짧아도 30분은 넘을 것이고 차라리 1시간 이상 걸리면 책이라도 읽는데 짧으면 뭐 하나 제대로 할 시간이 안 되어 시간이 낭비되는 느낌이 든다는 것이 그 이유였다. 어느 정도는 수긍이 가기도 한다. 어쨌든 이런저런 다양한 이유들마다 자신만의 가중치가 있을 것이고 그에 따라 선호하는 지역별 비교우위도 다를 테니 수도권의 IT 단지별로 간단한 소개 정도만 해보려고 한다.

우리나라 IT 산업의 심장 테헤란밸리

테헤란밸리라고는 했지만 테헤란로 주변만을 의미하지는 않는다. 사실상 강남, 역삼, 선릉, 삼성을 잇는 강남대로 또는 지하철

2호선을 기준으로 꽤 넓은 지역에 아주 많은 IT 기업들이 자리 잡고 있다. 테헤란밸리의 기원은 90년대 인터넷 벤처 붐이 일어나면서 당시 짧은 기간 돈을 쓸어 담다시피 했던 벤처기업들이 강남의 비싼 땅에 건물을 짓거나 사무실을 오픈하면서 자연스럽게 IT 기업들이 많아졌고 이를 미국의 실리콘밸리에 빗대어 표현한 것으로 알고 있다.

IMF를 겪으며 살아남은 기업보다 사라진 기업들이 훨씬 더 많지만 아직도 이곳은 우리나라 IT 산업의 심장과도 같은 곳이며 교통의 요지에 위치해 있다는 지리적 이점과 다른 지역에 비해 비교적 훌륭한 라이프스타일을 누릴 수 있다는 장점 등으로 인해 많은 퀄리티 있는 기업들이 본거지를 두는 곳이다.

개인적으로도 이곳에 위치한 회사에 다니면서 좋았던 점이 많다. 우선적으로는 먹거리가 넘쳐난다. 대로변은 물론이고 주변 골목골목마다 분위기도 좋고 질도 좋은 괜찮은 식당, 카페 등 먹거리 파는 가게들이 즐비하다. 또 강남은 극장, 대형 서점이나 브랜드 제품을 파는 가게들, 선릉은 산책하기 좋은 선정릉 공원과 맛집들, 삼성은 백화점에 코엑스몰 같은 대형 편의시설들이 있어 자주 이용하곤 했다.

무엇보다 구로나 가산에 위치한 기업들에 비해 평균적으로 회사의 복리후생이나 임금의 수준이 조금 더 나은 것으로 알고 있다. 그 이유가 무엇일지 생각해봤는데 아무래도 이 지역은 IT 기업뿐 아니라 포스코 같은 대기업을 비롯해 수많은 분야의 잘나가는 회사들이 함께 있어 키 높이를 맞추다 보니 평균적인 질 전체가 조금은 높아진 것이 아닐까 싶다.

떠오르는 메카, 판교 테크노밸리

판교는 불과 10년 전만 해도 저 먼 땅처럼 여겨졌었다. 그러나 지금은 입주한 기업들의 90% 이상이 IT, 바이오 같은 첨단산업 분야의 젊은 기업들이다. 유니콘을 꿈꾸는 뛰어난 창업자들이 판교로 몰리면서 '스타트업의 메카'가 된 듯한 느낌이랄까. 초창기에 정부에서 상당한 혜택을 주면서 네이버 같은 규모가 큰 기업들이 터를 잡거나 기술기반 스타트업에 대한 유치도 한몫했겠지만 그 후로도 잘 알려진 대기업들의 연구소가 속속 입주하면서 그야말로 초대형 IT 단지가 되어가는 느낌이다.

생활 인프라도 아직은 강남권에 못 미치지만 근접해가는 듯하다. 이미 유명해진 맛집도 많다. 판교가 커지는 이유 중 하나는 강남이나 분당 같은 기존의 인지도 높은 지역과의 교통 편의성도 한몫한다. 강남역에서 신분당선을 타면 네 정거장 만에 판교역에 이른다. 수지, 군포, 안양, 과천도 가깝고 강남순환고속도로가 생기면서는 광명이나 시흥 같은 지역에서도 자동차로 30~40분이면 도착하는 곳이 되었다. IT 기업들이 모여 있다 보니 마치 실리콘밸리처럼 이들 회사간 개발자의 이동도 빈번하다. 이직을 해도 출퇴근 거리나 생활 인프라가 크게 달라지지 않기 때문에 어떤 회사가 더 마음에 드는지만 생각하면 된다.

개발자 커뮤니티나 소소한 컨퍼런스, 세미나 등도 많아 테헤란 밸리와 더불어 개발자들이 기술지식에 대한 목마름을 해소하거나 공백을 메울 수 있는 커뮤니케이션의 장도 타 지역보다 꽤 잘 형성되어 있다. 다른 지역에 비해 개발자들에게 유익한 선순환적인 구조가 자리를 잡아가는 동네라고 생각한다.

공단에서 디지털산업단지로, G밸리

G밸리는 구로디지털단지를 의미한다. 이 책을 읽는 사람들 중 구로디지털단지 줄여서 구디가 아닌 구로공단의 모습을 기억하거나 경험해본 사람은 드물 것 같다. 나도 90년대 중반 학창 시절 친한 동기가 구로 쪽에 살아 두어 번 정도 옛 모습을 본 기억이 있을 뿐이고 그것도 20년도 훌쩍 넘은 옛일이다. 그만큼 오래되었단 뜻이다. 공단에서 디지털단지로 바뀌던 당시에는 새 빌딩들이었겠지만, 지금 보면 다른 지역에 비해 빌딩들도 너무 아파트형 공장들뿐이고 다닥다닥 붙어 뭔가 퇴근하면 다른 곳으로 탈출하고 싶을 정도로 삭막하다. 그나마 넷마블이란 게임 회사가 들어오고 'G밸리비즈플라자'가 생기면서 아주 조금은 다른 느낌을 주기는 하지만 역시 수도권에 있는 대규모 IT 단지로는 제일 낙후된 지역 중 하나가 되고 있다.

이곳 아파트형 공장 빌딩 하나에 많게는 100개 이상이 될 정도로 수많은 회사들이 입주한다. 그렇다는 이야기는 회사들의 규모가 그리 크지 않다는 것을 말한다. 편의상 중소 IT 회사라고 하지만 개중에는 한 층으로는 모자라 2~3개 층을 쓸 정도로 작다고 하면 기분 나빠할 회사들도 더러는 있다.

한마디로, 구디는 중소 IT 회사들의 요람 같은 곳이다. 이곳에서 시작해 사업적으로 큰 성공을 거둬 강남으로 이전하거나 하는 사례들도 심심찮다. 그러나 대다수의 고만고만한 회사들이 몰려 있다 보니 임금, 복리후생을 비롯한 삶의 질이 전반적으로 다른 곳에 비해 좀 떨어지는 느낌이다. 점심이나 저녁 때 갈 수 있는 식당들도 음식의 질도 다른 단지들에 비해 그저 그렇다. 하다못해 옆에 붙어 있다시피한 가산디지털단지보다도 식당이나 카페 같은 생활 인프라의 수준은 체감상 떨어진다는 생각이다. 그렇다고 가격이 훨씬 저렴한 것도 아니니 어쩔 수 없이 사 먹기는 하지만 돈이 아까운 느낌이랄까. 나 역시 개발자로 일하면서 가장 오랜 기간을 보낸 곳이 구디이다 보니 비판거리를 늘어놓으면서도 더 나은 IT 산업단지로 발전하길 응원하는 마음인 것이 뭔가 애증이 느껴진달까. 그러나 다른 것은 몰라도 지역에 따른 장단점만을 놓고 고르라면 제일 '비추'하는 곳임에는 분명하다.

이젠 구디보다 더 크다 가산 디지털단지

2005년 LG전자에 근무할 당시 제1연구소가 안양에서 가산으로 옮겨오며 가산이란 동네를 처음 가봤을 때는 정말 '휑'이란 글자가 딱 어울리는 곳이었다. 그런 기억 때문일까. 최근 가산에 위치한 스타트업에 조인하면서 15년 만에 만난 가산은 꽤나 괜찮은 곳이 되어 있었다. 구로가 G밸리로 불리지만 사실상 G밸리란 타이틀은 가산디지털단지에 더 어울린다.

가산도 디지털단지란 명칭이 붙은 것에서 알 수 있듯이 구디처럼 중소 IT 기업들이 대부분인 지역이다. LG전자 같은 대기업의 연구소도 있지만 강남이나 판교와는 그 수에서 비교가 안 될 정도로 적다. 그래도 구디보다 식당이나 카페, 쇼핑, 병원, 극장 등 생활 인프라의 질이 훨씬 낫다. 또한 근처에 안양천이 흘러 하천을 따라 사계절 아름다운 산책로가 길게 이어져 있다. 안양천을 따라 한강까지 이어지는 자전거길은 풍경도 좋고 꽤나 편리해 금천 지역은 물론 광명이나 다른 인접 지역에서 자전거로 출퇴근하기에도 좋은 편이다. 나도 광명에서 25분이면 회사 앞까지 도착하기 때문에 봄 가을에는 자전거로 출퇴근하는 일이 많다.

구로보다 약간 늦게 개발되었지만 가산에는 아직도 새로운 건물들이 많이 들어서고 있다. 강남이나 판교에는 미치지 못하지만 구디보다 좋은 환경이 되어가고 있다는 생각이다. 그러나 이런 가산도 최악이라 생각되는 점이 하나 있는데 출퇴근 시간 도로의 교통 체증이다. 퇴근 시간인 오후 6시쯤부터 7시까지 길면 1시간 정도 각 빌딩에서 차들이 쏟아져나오다 보니 가산을 벗어나는데 평소 5분이면 될 것이 때로는 20~30분 이상 걸린다. 퇴근 시간에 '수출의다리'로 진입하는 실수라도 하는 날에는 다리 위에서만 30~40분을 소요한다. 전철이나 지하철로 출퇴근하는 사람들이야 차가 막혀 답답한 일은 없겠지만 버스나 자동차를 이용하는 사람들은 스트레스를 받을 수도 있다. 그래서 나는 6시 이전에 퇴근하지 못할 경우 차라리 느긋하게 7시 넘어서 퇴근할 때가 많다.

잘 만들어는 놨는데 2% 부족한 상암 디지털단지

상암은 디지털단지라기보다 월드컵경기장이나 DMC라는 디지털미디어시티로 더 알려져 있다. 그럼에도 상암에 있는 기업들만 따지자면 IT 기업들의 비중이 꽤 높고 각종 IT 관련 컨퍼런스도 연중 열리는 곳이다. 컨퍼런스 홀로 사용하기에 괜찮은 건물들이 있는 탓이겠지만 전체적인 느낌은 IT 산업 자체보단 IT 산업을 유치하기 위한 행사장 같은 느낌이 더 많이 드는 곳이다. 이곳이 기업 유치나 활성화가 더딘 이유는 교통이 불편하기 때문이다. 상암 주변에 사는 사람들이야 잘 모르겠지만 교통의 편리함의 기준은 종로, 을지로, 강남, 잠실 같은 인구, 산업 밀집 지역으로의 이동 편의성이란 것을 고려하면 확실히 안 좋다. 내가 사는 광명 같은 서울과 밀접한 경기 지역에서도 상암으로 가는 교통편은 불편하기 그지없다. 또한 인프라가 다른 지역에 비해 약하다. 회사를 다니다 보면 주변에 아무리 식당이 많아도 수 개월이면 밥 먹을 곳을 찾아 헤매는 일이 벌어지는데 상암은 이런 인프라의 규모가 아직까지 절대적으로 작아 보인다.

스타트업하기 좋은 합정?

홍대, 합정 하면 클럽, 바를 비롯 젊음의 거리같은 뭔가 활기차고 세련된, 식당도 퓨전이 많을 것 같은 곳이지만 의외로 스타트업도 많은 지역이다. 오래된 건물이지만 좀 꾸미면 소수의 인원이 사무실로 쓰기에 적당하고 일단 임대료가 강남을 비롯해 다른 지역에 비해 저렴하기 때문에 이제 막 적은 투자금을 갖고 사무실을 오픈하기에 꽤 괜찮은 지역이다. 특히 젊은 층에게 익숙한 곳이어서 그런지 젊은 스타트업이 많다고 해야 할까?

시드(Seed)나 시리즈 A 투자 라운드를 이곳에서 시작해 A로 시작해 어느 정도 단계별 투자유치에 성공하면 금액에 따라 달라지겠지만 강남이나 판교 쪽으로 옮기거나 가산에 터를 잡기도 한다. 그러나 대개는 스타트업이다 보니 이름도 제대로 알려져 있지 않고 이직하려는 사람이 검색을 통해 찾아보고 간다기보다 할 만한 개발자에게 해당 스타트업에서 먼저 연락을 해오는 일이 많다. 이런 스타트업은 '잡코리아'나 '사람인' 같은 취업포털사이트보다 최근 상장한 원티드랩같은 곳을 이용하는 경향이 짙다. 어쨌든 홍대는 홍대다. 최근에도 슬렁슬렁 산책하고 왔지만 이곳은 그냥 젊음이 넘치는 곳이다.

REBOOT

4장

개발자,
전문 분야를 정하자

커리어 관리를
어떻게 할 것인가

개발자는 프로젝트와 프로그램으로 말한다

요즘 시대에 커리어는 곧 자신의 아이덴티티(Identity)가 되기도한다. 우리는 커리어에서 그 사람이 어떤 일을 어떻게 해온 사람인지를 알 수 있으며 더 나아가 여러 방면에서 그 사람의 수준이나성향, 삶에 대한 태도까지도 가늠해볼 수 있다. 개발자가 아닌 일반 직장인의 경우라면 그의 커리어를 구성하는 것은 그동안 다녔던 회사의 이름과 부서, 직책이 주가 된다.

일반 직장인과 달리, 개발자의 커리어에는 좀 다른 점이 있다. 자신이 관심 있어 하는 기술 분야와 자신이 참여했던 프로젝트 혹은 만든 프로그램이 그것이다. 자신의 아이덴티티가 다른 사람에게 보잘것없어 보이고 싶은 사람이 있을까? 개발자는 더더욱 자기잘난 맛에 사는 족속들이다 보니 머리나 수염을 기르기도 하고, 아무도 알아주지 않는 패션이나 액세서리에 신경을 쓰기도 한다. 또한 자신의 파티션을 움막처럼 꾸며놓기도 하고 모니터 옆에 피규어나 레고 모형들을 올려두기도 한다. 하지만 개발자가 자신의 아이덴티티를 드러내기 위해 실제로 나와 내 주변을 물리적으로 꾸미는 것보다 더 중요하게 만들어가야 하는 것이 바로 커리어다.

커리어는 연봉과 채용을 좌우하는 중요한 요소지만 꼭 그 때문이 아니더라도 요즘 시대에 자신을 어필하는 데 커리어는 거의 전부라고 해도 과언이 아닐 정도로 중요하다. 문제는 자신이 개발자임에도 아직도 커리어를 그동안 다녔던 회사 목록 정도로만 생각하는 사람들이 적지 않다는 것이다. 이는 잘못되어도 한참 잘못된 생각이다.

개발자의 커리어는 어떤 회사를 다녔는가가 아니라 그 사람이 어떤 쪽으로 어느 정도 수준의 개발이 가능한지, 어떤 개발 역량을 갖추고 있는지를 알 수 있는 개발자 사용 설명서, 즉 개발자 명세서와도 같은 것이다. 그리고 실제 개발자를 채용하는 과정에서 인터뷰나 코딩 테스트 등을 통해 확인하려 하는 것은 그 개발자 명세서에 적힌 내용들이 과연 제대로 동작할 것인가다. 따라서 커리어를 관리한다는 것은 개발자로 살아가면서 놓쳐서는 안 될 매우 중대한 '무엇'이다.

그렇다면 나의 커리어에서 무엇을 관리해야 할까? 커리어는 다른 사람에게 나를 드러내기 위한 것이라는 점을 명심하자. 결국 커리어에서 관리되어야 하는 내용은 내 커리어를 들여다볼 사람들이 개발자인 나에 대해 알고 싶어 하는 것 그 이상도 이하도 아니

다. 상대방이 내 커리어에서 알고자 하는 내용은 대개 다음과 같은
내용으로 정리된다.

- 개발자의 전문 분야
- 개발자의 기본적인 수준
- 개발자의 기술 수준(참여한 프로젝트와 기간, 수행 내용 등을 통해 가
  늠할 수 있다)
- 개발자의 미래(커리어가 쌓일수록 이 개발자가 앞으로 어떻게 되겠구나
  하는 예상이 된다)
- 그 사람이 개발자인지 관리자인지 아니면 그냥 직장인인지
  여부

개발자의 전문 분야

흔히 '개발자'라는 직업을 두고 그만둘 때까지 공부하고 기술을
익혀야 하는 직업이라는 말을 한다. 그럼 시니어 개발자가 되면
배울 게 줄어들까? 오히려 배우고 익혀야 할 영역이 다양해진다
고 해야 맞을 것이다. 너무나 다양해서 일일이 언급하기 힘들 정도
다. 어떤 의미로든, 지금의 나를 봐도 개발자는 끊임없이 공부하고
무언가를 익히며 살아가는 존재임에는 분명하다. 단지 해야 해서
하는 것과 하고 싶어 하는 것의 차이일 뿐이다. 그 둘 사이에 늘 선
택과 갈등을 해가며 살아간다고 해야 할까? 그렇게 오랫동안 일을
하다 보면 어떤 계기를 통해 발을 들여놓았던 곳이 내 전문 분야가

되어가는 것을 경험하게 된다. 물론 전문 분야를 애초에 정하고 그 길로 쭉 살아가는 개발자도 있기는 하다.

개발자가 된 초창기에는 딱히 내 전문 분야가 이것이라고 하기에는 실력이 미흡하고 아직은 배워나가야 할 것들이 훨씬 많은 경우가 대부분이다. 그리고 우연히 뭔가를 보고 이끌려 스스로 전문 분야를 정했다손 치더라도 얼마 안 가 바뀔 가능성이 매우 크다. 왜냐하면 개발자 초창기에 전문 분야를 정한다는 것은 그 분야에서 일하는 개발자의 이상적인 모습이나 바람직한 모습을 보고 희망 사항이 반영된 경우가 많은 것뿐이지 실제로 그 분야에서 이런 저런 경험들을 하고 난 후의 결과가 아니기 때문이다.

이들이 이 분야를 택한 이유를 들어보면, 단순히 '좋아 보여서' 정도의 답이 대부분이다. 물론 대학원에 진학해 석사나 박사과정을 거치며 전문 분야에 대한 깊이 있는 고민을 하며 결정한 경우처럼 예외도 있다. 이렇게 전문 분야가 공식적으로(?) 비교적 이른 시기에 결정되는 경우도 있지만, 장기적으로 보면 결국 자신의 전문 분야는 어느 정도 시간이 흘러봐야 알 수 있다.

최근 채용 페이지의 직무 기술서나 지원서들을 보다 보면 유난히도 '프론트엔드', '백엔드', '풀스택(Full-Stack) 개발자(서비스 개발 분야에서 DB 또는 데이터 스토리지와의 접점인 서버사이드를 개발하는 백엔드와 API는 물론 사용자 접점인 클라이언트 서비스를 앱 기반 혹은 웹페이지로 개발하는 프론트엔드 개발 역량을 모두 보유한 개발자)와 같은 용어들을 자주 보게 되는데, 이런 용어들이 그 개발자의 전문 분야를 나타내지는 않는다. 단지 갖고 있는 스킬 셋(Skill Set)이 대강 어떤 것들일 거라고 유추할 수 있을 뿐이다.

그럼에도 신입 개발자들을 인터뷰하다 보면 나중에 어떤 개발자가 되고 싶냐는 질문에 "풀스택 개발자요!"라고 답하는 경우를 종종 경험한다. 모든 것을 다 할 수 있는 개발자처럼 여겨져 멋있어 보이는 것인지도 모르겠다. 나도 '풀스텍 개발자'라고 하면 "와, 멋지다!"라고 하니까. 물론 질문 자체가 무언가를 콕 집어 물어본 것이 아니니 어떻게 대답하든 괜찮지만, 보통은 대답에서 그 개발자의 수준이 드러나기도 한다.

전문 분야란 '전문 연구 분야'를 의미한다고 생각하면 이해하기 수월할 것이다. FPGA(Field Programmable Gate Array: 비메모리 반도체의 일종으로, 회로 변경이 불가능한 일반 반도체와 달리 여러 번 회로를 다시 새겨 넣을 수 있는 반도체)나 데이터 스트림 처리(Data Stream Processing), 컴퓨터 비전(Computer Vision: 시각적 세계를 해석하고 이해하도록 컴퓨터를 학습시키는 인공 지능 분야)이나 인공지능 설계(AI Design)가 전문 연구 분야라고 한다면 그리 어색하지 않지만 '풀스택'을 전문적으로 연구한다면 뭔가 이상하지 않은가?

그렇지 않길 바라지만 아직 '서비스 개발' 분야에서 흔히 언급되는 '스택(Stack)'이란 용어를 모르는 사람들을 위해 간단히 설명하자면, 클라이언트인 프론트엔드 쪽 개발과 DB 등 백엔드 서버 구축에 사용되는 소프트웨어나 플랫폼, 혹은 환경 등이 궁합이 잘 맞아 많은 개발자들이 즐겨 사용하게 되는 경우 구현에 자주 사용하는 패턴이 생기게 되고 이를 스택이라고 한다. 비교적 오래된 패턴으로 Ruby On Rails(JavaScript, Ruby, SQLite, Rails를 사용)나 LAMP(Linux, Apache, MySQL, PHP를 사용) 스택이 있다면, 최근에는 MEAN(MongoDB, Express, AngularJS, Node.js를 사용) 스택이나 Django(Django, Python, MySQL, JavaScript를 사용) 스택 등에 대한 언급을 주로 듣게 되는 듯하다.

자, 이제 인터뷰에서 예의 그 질문을 받았다면 당신은 뭐라고 답할 것인가? 제발 '훌륭한 개발자', '사회에 공헌하는 개발자', '조직에서 자신의 몫을 충분히 하는 개발자' 같은 안 하느니만 못한 대답은 하지 않길 바란다.

전문 분야가 중요한 이유는 개발자의 경력에서 전문 분야가 있고 없고는 그 차이가 매우 크기 때문이다. 어떤 차이냐고 묻는다면 그 개발자가 연봉 개발자로 사는 동안 고용 주체들로부터 확실히 보장받을 무언가를 갖고 있는 것과 갖고 있지 못한 것의 차이, 채용 시장이라는 열차에 좌석표를 갖고 타는 것과 입석표를 갖고 타는 것의 차이라고 할까. 어떻게 표현하든 자신의 전문 분야에 대해 한 시간은 떠들어댈 수 있는 개발자와 그렇지 못한 개발자의 차이는 매우 크다.

그래서 경력 개발자를 채용할 때 그의 커리어에서 전문 분야가 무엇인지, 그 분야에서 어느 정도의 역량을 갖고 있는지를 읽어내려 하는 것이다. 따라서 전문 분야를 가늠할 수 없는 커리어는 다른 내용이 잘 기술되었더라도 2% 부족한 느낌을 준다. 아니, 그것이 경력 개발자의 커리어라면 문제가 있다고 봐야 한다.

　신입 개발자의 경우라면 전문 분야라기보다는 관심 분야라고 하는 것이 나을 듯하다. 그러나 전문 분야와 마찬가지로 '관심 있는 연구 분야'로 생각한다면 그리 다를 것도 없다. 주니어 시절 연구하고 싶은 관심 분야가 시니어가 되면 전문성을 갖고 연구하는 분야가 되는 것이니 말이다. 문제는 관심 분야를 구체적으로 기술하는 경우도 실제로 들어보면 딱히 관심 분야가 아닌 경우가 더 많다는 것이다. 그 분야에 대한 연구가 흥미롭다기보다는 '이쪽 분야가 대기업 들어가기 좋다던데요', '이쪽으로 하면 굶어 죽진 않는다더라고요' 같은 식의 이유들 말이다.

　참 안타까운 사고다. 미래에 대한 불확실성이 가져다주는 불안에 대해 너무나 잘 알고 있지만 경험적으로 소프트웨어 개발 그 어떤 분야라도 전문성을 갖출 정도로 꾸준히만 한다면 굶어 죽을 일은 거의 없다고 확신한다. 그러니 제발 안심하고 관심 있는 분야에서 개발하라.

개발자의 기본적인 수준

　대기업의 채용 시스템은 채용 인력에 대해 해당 기업에서 일할 수 있는 최소한의 수준을 보장해준다. 따라서 그러한 시스템을 통과하고 채용된 경우라면 적어도 그 회사에서 요구하는 기본적인 수준은 갖췄다는 의미로 이해해도 무방하다. 그러나 요구되는 기본적인 수준이 회사마다 다르기 때문에 누구나 알 법한 대기업에 채용되었던 사람이라 할지라도 이름도 생소한 일개 중소기업의 채용 과정에서 실패를 겪는 일이 비일비재하다.

전에 몸담았던 중소기업의 경우 전체 인원이 40명 정도에 개발자가 15명 정도로 비교적 소규모의 조직이었다. 그래도 수년간 지속적으로 성장해온 데다가 흔히 이야기하는 워라밸이 좋아서였는지 당시 채용 공고에 예상 외로 꽤 많은 개발자들이 지원했다. 경력 개발자들의 이력서를 검토한 결과 인터뷰를 진행하게 된 인원은 3명 정도로 커리어의 내용들과 약간의 추가적인 것들이 인터뷰에서 확인된다면 채용이 거의 확실시되는 사람들이었다.

그중에는 '네○○'에서 수년간 개발자로 일했던 사람도 있었고, 예전 나와 같은 회사에서 근무했던 적이 있는 사람도 있었다. 그러나 당시 개발팀에서 요구하는 기본적인 수준이 커리어와는 달리 인터뷰에서 확인되지 않아서 3명 모두 채용되지 못했다. 결국 특정 조직에서 요구하는 기본적인 수준은 그 조직에서 일을 할 수 있는가에 대한 보장이지 절대적인 수준을 보장해주지는 못한다는 것이며, 다른 회사에도 동일하게 적용할 수 있는 것은 더더욱 아니다.

정리하면, 그것은 회사라는 조직 차원에서 개발자의 커리어로부터 스크리닝하는 기본적인 수준에 대한 이야기이고, 개발자 입장에서는 커리어에 나의 기본적인 수준을 어떻게 나타낼 것인가가 된다. 그 기본적인 수준이 절대적으로 높다면? 웬만한 개발 조직으로부터 환영받을 것이 분명하다. 물론 인터뷰에서 커리어의 내용들을 확인시켜줄 수 있어야 할 것이다.

개발자의 기술 수준

개발자의 기술 수준은 참여했던 프로젝트와 기간, 수행 내용 등을 통해 가늠할 수 있다. 개발자의 기술 수준을 파악하는 데 주로 고려하는 부분은 프로젝트의 수행 기간과 참여 기간 그리고 해당 프로젝트에서 그 개발자가 무얼 했는가이다. 이력서를 보다 보면 경력 개발자의 경우 프로젝트 이력 내지는 경력 기술서 부분이 십수 가지에서 많게는 수십 가지는 되어 보이는 프로젝트 이력들로 가득 차 있는 경우도 있다.

결론부터 말하자면, SI(시스템 통합) 업무, 그중에서도 딱히 프로젝트 매니저(PM) 쪽이나 그에 준하는 역할을 할 사람을 뽑는 경우가 아니면 프로젝트 경력의 가짓수는 별로 도움이 안 된다. 더구나 각기 다른 유형의 소프트웨어 개발 프로젝트에서 3개월, 5개월 이런 식으로 10년을 채워봐야 전문성을 인정받기 힘들다.

실제로 DBMS를 비롯해 지금도 몸담고 있는 빅데이터 관련 시스템 소프트웨어(Data Processing System Software) 개발 분야에서는 개발자를 채용할 때 그 개발자가 참여했던 프로젝트 이력을 중요하게 고려하고, 인터뷰에서는 해당 프로젝트 관련 지식의 깊이를 가늠하려는 시도를 통해 기술 수준을 파악한다.

따라서 연봉을 쫓아 이직을 하다가 자칫 중구난방인 프로젝트 이력을 만들어버리면 장기적으로 전문성을 인정받아야 할 시점에 제외될 가능성이 높다는 것을 알았으면 좋겠다. '이미 그런 커리어를 만들어버린 사람은 그럼 어쩌면 좋은가?'라고 묻는다면, '지원하는 회사와 조금이라도 관련성을 설명할 수 있는 이력이 아닌 경우는 가장 중요한 한두 개 빼고 과감히 빼버리는 것도 괜찮은 방법'이라고 조언해주고 싶다.

개발자의 미래

개발자의 커리어를 보면 그의 관심, 성향, 미래가 보인다. 개발자의 커리어가 쌓일수록 이 개발자가 앞으로 어떻게 되겠다고 예상되는 것이다. 물론 분야를 넘나들며 자신만의 즐거움을 추구하는 개발자도 더러 있긴 하다. 2017년 비트코인 열풍(?) 덕인지는 몰라도 2018년 블록체인 및 디앱(DApp: 이더리움, 큐텀, 이오스 같은 플랫폼 코인 위에서 작동하는 탈중앙화 분산 애플리케이션) 개발 관련 소프트웨어 인력 채용이 갑자기 증가했던 적이 있다. 나의 경우 휴가를 내고 블록체인 개발 해커톤(Hackathon: 해킹과 마라톤의 합성어로 한정된 기간 내에 기획자, 개발자, 디자이너 등 참여자가 팀을 구성해 쉼 없이 아이디어를 도출하고, 이를 토대로 앱, 웹 서비스 또는 비즈니스 모델을 완성하는 행사)에 참가해 밤샘 프로젝트를 수행하며 호기심을 충족하는 것으로 끝났지만, 당시 적지 않은 개발자들이 블록체인 개발 쪽으로 선회한 것으로 알고 있다.

비단 블록체인뿐 아니라 자율주행 및 AI도 그렇고, 머신러닝이나 빅데이터 처리 같은 쪽도 마찬가지다. 개발자로 자신의 전문 분야가 생길 즈음부터는 다른 곳을 기웃거리게 된다. 뭔가 다른 것을 해보고 싶다는 강한 욕구와 포기하기 힘든 현재의 안락함을 두고 끊임없는 밀당을 하게 된다. 시간이 좀 더 지나면 다른 분야에 발을 들여야만 새로운 것을 하는 것이 아니라는 사실을 깨닫게 된다.

지금 나의 전문 분야에서 또 다른 새로운 것들이 눈에 보이기 시작하고 그런 것들은 오히려 할 수 있는 사람이 훨씬 적다는 것을 알게 된다. 개발자의 커리어를 잘 들여다보면 그 개발자가 어떤 분야에서 어디까지 와 있는지 그리고 어디로 갈 것인지가 느껴진다. 앞으로 PM이나 관리자가 될 사람인지 줄곧 개발할 사람인지 아니면 그저 직장인처럼 살 사람인지 보이는 것이다. 개발자의 관심과 성향도 눈에 보인다. 어려운 도전을 즐기는지 깊이 파는 것을 좋아하는지 아니면 단지 뽐내고 드러내길 좋아하는지도 말이다.

수많은 개발자들의 이력서에 적어놓은 그들의 커리어를 보면서 각양각색의 사람을 느끼지만 이와 더불어 한 가지 사실을 더 알게 된다. 앞으로 연이 된다면 오랜 시간 네트워킹하면서 발전하는 모습을 지켜보고 싶은 개발자, 미래를 함께하고 싶은 개발자는 그가 적어놓은 커리어부터 다르다는 것을.

나는 개발자인가, 관리자인가, 직장인인가

크든 작든 회사에서 일하는 개발자의 경우 직급이 포함된 호칭으로 불리는 것이 일반적이다. 최근엔 조직 구조가 수평적(Flat)인 기업들이 많고 사내에서 직급이나 직책 대신 '○○님' 식으로 신입부터 대표까지 서로에게 높임말을 쓰며 존중해주는 문화를 만들어가는 회사들이 많다. 《90년생이 온다》(임홍택, 웨일북, 2018년)와 같은 책이 베스트셀러가 될 수 있었던 것도 뭔가 달라져야 하는 것들에 대한 니즈를 반영하고 있기 때문이었을 것이다. 이렇듯 살아남기 위해서라도 애써 기업의 문화를 바꾸려고 노력하는 회사들이 많다.

이것은 그야말로 조직의 문화인 것이지 개발자의 레벨에 관계없이 일이나 업무가 주어진다는 의미는 아니다. 오히려 자신의 수준을 의식하지 않고 나대는 개발자는 조직 내에서 무시당하기 십상이다. 개발자는 그 회사의 문화가 얼마나 수평적이냐와는 별개로 채용 시에 드러나는 급이 존재한다. 나의 레벨이 낮다는 것은 그리 유쾌한 일은 아니다. 그러나 회사는 늘 비용 대비 효율성을 높이려는 조직이고 업무는 개개인의 레벨에 맞게 조금은 더 높은 목표치로 주어진다. 따라서 그 레벨을 무시한 경우 조직도 개발자 개인도 불행해지는 경우가 다반사다.

왜 그런지는 굳이 말할 필요가 없을 듯하다. 퇴근 시간이 지난 저녁 시간 빌딩 옆 흡연 공간 주변이나 건물 옆 벤치 같은 데서 들리는 푸념의 대부분은 그 원인이 바로 '레벨에 맞지 않는 업무의 할당'인 경우가 많다. 도전적인 업무와 피 말리는 업무, 게으름으로 인한 지연과 수준을 고려하지 않은 업무 지시로 인한 지연은 본질적으로 다른 것이다. 개발자의 행복지수에 직접적인 영향을 미치는 것이 하나 있는데, 바로 다음과 같이 직급으로 표현되는 '개발자의 레벨'이다.

> 신입 개발자 → 주임 개발자 → 선임 개발자 → 책임 개발자 →
> 수석 개발자

신입 개발자임에도 뛰어난 실력으로 경력 개발자 이상의 퍼포먼스를 보여주는 경우도 간혹 존재한다. 그리고 소프트웨어 산업의 특성상 새로운 기술과 패러다임이 속속 등장하고, 그런 내용들이 반영된 새로운 툴이나 업무 시 활용되는 소프트웨어들이 지속적으로 등장하면서 신입 개발자들이 반드시 경력 개발자들이 갖고 있는 기술 스펙의 범위 안에 있다고 하기는 예전보다 더욱 힘들어졌다. 그러나 대부분의 경우 신입은 기술적으로 경험적으로 많은 것을 배워나가야 하는 경우가 많다. 더욱이 릴리스된 소프트웨어 제품이 있는 회사의 경우 그 소프트웨어를 구성하는 핵심적인 내용과 관련해 신입이 경력자를 뛰어넘기란 결코 쉽지 않다.

때로는 다음과 같은 방식으로 구분해볼 수도 있다. 주로 외국계 기업의 소프트웨어 인력을 채용하는 페이지에서 볼 수 있는데, 이들 중에는 명확하게 레벨을 명시하는 경우도 있다. 예를 들어 이 글을 쓰고 있는 2022년 현재 'Amazon'이란 기업의 소프트웨어 개발자 채용 공고들을 살펴보면 다음과 같이 레벨을 구분하고 있다.

레벨은 구분되어 있지만, 직무 기술서의 내용을 보면 비슷하다. 결국 뭘 하는지는 정해져 있는데 레벨의 차이를 두고 채용하겠다

▶ '아마존' 소프트웨어 개발자 채용 공고

Filter by		Sort by: Most relevant ∨

JOB TYPE ∧

Full Time (500+) ☐

Part Time (26) ☐

Seasonal (24) ☐

JOB CATEGORY ∧

Software Development (500+) ☐

COUNTRY/REGION ∧

📍 Country/Region

United States (500+) ☐

India (500+) ☐

Canada (500+) ☐

United Kingdom (500+) ☐

Germany (478) ☐

STATE/PROVINCE ∧

📍 State/Province

Senior Software Dev Engineer
Posted November 19, 2019
(Updated 27 days ago)
USA, WA, Seattle | Job ID: 996246
Are you passionate about enterprise-wide scale compliance management? Are you excited about impactful technical projects that help our biggest enterprise customers manage hundreds of accounts with over...Read more

Senior Software Development Engineer
Posted November 18, 2019
(Updated about 1 month ago)
USA, VA, Herndon | Job ID: 994952
Amazon Web Services (AWS) Virtual Private Network (VPN) team is looking for a Senior Software Developer. Come join us in making network level security simple, available, and performant. Customers...Read more

Principal Software Engineer- Amazon Business
Posted November 18, 2019
(Updated 6 days ago)
IND, TS, Hyderabad | Job ID: 994890
At Amazon, Principal Engineers are both visionary leaders and hands-on builders. As Amazon's most senior individual contributors, Principal Engineers work on our hardest problems. While many companies...Read more

Software Development Engineer
Posted November 12, 2019
(Updated about 1 month ago)
USA, CA, Sunnyvale | Job ID: 990078
At Amazon, we care deeply about our developer community. Come be part of the team building the next generation platform for developers to sell digital products across the breadth of Amazon's digital...Read more

출처: www.amazon.jobs

는 것이고 그 레벨에 맞는 업무가 주어진다는 것이다.

이처럼 커리어 관리는 자신만의 전문 분야를 확고히 알고 파고 들어야 한다. '어디서' 근무했는지보다는 어떤 프로젝트에서 어떤 내용을 수행했는지에 집중하고, 자신의 미래 설계를 촘촘히 해나 갈 때 비로소 평범한 직장인이 아닌 전문 커리어를 갖춘 개발자가 될 수 있다. 이렇게 준비할 때에야 비로소 개발자 스스로도 만족할 수 있는 행복한 개발자가 될 수 있음을 명심해야 할 것이다.

오픈소스 개발자?
풀스택 개발자?

대세가 된 오픈소스

현재 클라우드, 빅데이터, AI, 자율주행, 머신러닝 등과 같이 딱히 개발 쪽이 아니더라도 대부분의 영역에서 사람들 입에 오르내리는 소위 대세가 된 용어 가운데 '오픈소스'가 있다. 그런 만큼 오픈소스는 개발 쪽에서도 자주 화두가 되기도 한다.

우리나라의 경우 특히 10여 년 전부터 '오픈소스 SW 라이선스 검증, 활용 시스템 기반 구축(문화체육관광부/컴퓨터프로그램보호위원회, 2008)' 같은 사업을 통해 공공 부문의 자원을 투입하여 국내 오픈소스 활성화 및 생태계 조성에 걸리는 시간을 단축해왔다. 그 과정에서 정부 프로젝트나 공공기관의 인프라 구축 또는 신사업 프로젝트의 발주를 비롯해 사업 참여자로 하여금 '오픈소스' 사용을 권장하는 등의 정책적 지원으로 인해 오픈소스 소프트웨어의 저변 확대가 더욱 빨라진 것도 사실이다. 요즘 말로 '멱살 잡고 끌고 가는'

느낌이랄까?

공공 부문의 주도로 수행되는 이런 것들이 우리나라의 소프트웨어 산업을 부자연스럽게 만들고 결국 알맹이는 설익은 채 각종 통계수치만 그럴싸한 결과를 만들어낼 수 있다는 우려도 갖게 하지만, 특정 주체가 의도한 효과였든 전 세계적 분위기가 한몫한 것이든 오픈소스는 이제 전혀 생소하지 않은 용어가 되어버렸다. 사회적으로도 그렇지만 개발자에겐 더더욱.

고맙게 사용했던 프리웨어, 오픈소스

'오픈소스 소프트웨어'. 줄여서 오픈소스란 소스 코드가 공개된 소프트웨어를 말한다. 그래서 '공개 소프트웨어'라고도 한다. 비슷한 느낌으로 '프리웨어'가 있는데(오픈소스 운동의 근간이 되었던 리처드 스톨만의 'Free Software'를 의미하는 것이 아니다), 만들어진 프로그램을 무료로 사용할 수 있다는 것이지 딱히 소스 코드가 공개되어 있음을 의미하는 것은 아니다 보니 오픈소스와는 다른 개념이다. 예전 네이버 '소프트웨어 자료실'에서 유용한 소프트웨어를 다운로드받아 사용하곤 했던 기억이 난다. 그때 소프트웨어 아이콘 옆에 F(프리웨어)라는 아이콘이나 문구가 있으면 어찌나 고마웠던지. 하지만 오픈소스를 보면서는 순수하게 감사한 마음만 들지는 않는다. 왜 그럴까? 자신이 작성한 소스 코드를 공개하는 개발자는 어쨌든 세상에 도움을 주는 고마운 행위를 한 것으로 생각해도 될 텐데 말이다.

처음에는 나도 그랬다. '오, 소스 코드를 오픈한다고? 어쩌면 수

년 동안 노력한 결과일 텐데 멋지네'라고 생각했다. 그러나 오픈소스 생태계는 초기의 순수성은 사라지고 이제는 수많은 이익 추구가 맞물려 돌아가는 하나의 성공한 사회적 시스템이 되어버렸다. 어찌 보면 당연하다. 소프트웨어라는 것은 어쩌면 그 자체로 이익 추구의 산물이기도 하니까.

다양한 주체들의 이익이 맞물려 발전해가는 오픈소스 세계

혼자서도 프로젝트를 설계하고 진행해나갈 만한 실력이 되는 시니어 개발자 입장에서 오픈소스 생태계는 어떻게 보일까? 딱히 이렇다 말하기는 어려워도 '자신의 개발 작업을 해나가는 장'이란 관점에서 생각해보면 오픈소스 생태계를 이용할 만한 장점들이 보이기는 한다. 어느 정도 구상이 끝나거나 이미 진행 중인 자신의 프로젝트나 결과물을 오픈해 명성을 얻기도 하고 자신은 보다 핵심적인 일에 집중하면서 그 밖의 시간이 걸리는 작업들을 대신해줄 사람들이 줄을 선 곳이기 때문이다.

이제 막 개발자의 길로 들어서거나 뭔가 아직은 부족한 것이 많은 개발자들은 앞의 인지도 높은 프로젝트들에 작은 기여(Contribution)들을 쌓아가면서 자신의 경력을 채우고 커뮤니티 활동을 통해 개발자로서 성공할 기회를 모색한다.

오픈소스 생태계가 간절히 원하는 '자본'을 수혈할 수 있는 기업들은 투자와 협력(때때로 기업 차원의 컨트리뷰션)이라는 명목으로 주요 오픈 프로젝트를 그들 기업이 원하는 방향으로 끌고 가거나 오픈소스 생태계를 통한 광고 효과를 노리기도 하고, 실력 있는 팀 혹은 개발자를 발굴해 좋은 가격에 그들과 그들의 결과물을 자신의 것으로 만들기도 한다.

이 외에도 소프트웨어를 만들거나 사용해야 하는 수많은 기업들은 오픈소스를 이용해 개발 기간을 단축하고 어쩌면 보유한 자원으로는 감당도 안 될 필요 인적자원의 규모를 최소한으로 유지하면서도 성공을 모색할 수 있게 된 것도 사실이다. 결국 오픈소스가 대세가 된 이유는 이런 다양한 경제 주체들의 이익이 서로 맞물려 윈윈(Win-Win)이 가능한 하나의 장이 되었기 때문이다. 최초로 '자유 소프트웨어 재단(Free Software Foundation, FSF)'이 탄생할 당시의 마치 홍익인간과도 같았던 순수한 의도를 추종하는 사람들이 많아져서는 절대 아니라고 확신한다. 이제는 오픈소스 포럼이나 컨퍼런스 등에서 FSF나 GNU(GNU's Not Unix의 약자. 자유 소프트웨어 재단에서 개발하여 무료로 배포하고 있는 유닉스 운영 체계 호환 컴퓨터 프로그램의 총칭), GPL(General Public License: 자유 소프트웨어 재단에서 만든 자유 소프트웨어 라이센스) 등이 탄생하게 된 배경 따위를 설명하는 일은 더 이상 중요하지 않게 된 것이다.

공개된 소스? 개발자라면 라이선스를 잘 읽어봐야 한다

오픈소스는 소스 코드가 공개되어 있으니 그것으로 실행 파일을 만들어 쓰면 되니까 어차피 무료인 거 아니냐고 생각하기 쉽다. 그러나 그런 단순한 생각으로 오픈소스를 바라본다면 차라리 오픈소스가 무엇인지 모르는 편이 낫다. 오픈소스를 탈 없이 사용하려면 알아야 할 것도 해야 할 일도 많고, 어쩌면 장래에 비용이 늘거나 프로젝트를 뒤집어야 하는 경우가 발생할 수도 있다. 특히 모든 오픈소스를 '무료로 자유롭게 사용 가능'하다고 착각하면 오산이다. 특히 개발자들은 더욱 조심해야 한다. 이 모든 것이 재산이나 다를 바 없는 소스 코드를 공개해가며 세상에 대단한 기여를 하는 척하지만, 사실은 이익 추구의 수단과 방법이 바뀐 것일 뿐 인간의 본성은 어디 가지 않기 때문이다. 오픈소스에는 라이선스라는 개념이 매우 강력하게 존재한다. 수많은 라이선스들이 있으며 한 줄 한 줄 제대로 읽어보지 않으면 오픈소스를 잘못 사용했다는 이유로 회사 자체가 사라질 정도로 법적으로 곤란한 일을 겪기도 한다. 이는 오픈소스를 사용하는 개발자들에게도 마찬가지다.

이런 라이선스들은 왜 생긴 것일까? 정말 세상을 널리 이롭게 하려 했다면 그냥 쿨하게 라이선스 없이 공개해버리면 될 것을 굳이 가져다 쓰려면 네가 만든 것을 다 공개하라는 등 라이선스에 명시한 조항들을 어길 경우 소송을 건다든가 이런저런 이유로 감 놔라 배 놔라 하는 것이다. 이들은 이런 조항에 여러 가지 이유를 장황하게 써놓기는 했지만, 결국 따지고 들어가 보면 애초부터 그냥 주기 아깝다는 말이나 다름없는 것이다. 아니, 때로는 처음부터 이것으로 무언가를 얻을 심산인 경우가 많다. 이런 본심들은 오픈소스 생태계 안에서 다양하게 나타나며, 라이선스는 그중 하나의 장치에 불과할 뿐이다.

2% 부족한 오픈소스와 사용자 그룹

오픈 프로젝트들 가운데는 코드만 오픈했지 해당 코드를 빌드하기 위한 설명도, 필요한 라이브러리 목록도 컨피규레이션(Configuration)조차도 제대로 찾아볼 수 없는 프로젝트들이 훨씬 많다. 그저 해당 프로젝트가 오픈소스 프로젝트라는 것을 이용하거나 더 나아가 오픈소스 생태계에서 활동하는 주체라는 것을 이용하려는 목적인 경우도 있다. 이 역시 정말 순수하게 자신의 코드를 많은 사람들이 잘 사용하도록 하는 것이 바람이었다면 달랐을 것이다.

오픈 프로젝트로 시작했든 뭔가 다른 이유로 오픈소스 생태계에 들어가기 위해 사후 코드를 오픈하며 오픈 프로젝트가 된 것이든 오픈 프로젝트들 중에는 정말 많은 사용자 수를 확보한 프로젝트가 많다. 이들 프로젝트는 사용자 수가 전 세계적으로 증가하면서 각국에 커뮤니티가 생겨나 해당 프로젝트를 더욱 확산시킨다. 이로 인해 소프트웨어 산업 내에 신흥 강자로 떠오르기도 하고 산업 생태계 자체를 바꿔버리기도 한다.

아파치 카프카(Apache Kafka: 대용량, 대규모 메시지 데이터를 여러 노드에 효율적으로 분산 처리하기 위한 일종의 메시지 큐)가 그렇고 파이썬이 그렇다. 사용자 그룹이나 커뮤니티, 우리나라의 경우 '한국 ○○ 사용자 그룹', '한국 ○○ 커뮤니티' 같은 것이 생겨나고, 그런 모임들을 만든 사람들도 조만간, 아니 언젠가 해당 소프트웨어가 대박이 나면 한국에서 맹주 노릇을 한다. 아예 한국 지사를 차리는 경우도 봤다. AWS(Amazon Web Services)나 에버노트(Evernote)처럼 딱히 오픈소스가 아니어도 이런 경향은 자주 볼 수 있지만, 개발에 한 발 걸친 사람들이 많아서인지 오픈소스 쪽에서 훨씬 두드러지게 나타난다. 각종 오픈소스 행사나 이벤트에 연사로 서는 많은 사람들이 이런 사용자 그룹의 리더나 주요 구성원인 경우가 많다. 오픈소스 생태계는 기존 소프트웨어 개발 회사와 개발자 사이의 근로 계약관계가 주를 이루었던 소프트웨어 산업의 생태계에 뭔가 경계를 허물듯 큰 변화를 가져온 것이 사실이다. 전반적인 분위기가 이렇다 보니 최근 채용 공고를 보고 있자면 오픈소스 개발자를 채용한다는 문구도 자주 보게 된다. 그러나 묻고 싶다. 딱히 오픈소스와 관련된 업무 내용을 구체적으로 기술하지도 않은 채 밑도 끝도 없이 '오픈소스 개발자 채용'이라고 적어놓은 채용 담당자의 의도가 무엇인지 묻고 싶은 것이다. 물론 오픈소스 생태계에 익숙하고 오픈소스를 다루는 능력이 필요해서겠지만 과연 그것이 개발자의 역량에서 얼마나 큰 비중을 차지하며 그것만으로 충분한 것인지 궁금하다. 고리타분한 생각일 수 있지만 오픈소스 생태계에 적응한 것 자체가 개발자의 수준과 능력은 아니다.

오픈소스 개발자? 아니 그냥 개발자를 해라

결론부터 말하자면 굳이 시작부터 오픈소스 개발자로 수익모델을 만들려고 노력할 필요는 없다는 것이다. 오픈소스로 시작해 오픈소스 생태계에 익숙해지는 만큼 개발자로서의 실력도 늘면 좋겠지만, 내가 아는 오픈소스 세계에서 활동하는 대부분의 실력 있는 개발자들은 실력을 갖추고 오픈소스 생태계에 들어온 경우가 대부분이지 처음부터 오픈소스 개발자로 시작한 사람은 별로 없다.

지금까지 대략 10여 년 동안은 민간, 공공 부문 할 것 없이 오픈소스 개발 및 커뮤니티 활동을 촉진시키려다 보니 오픈소스 관련 포럼이나 컨퍼런스에서도 오픈소스나 오픈소스 생태계가 어떤 것인지, 어떻게 하면 오픈소스 개발자가 될 수 있는지, 오픈 프로젝트에 컨트리뷰션하는 방법 등을 자신의 경험을 통해 전달하는 수준의 세션들이 절반 이상이었다. 나는 이런 세션에서 갓 학부를 졸업한 듯 보이는 많은 뉴비(newbie)들을 볼 수 있었다. 그런 세션들을 통해 그들 마음속에 어떤 꿈과 희망을 갖게 되었는지 모른다. 하지만 한 가지 분명한 것은 벌이 걱정 안 하고 순수하게 자신의 개발 프로젝트를 원하는 만큼 진행하며 살아가는 개발자는 굉장히 극소수라는 것이다. 대부분의 개발자는 자신의 수익모델이 존재하고 또 있어야 한다. 그것은 오픈소스 개발자라고 하더라도 마찬가지다.

한때는 '오픈소스 개발자는 도대체 어디서 수익을 얻지?'라는 궁금증을 가졌던 적이 있다. 그러나 각종 기관의 지원을 포함한 투자, 급여, 간헐적으로 발생하는 강연 및 강의 소득 등을 받는 것을 보면 지금은 오픈소스 개발자도 일반 개발자와 그리 다르지 않다고 생각한다. 다만 특정 조직 소속인지 독립형 개발자인지와 단순 컨트리뷰터인지 풀타임 오픈소스 개발자인지에 따라 수익의 원천

	특정 조직에 소속된 오픈소스 개발자	독립형 오픈소스 개발자
단순 컨트리뷰터	고정급여(연봉), 강연료	강연료, 비정기적 급여, 지원사업 참여 소득
풀타임 커미터 (컨트리뷰터 포함)	고정급여(연봉), 강연료	투자, 지원사업 참여 소득, 강연, 집필 등의 프리랜서로서의 소득

과 양상이 조금씩 다를 뿐이다.

오픈소스 개발자들 중에는 풀타임 오픈소스 개발자가 있고 특정 회사에 소속되어 있는 오픈소스 개발자가 있다. 그 특정 회사 중에는 오픈소스 소프트웨어를 개발하는 회사(또는 팀)도 있고, 딱히 오픈소스 소프트웨어를 개발하는 회사는 아니지만 오픈소스 소프트웨어 및 개발 환경에 익숙한 개발자를 필요로 하는 경우도 있다. 풀타임 오픈소스 개발자는 자신이 컨트리뷰션하고 있는 메인 오픈소스 프로젝트가 존재하고 이를 중심으로 오픈소스 생태계에서 주로 활동하는 개발자를 말한다.

예를 들어 걸출한 오픈소스 프로젝트들의 인큐베이터 역할을 하고 있는 아파치 소프트웨어 재단에 런칭된 프로젝트에서 컨트리뷰터로 활동하고 있다거나, 국내의 경우 네이버 오픈소스(naver. github.io) 커뮤니티 같은 곳도 있다. 꼭 아파치 프로젝트처럼 대형 프로젝트에 인지도가 높지는 않더라도 자신이 메인테이너(Maintainer), 커미터(Committer) 또는 컨트리뷰터(Contributor)로 오픈 프로젝트에 기여하는 것이 자신의 주된 개발 활동이라면 풀타임 오픈소스 개발자라고 할 수 있다. (넓은 의미에서 컨트리뷰터는 특정 오픈소스 프로젝트와 관련하여 어떤 기여를 하는 사람들은 모두 포함하는 말이다. 따라서 메인테이너와 커미터도 컨트리뷰터가 된다. 그러나 메인테이너는 해당 오픈소스 프로젝트의 전체 또는 일부를 리딩하고 릴리스 및 패치(release & patch) 일정 등의 의사 결정에 주도적인 역할을 한다는 점에서, 커미터는 계획된 프로젝트의 진행 일정에 따라 실질적인 구현물인 소스 코드를 실제로 커밋하는 역할을 한다는 점에서 일반적인 컨트리뷰터와는 구분하여 지칭한다.)

오픈소스 프로젝트에는 한 가지 아이러니한 측면이 있다. 소프트웨어 개발 프로젝트가 어느 정도 투자 규모가 되어야 개발자가 순수하게 프로젝트에 집중할 수 있게 된다는 것이다. 괜찮은 대형 프로젝트는 투자가 빵빵한 반면 많은 시간을 들여도 시답잖은 버그나 수정하는 정도의 기여로 프로젝트에서 핵심적인 역할을 수행하는 컨트리뷰터나 커미터가 되기는 하늘의 별따기인 반면, 내가 핵심 개발자인 오픈소스 프로젝트는 원활한 투자를 받는 대형 프로젝트가 되기가 또 하늘의 별따기라는 것이다.

결국 '이렇게 오픈소스 개발자가 되었다' 같은 강연의 골자는 다음과 같은 경우가 대부분이다. 초반 관심을 갖고 어떻게든 컨트리뷰터가 되어 보려고 코멘트를 수정하는 등 작은 노력들을 꾸준히 한 것이 받아들여지고 결국 누구나 알 법한 프로젝트의 소스 코드에 자신의 코드를 한 줄 넣은 컨트리뷰터가 되었다는 이야기다. 그 경험담을 폄하하는 것은 아니다. 그들의 이야기로부터 많은 노력의 경주가 있었겠다는 생각은 들지만, 그 오랜 시간들과 그 과정들에서 오픈소스 컨트리뷰터가 아닌 소프트웨어 개발자로서는 얼마나 성장할 수 있었는지는 의문이다.

몇 년 전 한 오픈소스 관련 행사의 세션 발표 내용 중 흥미로웠던 내용이 있어 발표를 했던 개발자와 커피 한 잔을 하자고 하며 함께 엘리베이터를 탄 적이 있다. 나는 잘 몰랐지만 그분이 자기소개를 하는데 세션에 참석했던 많은 사람들에게 꽤 유명한 분이란 것을 알았다. 그렇게 개발자끼리나 나눌 수 있는 즐거운 대화를 나눌 수 있을 것 같았다. 처음에 그분도 흔쾌히 그러자며 내가 관심을 보인 내용에 반가워했다. 하지만 엘리베이터에서 몇 마디 나누는 동안 깊은 내용으로 들어가자 점점 자신 없어 하더니 급기야 건물을 나오며 자신이 많이 몰라서 대화가 안 될 것 같다며 미안하다는 이야기를 했다.

개발자의 전문성은 앞서 이야기한 것처럼 전문 분야에 대한 지식과 전문 기술로부터 나온다. 오픈소스 생태계에서 활동하는 기술은 개발자가 가지면 좋을 전문 기술 중 극히 일부일 뿐이다. 오픈소스가 그렇다는 것이 아니라 실력과 역량을 갖춘 개발자라면 허울 좋아 보이는 것에 목 매달지 말고 자신에게 주어진 시간을 효율적으로 사용하길 바란다.

"풀스택 개발자가 되는 게 목표예요"

소프트웨어 프로젝트에 투입되는 금액의 규모만 놓고 보자면 SI가 상당한 비율을 차지하고 있는 우리나라지만 개발자 수를 기준으로 생각해보면 서비스 개발 쪽이 월등(안타깝게도 시스템 소프트웨어 분야의 개발자는 굉장히 드물다)할 것이다. 앞서 언급했듯이 서비스 개발은 프론트엔드와 백엔드로 나뉘며 이 둘을 다 하는 개발자를 풀스택 개발자라 한다. 좀 더 구체적으로 프론트엔드는 HTML(HyperText Markup Language)이나 CSS(Cascading Style Sheets) 같은 내용들을 기본으로 자바스크립트(Javascript), 리액트(React), 앵귤러(Angular)나 Vue 같은 언어들로 클라이언트나 애플리케이션 단에서의 요구사항, 즉 서비스 요구사항을 웹 서버 같은 일종의 서비스 호스트에 전달하고 응답을 받아 처리하는 부분을 구현하는 (최근에는 그냥 REST API를 구현한다고들 한다) 쪽을 말한다. 따라서 커뮤니케이션에서도 서비스가 최종적으로 전달되는 부분이다 보니 비개발 부문 담당자들을 포함해 요구사항이나 디자인을 명확하게 정의하기 위한 커뮤니케이션이 주를 이루게 된다.

백엔드는 프론트엔드로부터 요구사항을 받아 실질적인 결과물을 만들어 전달해주는 부분을 구현하는 쪽이라고 생각하면 이해하기 쉽다. 따라서 논리적으로 서버의 역할을 하는 부분이어서 SQL(Structured Query Language: 쉽게 말해 RDBMS에 구조화된 형태로 질의할 수 있는 언어라고 생각하면 된다)이든 NoSQL(non SQL 혹은 not only SQL: 전통적인 RDBMS가 아닌 Key-Value 방식이나 Text 방식 등 SQL과는 다소 다른 형태의 구문을 갖고 있는 질의어)이든 데이터베이스에 대한 지식과 확장성을 고려한 서버 아키텍쳐를 고민하게 된다.

그런 점에서 어떤 사람은 단순히 프론트엔드는 디자인, 백엔드는 로직이라고 말하기도 하지만, 프론트엔드 역시 서비스 로직(비즈니스 로직)을 개발하는 부분이고 백엔드라고 해도 특별한 로직이라고 할 것 없이 서버에 저장된 데이터를 읽어오면 되는 단순한 구조도 많아서 이런 식의 구분은 의미 없다. 예전과 달리 요즘은 프론트엔드는 물론 백엔드에서도 쓸 만한 언어와 프로그램들이 많이 개발되어 있어 앞서 언급한 LAMP, MEAN이라든지 MERN(MEAN Stack에서 프런트엔드용 Framework로 Angular 대신 React를 사용) 등 어떤 테크트리(Stack)를 타느냐에 따라 전문성을 구분하는 것이 나아 보인다. 참고로 하나의 Stack은 프론트엔드와 백엔드를 아울러 크게 다음 4가지 부분으로 구성된다고 볼 수 있다.

- 백엔드에서 실제 데이터의 저장을 담당할 데이터베이스(MEAN 스택의 경우 MongoDB)
- 웹 개발을 위한 프레임워크(MEAN 스택의 경우 Express JS)
- 웹 페이지 등 View를 위한 프론트엔드 프레임워크 또는 라이브러리(MERN 스택의 경우 React)
- 서버 개발용 프로그램 또는 플랫폼(MERN 스택의 경우 Node JS)

더 세부적으로 구분하자면 몇 페이지는 더 써야 하겠지만, 위와 같은 내용들, 즉 프론트엔드와 백엔드를 모두 잘 다루는 개발자를 풀스택 개발자라고 하는 것이다.

언뜻 아무것도 모르는 사람이 들었을 때 풀스택 개발자라면 소프트웨어 개발 쪽에서 못하는 게 없는 만능 개발자처럼 들릴지도 모르겠다. 그러나 서비스 개발은 임베디드, 솔루션, 시스템 등 다른 소프트웨어 분야들과 함께 소프트웨어 개발의 일부분일 뿐이다. 그럼에도 불구하고 서비스 개발이 새로운 사업과 연관되어 진행되는 경우가 많고, 우리나라는 창업이나 스타트업이 활발하다보니 많은 돈이 그쪽으로 몰리고 있는 상황이다. 그래서 개발자 채용시장에서 서비스 개발자 모집 공고는 상당한 비중(거의 70% 이상이라고 생각한다)을 차지한다. 게다가 서비스의 내용은 달라도 서비스를 구현하는 측면에서는 유사한 면이 많고 사용자 수의 증가에 따라 요구되는 소프트웨어의 확장성 측면에서도 유사한 문제나 해결방식이 이미 나와 있는 경우가 많다.

따라서 이미 개발되어 있어 잘 가져다 쓰면 되는 경우가 많아 다른 소프트웨어 분야에 비해 기술적으로 깊은 이해가 필요하다기보다는 최신 트렌드에 재빨리 적응할 수 있다면 인정받는 개발자가 되기 위한 진입장벽도 그리 높지 않다. 그래서 그런지 이제 막 개발자로서의 발을 내딛는 사람들 중 풀스택 개발자가 되는 게 목표라고 하는 경우를 꽤 본다. 다시 한번 말하지만 풀스택 개발자가 되겠다는 말은 서비스를 개발하는 개발자가 되겠다는 말이나 크게 다르지 않다. 따라서 멋있어 보인다는 이유로 막연하게 풀스택 개발자가 되고 싶다고 생각한 경우라면 다시 한번 잘 생각해볼 필요가 있다. '나는 과연 다른 소프트웨어 개발 분야보다 서비스 개발이 하고 싶은 것인가?'

결국은 전문 분야다

풀스택 개발자를 예로 장황하게 설명했지만 결국 중요한 것은 소프트웨어 개발자로서 어떤 기술 스택을 쌓아갈 것인가이다. 모든 기술 스택을 섭렵하는 것은 불가능에 가깝다. 너무나 많은 기술 요소가 있고 그 범주도 천차만별이다. 흔한 말로 선택과 집중을 해야 나의 전문 분야를 가질 수 있는 것이다. 이제 막 개발자의 삶을 살아보려는 사람에게는 길게 느껴질 수도 또 누군가에게는 짧다면 짧은 시간이겠지만, 지금까지의 경험상 개발자의 전문성이 어디로부터 오는가에 대한 이야기를 하자면 전문성을 구성하는 2가지 축인 지식(Knowledge)과 기술(Technique)을 언급하지 않을 수 없다.

여기서 지식은 전문 지식, 즉 요구사항에 맞는 소프트웨어를 만들기 위해 알아야 하는 내용을 의미한다. 학부에서 소프트웨어나 컴퓨터공학을 전공했다면 전공과목에서 다루었을 내용들을 기본으로 자신이 개발 프로젝트와 관련 관심을 갖고 깊이 파게 되는 분야의 이론이나 트렌드에 관한 내용들을 포함한다.

DBMS를 예로 들면 이산수학과 OS를 비롯, 컴파일러, 컴퓨터 아키텍처, 데이터구조 및 알고리즘, 네트워크 등 전산학의 기반이 되는 내용부터 데이터의 저장을 위한 페이지의 설계, 트랜잭션 처리를 위한 이론, 쿼리 분석과 변환의 최적화를 위한 그래프 이론 등 보다 직접적으로 DBMS 아키텍처에 필요한 전문 지식들을 이해할 필요가 있다.

다른 하나는 기술인데 딱히 적합한 용어가 없어 기술이라고 한 것일 뿐 개발자로서의 생산성을 높여주는 모든 것에 대한 전문성, 즉 프로 개발자로 일하기 위해 사용되는 전문 기술이라고 생각하면 된다. 이런 기술에는 vi나 emacs같은 에디터를 잘 다루는 것에서부터 자신이 만든 프로그램을 디버깅하는 수준을 높여주는 디버깅 툴의 사용, 프로그램을 프로파일링을 하거나 테스트를 설계하는 기술, 기술문서를 작성하는 요령 등이 있다.

전문 지식과 전문 기술을 모두 높은 수준으로 갖추기란 쉽지 않다. 개발자의 성향 혹은 현재 수행하는 프로젝트의 성격, 소프트웨어 개발 분야에 따라 한쪽의 전문성이 훨씬 더 뛰어난 경우를 자주 보게 된다. 물론 이 모든 것들에도 불구하고 경력이 출중한 시니어 중에 양쪽 모두 훌륭한 개발자들도 더러 있다. 존경스럽기도 하고 저 사람은 천상 개발자라는 생각에 부럽기도 하다.

나는 둘 다 부족하지만 엄밀히 말하자면 전문 지식 쪽의 전문성이 그래도 좀 더 나은 편인데, 시스템 소프트웨어 분야의 특성상 전문 지식을 쌓기에도 시간이 모자란 것이 그 원인이 아닐까 싶다. SI를 포함해 솔루션이나 서비스 개발 쪽의 개발자들을 보면 '우와 저런 걸 다 어떻게 알지?' 싶을 정도로 나는 저렇게 못할 것 같은 전문 기술을 가진 개발자들이 종종 있다. 그들은 필요한 무언가가 어디에 있는지 머릿속에 다 알고 있어서 프로젝트 과정에서 봉착하는 크고 작은 문제들에 빠르게 대처할 수 있다. 툴을 기가 막히게 사용하고 손놀림과 화면전환이 빠르다. 단축키를 잘 사용하고 자신만의 일하는 방식이 있다.

어쨌든 일하는 모습만 보고 있으면 굉장히 프로페셔널한 모습이 보여서 뭘 맡겨도 될 것 같은 느낌이다. 그래서 그런 것인지 주변을 보면 전문 지식보다는 전문 기술 쪽으로 전문성이 높은 개발자들이 참 많다. 나는 현재 우리나라의 소프트웨어와 개발자가 시스템 소프트웨어 쪽보다 SI나 서비스 개발 쪽으로 많은 것도 하나의 중요한 이유라고 생각한다. 지식을 쌓아나간다는 것이 눈에 보이는 것도 아니고 파면 팔수록 모르는 내용이 계속 나오고 시간을 들인 만큼 가시적인 결과가 바로바로 나타나는 것도 아니다. 전문 지식의 깊이가 깊다고 해도 그만큼의 수준으로 누군가 질문하지 않는 이상 드러나지 않아 결국 이력서에서 빛나는 것은 '뭐 할 줄 아네, 뭐 다룰 줄 아네' 하는 스킬 셋일 것이기 때문에 외면 당하기 쉬운지도 모르겠다.

결국 전문성을 드러내야 협상이 되는 현실에서 전문 지식을 쌓는 데 시간을 투자할 것인지 아니면 전문 기술 쪽에 투자할 것인지 둘 중 하나를 고르라면 전문 기술 쪽이 많지 않을까? 아이러니하게도 현실과는 달리 드라마나 영화에 나오는 프로그래머나 해커, 개발자의 이미지는 전문 기술 면에서 출중한 개발자의 모습이라고 생각하기 쉽지만, 실제로 등장인물인 개발자의 전문성을 보여주는 대부분의 장면들은 깊은 전문 지식 없이는 나올 수 없는 퍼포먼스인 경우가 대부분이다.

서비스 개발, 솔루션과 시스템 소프트웨어

우리나라의 소프트웨어 산업이 '아직'인 이유

앞선 여러 페이지에서 서비스 개발이니 시스템 소프트웨어 개발이니 개발자의 전문 분야니 하는 글들을 보며 소프트웨어면 소프트웨어지 뭘 자꾸 나누는지 모르겠다는 사람들도 있을 것이다. 소프트웨어를 개발하는 데 그 분야를 구분하는 이유는 분야에 따라 아예 다른 산업으로 보아도 될 만큼 조직문화도 기업의 비즈니스 행태도 개발자에게 요구되는 스킬도 서로 다르기 때문이다.

개발자의 시각에서 볼 때 우리나라의 소프트웨어 산업은 발전에 발전을 거듭하고는 있지만 여전히 미숙하다. 우리나라는 6.25 전쟁 직후 세계 최빈국에서 개발도상국을 거쳐 현재 선진국이 되기까지 다소 식상한 표현이지만 그야말로 눈부신 발전을 이뤄왔다. 그 과정에서 땅도 작고 자원도 부족했던 우리나라가 제조업을 기반으로 개발도상할 수밖에 없었던 것은 어쩔 수 없는 선택이었을 것이다. 그것도 열강들 틈바구니에서 엄청난 압박과 정치적 입김을 받아가며 선진국 수준까지 끌어 올렸다. 이것만으로도 대단하고 입이 떡 벌어질 일이다.

그러나 소프트웨어 산업을 바라보는 개발자의 입장에서 미흡한 점 투성이인 것들과 그 이유들 또한 바로 그 제조업 기반으로 고속 성장한 산업사회로부터 기인한다는 것이 참 모순 같은 일이다. 우리나라의 지정학적 특성에 따른 국방의 의무와 유신체제의 잔재 등에 의해 사라지려면 시간이 좀 걸리는 '군대문화' 같은 것도 큰 영향을 미쳤겠지만 그런 점이야 사회 전반적인 내용이니 차치하고라도, 현재 소프트웨어 산업이 아직 미숙한 수준을 벗어나지 못하는 이유는 지금도 제조업 기반의 대기업들이 소프트웨어 산업과 시장을 주도해가고 있기 때문이다.

더 이야기하기 전에 우리나라의 제조업이 갖고 있는 특성에 대해 이야기해보고자 한다. 왜냐하면 그 특성이 그대로 우리나라 소프트웨어 산업의 특성으로 자리매김했고 지금도 그것을 바꾸느라 곳곳에서 통증을 호소하고 있는 상황이기 때문이다. 우리나라는 농업 중심의 산업구조에서 개발도상국으로의 빠른 진입을 위해 연구개발을 통한 원천기술 확보보다는 다른 선진국의 기술을 가져오거나 사들여 그럴 듯한 완제품을 만들어 파는 것으로 제조원가를 줄이고 판매단가를 낮춰 세계시장에서 장사를 하며 경제 규모를 키워왔다. 그런 과정에서 제조 및 산업시설을 갖추고 글로벌한 경쟁력을 가진 대기업 집단의 성장은 어찌 보면 필수적이었을 수도 있다. 공장을 늘리고 선진국에서 사들여온 설비나 기계 장비를 최대한 활용해 투입한 원재료로부터 완제품을 만들어내는 방식의 산업구조는 기업문화, 조직과 인재, 일과 작업방식, 회의와 보고 등 거의 모든 곳에 영향을 미쳤다. 소프트웨어 산업은 제조업과는 완전히 다른 개념으로 접근해야 하는데도 불구하고 이런 제조업의 사상을 기반으로 구축된 소프트웨어 산업이 바로 우리나라의 소프트웨어 산업이고 아직도 그 원형에서 탈피하기 힘든 구조로 정착되어가는 게 아닌가 싶은 곳이 SI 쪽이다.

소프트웨어 개발보다 프로젝트 관리에 더 초점을 맞춘 SI

우리나라에서 '개발 프로젝트'라는 명목으로 대규모의 자본이 몰리는 곳이 소위 SI(System Integration)라고 하는 쪽이다 보니 SI에 대해 언급하지 않을 수가 없다. 앞서 이야기했듯이 대한민국이 제조업 기반으로 산업화를 이루고 발전한 나라이다 보니 소프트웨어도 제조업처럼 하는 게 제일 자연스럽게 잘되는 것처럼 되어버린 듯하다. 일단 이것저것 갖다 쓰면서 비용은 줄이고 어쨌든 돌아가게 만들면 되는 쪽으로 돈이 몰리는 것도 이해가 간다. SI 쪽에서 일하는 분들이 이 글을 읽으면 기분이 썩 좋지는 않겠지만, 솔직히 SI 쪽은 말이 개발 프로젝트지 소프트웨어를 개발하는 것보다는 프로젝트 관리에 더 초점이 맞춰져 있는 것이 사실이다.

어디까지나 분야 자체가 그렇다는 것이지 그렇다고 SI 업계에서 일하는 개발자들의 역량 자체를 폄하하고 싶은 것은 아니다. 개발자들의 역량도 다 모아놓고 보면 어느 분야든 정규분포곡선을 따르지 않을까? 여하튼 그쪽 생리가 그렇다 보니 SI는 원천기술을 기반으로 소프트웨어를 만들고 발전시켜 나간다는 개념에서 '소프트웨어 개발'을 하는 곳이 아니다. 남들이 만들어놓은 소프트웨어들을 적절하게 조합해 비즈니스적인 요구사항과의 합의점을 찾는 것이 사실상의 주된 업무이고, 말이 좋아 합의점이지 납기를 비롯한 프로젝트 종료 조건과 보완, 유지보수 기간 사이에서 갑을병 사이의 밀당이 계속되는 동안 개발자들은 삽질과 '삽질'을 해가며 어떻하면 그 격차를 줄일지를 고민하는 곳이다. 즉 어떤 소프트웨어를 어떻게 만들 것인가를 R&D 하는 곳이 아니라 목표 달성을 위해 주어진 자원(비용과 기간)을 적절히 배분하고 인력을 투입해 임무 완수를 위해 으쌰으쌰 하는 곳이란 말이다.

SI는 SI일 뿐이다

그럼 SI는 SW 개발이라고 할 수 없는 것인가? 할 수 없다. SI는 말 그대로 SI이지 소프트웨어 개발이 아니다. 고객의 기술적 요구사항을 어떻게든 정해진 기간과 비용 안에서 만족시키는 프로젝트 관리라는 소프트웨어 관련 일을 한다는 정도로 설명할 일이지 소프트웨어 개발이라고 하기에는 분명 무리가 있다. 그래서 SI의 PM과 순수한 소프트웨어 개발 PM은 다르다.

얼핏 보면 비슷해 보인다. 요구사항, 설계, 구현, 테스트 등 똑같은 용어를 사용하고 있으니 같은 일을 하는 것처럼 보이고 들리지만 각각의 콘텐츠가 다르다. 그런데 프로세스가 비슷하다고 해서 용어가 같다고 해서 순수하게 소프트웨어를 개발하는 일과 SI를 동일하게 관리, 감독하려는 제조업 마인드가 우리나라의 소프트웨어 산업을 망치고 있는 것이다. 소프트웨어 개발의 핵심은 소프트웨어 개발자의 수준이다. 이 수준이라는 말에 너무나 많은 것들이 포함되어서 참 어렵게 느껴지지만 이처럼 잘 대변하는 말도 없다.

SI에서 핵심역량은 소프트웨어 개발이 아니라 프로젝트 관리다. 비교적 최근 수년 전까지만 해도 PMBOK(Project Management Body of Knowledge: 프로젝트 관리 지식 체계) 같은 자격시험이 인기여서 대형 서점의 IT 코너에 가면 해당 자격시험이나 관련 내용을 주제로 한 책들을 서가에서 꽤 찾아볼 수 있었다. 문제는 이런 서적이나 자격시험 같은 것을 논하는 것조차 민망할 정도로 우리나라에는 개념 없는 PM들이 많다는 사실이다. 이 역시도 따지고 들어가 보면 우리나라의 제조업 기반 고속 성장 산업구조의 폐해이겠지만 말이다.

그렇다 보니 SI는 발주처인 '갑'과 SI 관리업체인 '을', 을의 손발을 편하게 행동대장 역할을 해주는 중소 SI 소싱 업체인 '병' 그리고 '병'과 그리 차이나지 않는 위치에서 '정'의 역할을 맡는 솔루션 납품업체로 구성되는 경우가 허다하다. 그 안에서 비용과 납기를 가지고 각자 저울질하며 갑질을 해가며 온갖 일이 벌어진다. 난리도 그런 난리가 없다. 그리고 그 안에서 '정' 업체의 개발자들은 늘 배

수진을 치고는 이게 무슨 엔지니어인지 개발자인지 욕받이인지 모르는 일들을 해가며 스트레스를 갈아 만든 쓰레기 코드를 양산한다.

너무 심한 발언이라고 해도 어쩔 수 없다. 내가 관리자 입장에서 실제로 경험한 일들이고 지금도 곳곳에서 위와 같은 일들이 일어나고 있을 것이 분명하기 때문이다. 이 짧은 글에 못 담아 아쉬운 것들이 많을지언정 잘못 이야기하고 있다는 생각은 들지 않는다. 그렇게 될 수밖에 없는 원인이 있다며 그 누군가에게 탓을 하는 것은 비겁하다고 생각하지만, 역시 가장 큰 문제는 역량도 개념도 없는 PM이다.

개발자의 뷰

어떤 책들을 보면 개발자를 몇 년 하다가 관리 쪽으로 빠져 그쪽 커리어를 상당히 쌓은 사람들이 마치 개발자의 최상위 레벨은 PM인 것처럼 써 놓은 글들이 있다. 자신이 개발자로 시작해서 IT업계에서 걸어온 그 길이 답이라고 생각하는 것은 그럴 수 있다고 생각한다. 하지만 꽤 구체적으로 PM의 업무 내용을 개발자가 갖춰야 할 능력인 것처럼 구구절절 적어놓은 것은 문제라고 본다. 그런 내용에 대해 모르는 것도 아니고, 개발자와 무관한 내용이라는 것도 아니다. 마치 납기와 프로세스, 자원 효율성을 고려한 여러 가지 프로젝트 관리기법들을 모르면 수준 미달인 개발자처럼 써 놓았지만, 사실상 PM, 특히 SI의 PM이 아니고서는 개발자에게 크게 중요하지 않은 내용들이라는 것이다.

소프트웨어 개발은 그 분야와 영역이 바다같아서 한 전문 분야만 10년을 해도 하면 할수록 모르겠다는 말이 절로 나올 곳이 널렸다. 전문 분야만 파도 배우고 경험하고 익힐 것이 쌓이고 쌓였다. 나 역시 DBMS를 비롯 데이터 분산처리 소프트웨어 분야에서만 10년 이상 개발 프로젝트를 진행했지만 하면 할수록 알아야 할 게 더 많아지는 느낌이 들었다. 최근(2020년 6월) IBM에서 40년 가까이 DBMS 분야의 구루로, 미국계산기학회(ACM)와 미국전기공학회(IEEE)의 회원(Fellow)으로, 디스크 기반의 스토리지 위에서 트랜잭션의 ACID 보장과 관련 'ARIES'라는 걸출한 페이퍼(기술논문)를 통해 현존하는 DBMS의 아키텍처에 굉장한 영향력을 미친 Mohan이라는 개발자가 IBM에서 퇴직을 했다. 개발자의 끝판왕은 전문 분야에서 최고 수준의 지식을 만들어가는 개발자다.

세상을 변화시키는 소프트웨어

지금 이 세상은 소프트웨어에 의해 트렌드가 만들어지고 사회, 문화, 경제 전반의 흐름이 결정된다. '시스템'이란 용어가 언제부터 만들어져 사용되었는지는 모르겠지만, 세상이 디지털화되기 이전부터 '시스템'은 외부와 상호작용하며 돌아가는 그 무언가를 이야기하고자 할 때 꽤 쓸 만한 용어가 되었다. 굳이 시스템 소프트웨어를 떠올리지 않아도 된다. 소프트웨어는 그 자체로 혹은 하나의 기능으로 구현되어 시스템과 그 외부(대부분은 유저)를 연결해준다. 스마트폰도 소프트웨어 덩어리이고, 유튜브도 네이버도 주식거래도 카드결제시스템도 다 소프트웨어다.

　대부분의 사람은 환경에 적응하며 살아간다. 대학원 시절 한 친구가 처음 나온 아이폰을 연구실에 들고 왔을 때만 해도 내가 스마트폰을 쓸 거라고는 생각할 수 없었다. 그러나 불과 3년도 안 되어 나는 스마트폰 없이는 숨쉬기 힘든 사람이 되어 있었다. 거창하게 진화론적 '환경적응설' 같은 이론을 말하는 것은 아니다. 사람은 누구나 자신이 처한 환경이나 상대방에 따라 생각하고 말하고 행동하며 그것을 야기하는 무언가가 있다는 그저 일반적인 이야기이지만, 그렇기에 소프트웨어가 사람의 행동 더 나아가 특정 집단이나 세대를 아우르는 문화, 한 시대를 이끌어가는 변화를 만들어내는 가장 중요한 원인이 되어가고 있다는 것을 짚어 말하고 싶다.

　아이폰은(물론 소프트웨어만은 아니지만, 아이폰의 소프트웨어가 없었다면 아이폰은 아이폰이 되지 못했을 것이다) 세상을 바꿨다. 그리고 문화를 바꾸고 세계 경제를 바꿨다. 정부의 정책에 영향을 미치고, 미래 세대의 교육에 영향을 미쳤다. 아이폰뿐만이 아니다. 윈도우, 리눅스를 비롯한 오라클(Oracle), 카프카(Kafka), AWS(Amazon Web Service), Photoshop, CAD, 심지어는 하다못해 '로블록스(Roblox)', '스타크래프트', '애니팡' 같은 게임까지 이루 말하자면 수많은 소프트웨어가 사회에 큰 변화를 가져오는 촉매가 되었음을 부정할 수 없을 것이다.

　애니팡을 겪어보지 못한 사람들이야 와닿지 않을지도 모르지만 나는 개인적으로 애니팡이야말로 스타크래프트와 더불어 우리나라 사회에 엄청난 변화를 가져온 게임 중의 하나라고 생각한다. 지금은 네이버와 맞짱 뜨는 카카오(Kakao)가 되었지만 규모 면에서 다음(DAUM)에 게임도 안 되게 작았던 시절이 있었다. 어떤 비즈니스적인 결정이었는지 모르겠지만 그저 수많은 메신저앱 중에 하나였던 카카오톡은 애니팡을 런칭하며 사용자가 기하급수적으로 늘게 된다. 당시 지하철을 타면 여기저기서 꽥꽥거리며 동물 캐릭터들이 생을 마감하는 소리가 끊이지 않았다. 그리고 나도 애니팡 때문에 카톡을 깔았다. 애니팡이 대단한 게임이라서가 아니다. 개발자들 사이에서는 예전에 있던 어떤 비슷한 게임의 아류작 아니냐는 평가를 받았지만 카카오톡의 사용자수를 늘리는 역할로서는 더할 나위 없었다.

그렇게 사용자를 늘린 카카오는 다음(DAUM)을 인수합병을 했다. 당시에 뉴스를 접하고는 이런 말을 했던 기억이 난다. "에이, 다음이 카카오를 인수했겠지!!" 그리고 10년도 안 되어 카카오는 우리나라 대표 소프트웨어 기업이 되었고, 2021년 기준 시가총액 50조 원을 넘겼다. 카카오가 뭐 한다더라가 뉴스를 장식하고 주식 시장을 술렁이게 만든다. 카카오 때문에 사람들은 여기서 저기로 돈을 옮기고 정부는 규제를 만들거나 완화한다. 이제는 누구나 카톡을 쓰고 택시를 예약하며 나처럼 금융에 진심으로 보수적인 사람도 카카오뱅크에서 마이너스통장을 만들게 되었다.

소프트웨어는 세상을 변화시키는 힘을 지녔다. 그래서 소프트웨어 개발자는 세상을 변화시키는 일을 하며 사는 사람들이다. 자신이 만든, 아니 참여한 그 어떤 프로젝트가 세상을 어떻게 바꿀지 개발할 당시에는 알 수 없는 경우가 허다하고 시간이 한참 흐른 뒤에도 어디서 어떻게 쓰이고 있는지 알 수 없는 경우도 많지만 당신이 만든 그 소프트웨어가 작성한 코드 몇 줄이 세상에 영향을 미친다. 이왕이면 홍익인간! 세상을 널리 이롭게 하는 소프트웨어라면 참 좋겠다.

서비스, 솔루션

이렇게 우리 삶에 사회에 문화에 지대한 영향을 미치는 것이 바로 '소프트웨어'라는 관점에서 서비스 개발과 솔루션 개발, 시스템 소프트웨어의 개발은 뭘 갖고 나누어 이야기할 수 있는가에 관한 이야기를 해보고자 한다. 이런 식으로 구분해보는 것이 아직 방향을 정하기 전이나 바꾸려는 사람들에게 조금이나마 도움이 될 것이라 생각하기 때문이다. 읽다 보면 그 이유를 알겠지만 여기서는 게임도 하나의 서비스로 간주한다. 즉 게임 개발 쪽도 서비스 개발에 포함시킨다.

이미 눈치가 빠른 사람은 알아챘겠지만 서비스 개발은 그야말로 비즈니스 수요를 기반으로 수익을 창출할 목적으로 해당 서비스를 원활히 제공하는 것이 목표인 소프트웨어 개발 영역이다. 게임도 마찬가지다. 물론 자기가 즐기려고 세상에 없던 게임을 만드는 경우도 가뭄에 콩 나듯 있긴 하지만, 대부분의 게임 소프트웨어 회사는 영세하든 대규모 투자를 받든 게임 사용자가 지불하는 돈을 벌 목적으로 만들어진다. 그렇다 보니 게임을 포함해 여기서 말하는 대부분의 서비스는 B2C인 경우가 많다. 수많은 게임 소프트웨어를 비롯해 사용자의 검색이나 구매, 주문, 구독, 콘텐츠 이용 등을 위한 서비스들, 예를 들어 마켓컬리, 배달의 민족, 리디북스, 카카오웹페이지, 유튜브 등 사용자가 이용하는 무수히 많은 서비스 및 플랫폼들을 아울러 서비스 개발이라고 할 수 있다.

솔루션은 특정 문제의 해결에 집중한 소프트웨어를 말한다. 예를 들어 이전에 근무했던 한 보안솔루션 개발업체는 개인정보 데이터 관련 규제 요건(최근엔 '데이터3법'의 개정 등이 있다)을 충족해야만 하는 기관들에게 소프트웨어적으로 필요한 절차들이 요구되면서 전산시스템에 갖춰야 하는 솔루션을 개발해 납품하는 업체였다. 이런 경우 엄밀하게는 컴플라이언스(compliance) 소프트웨어에 해당하는 것이지만 큰 범위에서 솔루션 소프트웨어의 범주에 포함된다.

이런 컴플라이언스 제품 외에도 기업 가치를 제고하고 특정 부문에서 발생하는 비효율성(문제의 대부분은 비효율성을 야기하거나 비효율성 그 자체를 의미하는 경우가 많다)을 해결하기 위한 소프트웨어나 플랫폼들, 예를 들어 ERP(Enterprise Resource Planning) 솔루션, 세무회계 솔루션, CRM(Customer Relationship Management) 솔루션, SCM(Supply Chain Management) 솔루션 같은 엔터프라이즈 솔루션도 있다. 개인이 자신에게 닥친 문제를 해결하기 위해 솔루션을 구매하는 경우도 없지는 않겠지만, 솔루션을 써가면서 해결해야 할 소프트웨어적 문제는 보통 기업에서 생기기 때문에 흔히 솔루션이라고 하면 B2B기업용 솔루션을 의미하는 경우가 많다. 개인이 능률을 높이기 위해 활용하는 수많은 소프트웨어들은 요구사항의 수준도 다르기는 하지만 보통 앱이나 웹서비스처럼 '서비스'라는 용어를 사용한다.

시스템 소프트웨어

마지막으로 시스템 소프트웨어는 DBMS처럼 복합적으로 얽힌 여러 가지 문제들을 효율적으로 다루기 위해 누군가 만들어낸 소프트웨어적 개념을 구현한 것이다. 말이 어려울 수 있는데, 예를 들면 윈도우즈나 맥OS, 리눅스 같은 OS(Operating System)를 생각해보면 된다. 나의 초등학교 시절만 해도 OS가 뭐냐 물으면 주변에 속 시원히 대답해줄 수 있는 사람도 보여줄 수 있는 사람도 거의 없었지만, 이제는 너무도 보편적인 용어가 되어버렸다.

OS처럼 너도나도 '데이터'란 용어에 익숙한 지금(하다못해 휴대폰 요금제 이름도 무슨 무슨 데이터요금제다) 데이터베이스가 그렇고 무선네트워크, 메시지 큐, 자율주행이 그렇다. 누군가 만들어 세상에 내놓으면 어느 정도 시간이 흘러 보편성을 갖기도 한다. 시스템 소프트웨어는 말 그대로 그 시대 인간이 혹은 조직이 직면한 문제를 해결해주거나 해결 가능한 문제로 단순화시켜주기 때문이다. OS를 만들기 전 전산시스템의 사용자가 레지스터와 KB(Kilobyte) 수준의 메모리로부터 전자적으로 계산한 결과를 얻기 위해서는 CPU 제조업체에서 제공한 데이터 시트와 오퍼레이션 코드를 보며 소위 '기계어'라고 하는 수준에서 프로그램을 해야 했다. '기계어'라는 용어에서 느껴지듯 인터페이스가 너무나 기계 친화적이어서 웬만한 프로그램 실력으로는 아주 제한적인 계산만 가능했다. 그러나 그 누군가가 CPU와 메모리, ALU(Arithmetic And Logical Unit: 산술논리 연산장치) 같은 당시 주변장치들과 데이터를 주고받으며 통신을 통해 수많은 일을 효율적으로 그것도 편리하게 처리할 수 있다는 믿음을 갖고 OS를 만들었다. OS를 만들기 위해 새로운 프로그래밍 언어를 만들고 인간 친화적인 가독성 있는 프로그램을 기계어로 변환해주는 프로그램도 만들었다. 프로그래밍을 좀 더 편리하게 하려다 보니 당시로서는 혁신적인 기능을 갖는 편집기도 만들고 방대한 프로그램의 지속적인 형상관리를 위한 유틸리티 등 그 외에도 수많은 프로그램들을 부산물로 만들어내며 OS는 탄생했다.

시스템 소프트웨어는 이런 OS같은 것이다. 물론 개인적으로 아직까지 OS를 능가하는 임팩트를 가진 시스템 소프트웨어는 나오지 않았다고 생각하지만 DBMS를 비롯해 약간 다른 각도에서 보면 이미 오랜 기간 동안 인간 사회에 지대한 영향을 미치고 있는 시스템 소프트웨어들이 많다. 사람들의 사고방식을 변화시키고, 산업의 발전 방향을 이끌어가며 관련 직업들을 만들어내고, 교육과 문화, 사회 간접자본들의 수준과 질을 결정한다. 가끔 솔루션으로 시작했지만 시스템이 되어버려 솔루션과 시스템 사이에 구분이 모호해지는 경우도 있지만, 솔루션은 시스템으로 발전할 잠재

적 가능성을 갖고 있어서 그리 이상한 것도 아니다. '어? 어디에선 솔루션이라 했는데 여기서는 시스템이라고 하네?' 같은 일에 시간을 들여가며 결론을 보고자 할 필요는 없다는 이야기다.

굳이 솔루션과 비교하자면 솔루션보다는 다소 보편적이면서 복합적으로 얽힌 문제들을 다룬다는 점, 복합적으로 얽혀 있다는 그 문제가 논리적인 부분 외에도 물리적으로도 얽혀 있는 경우가 많다는 점(소프트웨어 분야에서는 메모리, 스토리지, 스레드, CPU 개수, 레지스터의 크기, 네트워크 대역폭(Bandwith) 등 이런 물리적인 부분들을 일컬어 '컴퓨팅 환경'이라는 용어를 자주 사용한다) 등을 언급할 수 있을 듯하다.

자, 이제 당신은 뭘 개발하는 개발자가 되고 싶은지, 뭘 개발하는 팀에서 일하고 싶은지 아니면 현재 어떤 쪽에서 일하고 있는 개발자인지에 대해 조금은 구체적으로 답을 할 수 있을 것이다. 서비스냐, 솔루션이냐, 시스템 그 어떤 쪽이냐에 따라 회사도 조직도 익혀야 할 기술 스택도 함께 일할 팀원들의 구성도 프로젝트 수행과정이나 기간도 달라지겠구나 예상할 수 있을 것이다. 그리고 이 모든 것들이 개발자로 살아가는 동안 나의 삶에 많은 영향을 미치게 된다는 것과, 이에 대한 기대를 행복한 결과들로 만들어가기 위해 필요한 것들이 무엇인지 생각하는 것이 얼마나 중요한 일인지 알고 있을 것이다. 아쉽지만 분명하게 말할 수 있는 이야기는 소프트웨어 개발 분야에서 그 어느 쪽이든 거저 되는 것은 없다는 것이다.

REBOOT

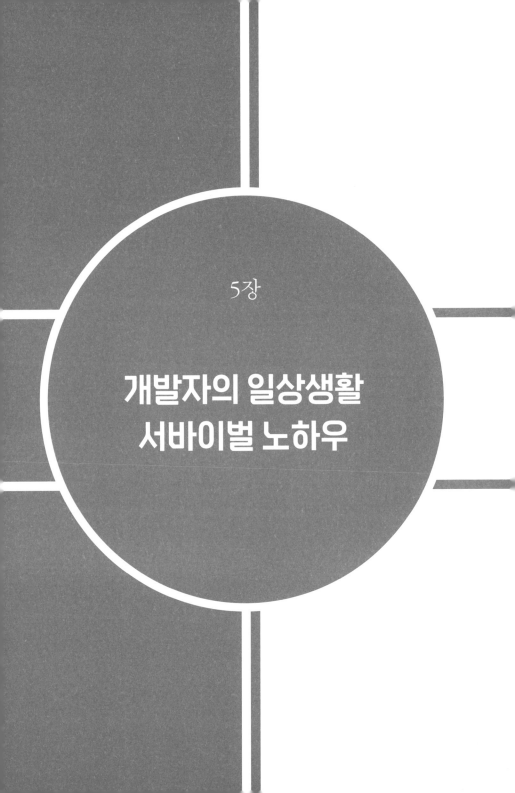

5장

개발자의 일상생활
서바이벌 노하우

개발자도
몸으로 먹고산다

흔들리지 않는 편안함이 건강을 망친다

얼핏 생각하면 개발자의 건강을 해치는 요인은 하루 종일 머리 쓰는 일과 그로 인한 스트레스 때문이라고 생각하기 쉽다. 하지만 사실을 말하자면 오랜 시간 자세조차 바꾸지 않는 게으름, 귀찮음 등이 한데 어울려 형성된 습관이 주된 원인이라고 할 수 있다. 자세를 바꾸지 않으니 운동 부족은 당연한 결과 중 하나일 뿐이다.

개발자들의 행태를 보면 정말 건강과는 거리가 먼 습관들로 가득하다. 점심시간만 해도 뭔가 다르다. 일종의 편견일 수도 있고 그런 사람만 눈에 보여서 그런지는 모르겠지만, 개발자가 아닌 사람들은 식사를 마치고 회사 건물 주변에 걸을 만한 곳을 찾아 산책을 한다든지 상황에 따라 자전거를 타기도 하고 피트니스 클럽에 등록해 운동을 하러 다니는 등 건강관리를 위해 시간을 보내는 경우가 적지 않다. 그만큼 몸을 움직이려 노력을 한다는 것이 느껴진달까.

그러나 지금껏 보아온 많은 개발자들은 식당조차도 슬리퍼를 신고 갈 만큼 가까운 곳을 선호한다. 슬리퍼를 신고 나간 사람이 운동은 무슨 운동. 식사 시간도 짧다. 번개같이 식사를 마치면 사무실로 들어오는 길에 널린 카페에서 달콤한 아이스바닐라라떼 라지 사이즈를 테이크아웃으로 주문한다. 사무실에 들어와서 바로 의자에 앉아 빨대를 입에 물고 눈은 연신 모니터를 들여다보며 이제야 안정감을 찾았다는 듯한 표정을 짓는다.

나도 그렇다. 아니 각종 고질병을 갖게 된 후로는 이제는 안 그러려고 노력한다. 그 노력이 쉽지 않았던 가장 큰 이유는 바로 '흔들리지 않는 편안함' 때문이었다. 어떤 유명한 침대 회사의 광고 카피가 떠오른다. 그 침대의 브랜드보다도 광고 카피가 먼저 떠오르는 것은 광고 카피가 정말 잘 만들어졌다는 방증일 것이고 이는 고개를 끄덕거릴 정도로 가슴에 와닿기 때문일 것이다. 침대에 누워 있을 때 옆에 다른 누가 눕든 일어나든 흔들림 없이 편안함을 유지해주는 매트리스를 제공하는 침대라면 누워보고 싶지 않은가? 이 광고 카피가 꿰뚫고 있는 것은 바로 편안함에 대한 본질이다. 편안함이란 안정감이 충분할 만큼 지속되어야 얻을 수 있기 때문이다.

개발자가 출근해 퇴근할 때까지 가장 편안함을 느끼는 장소는 자신의 컴퓨터 앞이기 때문은 아닐까. 곰곰이 생각해보니 내 경우는 그랬다. 쉴 때도 컴퓨터 앞에 앉아 목적이 있는 것도 아니면서 이곳저곳 웹 페이지들을 클릭해가며 뭔가 쉼의 원천이 인터넷으로부터 나오는 것마냥 모니터를 들여다보며 방해받지 않는 편안함을 느꼈던 것 같다. 하지만 이런 편안함으로 위장한 잘못된 습관은 진정한 쉼이 아니다. 신체에 해로울 뿐 아니라 장기적으로 개발자의 삶을 지속하는 데 전혀 도움이 되지 않는다. 정신적으로 끊어낼 필요가 있는 정신적 중독일 뿐이다.

개발자들이여, 제발 자리에서 일어나라

앞서 점심시간을 예로 들었지만 이 외에도 개발자들을 보면 안타까울 정도로 건강관리에 참 소홀하다. 어딘가에 몰두하거나 집중해 있을 때 방해받는 것을 좋아하는 사람은 없을 것이다. 나 역시 이런 점에서는 매우 까다로운 편이지만, 개발자라면 때로는 스스로 자신을 귀찮게 하거나 본인의 자세를 '방해하라'고 말하고 싶다. 바람 한 점 불지 않는 고요한 망망대해처럼 고정된 자세를 유지하다가는 자기 자신도 모르는 사이에 나빠진 자세가 습관이 되고, 나중에는 그 습관이 하나 둘 몸에 이상 징후를 만들어내기 때문이다. 개발자들이 흔하게 호소하는 대표적인 증상들은 이렇다.

- 거북목 증후군(목디스크)
- 허리 디스크
- 손목터널증후군
- 수면장애
- 스트레스성 장염

길에서 우연히 뒷목 살이 한 줄 접힌 사람을 봤다면 개발자일 확률이 매우 높다. 개발자들 중에는 흔히 거북목이라고 부르는 목디스크 혹은 목디스크 전 단계가 진행 중인 사람들이 많다. 하루 종일 책상에 앉아 모니터를 쳐다보는 일의 특성상 앉아 있는 의자의 위치는 그대로인데 집중을 하다 보면 습관처럼 자신도 모르게 모니터 쪽으로 얼굴이 기울며 목이 앞으로 튀어나오게 되는 것이다.

그뿐만이 아니다. 일반인들이 하는 안 좋은 자세는 또 다 한다. 대중교통을 타고 출퇴근하는 동안, 변기에 앉아 볼일을 보는 동안, 누군가를 기다리는 동안 늘 목을 아래로 구부려 스마트폰을 쳐다본다. 목의 균형이 무너지면 결림 정도에서 끝나는 것이 아니다. 어깨나 등의 통증으로 나타나기도 하고 심한 경우는 그 통증 때문에 잠을 못 이루게 되어 피곤함까지 겹쳐 악순환을 일으킨다. 프로젝트 마감은 다가오는데 일은 하루하루 밀리고 결국은 스트레스로 인해 위궤양, 장염 같은 내장질환까지 겹치기도 한다. 그런데 그렇게 프로젝트 끝내면 뭐 하나? 월급은 똑같은데. 제발 자리에서 일어나라.

의자에 같은 자세로 앉아 있는 것이 단 몇 시간이라도 허리에 부담을 주는 행위인데 그것을 매일 지속하는 것이 개발자들이다. 더군다나 쉬는 날에도 그러고 있는 개발자들이 의외로 많다. 허리는 나이를 떠나 한 번 다치면 쉽게 회복되지 않는 부위라고 한다. 더군다나 허리의 균형이 무너지면 전신의 균형이 무너지며 여기저기 부담을 주게 되어 각종 통증과 염증을 유발한다. 한 시간에

한 번 정도는 자리에서 일어나 살짝살짝 움직이거나 스트레칭을 하면 좋겠지만 열심히 키보드를 두드리다 보면 그게 마음대로 되지 않는다. 알람 앱을 사용해 의도적으로 루틴을 만들어보는 것도 좋을 것이다.

손목터널증후군은 푹신한 실리콘 손목 받침대를 사용하지 않고는 불편함을 느끼는 사람이라면 잘 알 만한 증상이다. 손바닥이 저리거나 손목에 통증이 함께 오기도 한다. 바늘로 찌르는 듯한 느낌이랄까. 손목을 굽히고 있기 힘들 정도가 되면 뭘 잡고 있기 힘들다는 느낌이 들 정도로 손이 제 기능을 잃어가는 게 보인다. 별것 아니라고 생각했는데 수술까지도 갈 수 있는 증상이다. 개발자라면 평소 주먹을 쥐었다 폈다 하면서 손목 스트레칭도 자주 해주는 습관을 갖자.

수면장애는 스트레스가 심한 경우 나타나는 대표적인 증상 중 하나다. 민감한 사람일수록 스트레스도 더 받을 텐데 개발자들 중에는 의외로 민감한 성격의 소유자가 많다. 회사에서야 개발자라는 부류가 별종 취급을 받는다 쳐도 개발자 본인들은 자신이 얼마나 세심하고 예민한 사람인지 잘 모르는 경우가 많다. 다른 사람들은 아무렇지 않게 털어버릴 일도 해결해야 할 문제로 가져와 이것저것 생각해가며 스트레스를 키워나가는 인간, 그러면서 밖으로는 잘 드러내지도 않던 사람이 어느 날 갑자기 복도에서 쓰러진다.

예전에 근무했던 한 회사에서 있었던 일이다. 평소 말도 별로 없고 꼼꼼하게 자기 일만 신경 쓰는 사람처럼 보였는데 어느 날 그 개발자가 사무실 통로를 지나가던 내 앞에서 의식을 잃고 쓰러졌던 적이 있다. 119가 출동하고 수일간 안정을 취한 후 그 개발자는 이직을 했다. 의식을 잃고 쓰러질 만한 질병을 평소 앓고 있었던 것은 아니었다. 다른 사람은 느끼기 힘든 스트레스가 잔뜩 쌓여 있었던 것이다. 나의 경우도 스트레스가 심하면 신체적인 피곤함과는 별개로 잠을 잘 이루지 못할 때가 간혹 있다. 그렇다고 몇 날 며칠을 뜬눈으로 지새울 정도는 아니지만 신체 리듬이 깨지는 것은 기분 좋은 일이 아니다. 개발자가 업무를 하며 받게 되는 스트레스의 원천은 다양하겠지만 이를 최소화하는 노력도 잘 풀어내는 노력도 필요하다.

WBS에 명시된 프로젝트의 종료 시기가 가까워질수록 개발자는 속이 안 좋다. 시간은 자꾸만 줄어드는데 신경 쓸 일은 더 늘어나기 때문이다. 스트레스로 인한 장염은 신경성 소화불량이라고도 한다. 딱히 장이 아니더라도 사람에 따라 위가 될 수도 있고 여하튼 소화기관에 탈이 생긴다. 물만 마셔도 죽죽 쏟거나 속이 계속 더부룩하고 입맛이 없거나 신물이 올라오는 등 증상도 가지가지다. 내일이 코앞인데 어떻게 신경을 안 쓰냐고 하겠지만 이럴 때는 정신줄을 놓는 게 상책이다. 더 이상 지금은 무리니 날 찾지 말라고 휴가를 내고 병원에 누워 포도당 수액을 맞고 극장 가서 영화한 편 보는 것이 좋다.

개발자도 몸 쓰는 직업이다

몇 해 전 '롤(LoL)'이라 불리는 '리그오브레전드'라는 게임의 세계적인 스타 프로게이머인 '페이커'를 위해 손가락 보험이 만들어졌다는 기사를 보면서 개발자들끼리 농담으로 이런 이야기를 한 적이 있다. 우리는 어디에 보험을 들어야 좋을지 말이다. 페이커와 마찬가지로 손가락 아니냐는 사람, 눈에 들어야 한다는 사람, 우스갯소리로 입이 문제라며 입에 들어야 한다는 사람 등 장난스러운 말들이 오가다가 결국 보험료 낼 돈도 없다며 이야기는 서글프게 끝났지만, 중요한 점은 개발자도 몸을 쓰는 직업이란 것이다.

시리(Siri)가 훨씬 똑똑해지더라도 음성으로 프로그램 작성을 지원하거나 기반 플랫폼이 진화하지 않는 이상 개발자는 앞으로 한동안은 키보드를 두들겨야 할 것이다. 눈은 모니터의 창 사이를 옮겨 다니며 함수들 사이를 헤집고 다녀야 하고 허리는 3~4시간 꼬박 자리에 앉아 있어도 시간 가는 줄 몰라야 한다. 경우에 따라 꽤 머리를 쓰기도 하지만 기본적으로 인내와 체력을 요하는 직업이다. 잘 생각해보면 상당한 시간을 별 생각 없이 기억에 의존해 단순노동에 할애하고 있음을 알게 된다. 그런데 그 단순노동이 성격이 다를 뿐이다. 단순한 동작을 반복한다고 하기도 민망한 손가락 말고는 움직임이 거의 없는 단순노동인 것이다. 그래도 몸이 축나면 일하기 힘들어지는데……. 여하튼 시간이 흐를수록, '개발자도 결국 몸으로 밥 벌어먹고 사는 거 아냐?'라는 생각이 점점 확신으로 변해간다.

플젝! 플젝!!
플젝!!!

개발자와는 떼려야 뗄 수 없는 프로젝트

개발자의 일은 어찌 보면 플젝(프로젝트)의 연속이며 '일단'이란 단어를 앞에 붙여야 할 것 같긴 하지만 플젝 종료 내지는 마무리를 하게 되면 어쨌든 다음 플젝에 들어가기 전까지는 그래도 조금은 다른 일을 돌아볼 여유가 생기기도 한다. 한 달짜리든 3년짜리든 혼자서 하든 팀으로 하든 플젝은 플젝이다. 서비스, 게임, 솔루션, 시스템 등 개발 대상이 뭐든지 간에 개발자는 하나의 플젝에 참여하는 것으로 자신의 정체성을 드러내며 주된 업무 내용이 결정된다. 플젝이라고 해서 모두 소스 코드를 구현하는 경우만 있는 것은 아니다. 어떤 경우는 다음 플젝을 진행하기 위해 사전에 계획하고 수행해야 할 태스크들을 모아 하나의 플젝으로 만들기도 하고 SI 쪽에서는 플젝이 하나의 커다란 사업 단위인 경우도 많다. 그러나 개발자에게 메인이 되는 플젝 유형은 기술적 요구사항을 소스 코드로 구현해내는 일을 하나의 단위로 수행하는 플젝일 것이다.

프로젝트 기간의 압박이 늘 존재할 수밖에 없는 이유

프로젝트의 규모는 일정표상 그 수행 기간과 비례하는 것이 보통이다. 프로젝트의 기간이 길면 길수록 참여 인원, 즉 프로젝트 멤버도 많아지고 개발 조직을 넘어 회사 차원에서 사활을 거는 프로젝트가 될 확률이 높다. 물론 코드를 라인수로만 볼 것이 아니듯이 프로젝트도 기간으로만 따질 것은 아니지만 상식적으로 그렇다는 것이다. 애초 계획 단계에서 결정되는 프로젝트 기간은 개발 대상 소프트웨어가 구현해야 할 요구 사항의 수준과 밀접한 관련이 있다. 복잡한 요구사항이 많을수록, 하드웨어나 네트워크와 관련하여 해결해야 할 문제의 난이도가 높을수록, 또 기존에 참고할 만한 결과들이 존재하는지 아니면 맨땅에 헤딩하듯 하나하나 설계가 필요한 일인지에 따라 프로젝트 기간은 늘어날 수밖에 없다.

이렇듯 프로젝트마다 요구사항이 다 달라 기간도 천차만별일 것 같지만 의외로 단, 중, 장기 그 어느 하나로 구분하는 게 어려운 것은 아니다. 프로젝트를 시작하기 전에 '대략 이 정도면 개발자 몇 명이서 어느 정도의 기간이면 되겠지'라는 소위 M/M(Man/Month)가 산정되는데, 우리나라는 소프트웨어 산업이 아직은 미성숙해서인지 짬에서 오는 경험적 산정이 대부분이어서 대개는 개발자 입장에서 리소스(프로젝트 완료까지 주어진 시간과 프로젝트에 투입가능한 인력)가 빠듯한 경우가 많다. 보통은 이 두리뭉실한 계획을 실현시킬 구체적인 계획과 마일스톤(Milestone)을 포함한 WBS를 PM 이나 개발자에게 요구한다. 그러나 플젝의 규모가 중장기, 즉 6개월 이상 해를 넘기는 규모라면 웬만한 경력을 가진 개발자들도 구체적인 메져링(Measuring)이 쉽지 않다. 더군다나 필요한 경우 사업 타당성 서베이도 해야 하고 문서화 작업을 비롯해 일정 안에 소화해야만 하는 기타 잡다한 일들이 늘 생기기 마련이다 보니 보통은 굵직한 단계별로 며칠씩 버퍼를 두기도 한다. 나의 경우 프로젝트 요구사항을 분석하고 세분화된 수행계획을 수립할 때 전체 필요 기간의 약 10%에 해당하는 버퍼를 추가적으로 둔다. 예를 들어 요구사항을 분석하고 필요한 선행작업을 수행하는 기간이 한 달, 설계 기간이 석 달, 구현 석 달, 테스트 및 매뉴얼 작성이 석 달 정도로 총 10개월 정도 예상된다면 총 플젝 기간은 버퍼 기간 한 달을 더해 11개월로 잡는 것이다.

프로젝트를 수행하다 보면 매일 마음먹은 대로 일이 착착 진행되는 경우는 거의 없다. 가뭄에 콩 나듯 '이걸 어떻게 하루에 끝냈지?' 싶을 정도로 집중과 몰입이 잘될 때도 있지만 여차저차한 이유로 계획한 대로 진행하지 못하는 경우가 태반이다. 업무 시간에 들어오는 각종 인터럽트부터 주변의 소음, 사무실의 이전 같은 예정에 없던 행사 같은, 플젝과는 상관없는 방해 요소로 인해 하루하루 밀려간다. 게다가 한창 설계나 구현이 진행 중인데 요구사항이 바뀌거나 뭐 하나 추가해달라는데 그 일을 위해서 여기저기 손봐야 할 곳이 많은 경우 등 인터럽트가 비일비재하다. 그에 더해 각종 가정사가 발목을 잡기도 한다. 이 모든 것들이 발생하리란 것은 이미 예정되어 있다. 아니 확정되어 있다고 말하고 싶다. 15년 가까이 프로젝트를 해오면서 늘 이 모든 것들을 경험했기 때문이다. 그럼에도 애초 프로젝트를 계획하고 WBS를 뽑아낼 당시에는 이런 것들 중 어떤 일이 발생할지 미리 알 수가 없다. 또한 프로젝트 관리자를 비롯해 프로젝트를 개발자에게 맡긴 사람들은 개발자가 작성한 문서에서 이런 내용을 보고 싶어 하지 않는다. 그래서 늘 타이트한 프로젝트 수행계획이 나오게 되는 것이다.

해야 할 것을 간과하지 마라

순수한 구현 프로젝트를 가정할 때 1년 이상 해를 넘기는 장기 프로젝트 말고 짧게는 1개월에서 4개월 정도의 기간에 마무리되는 단기 프로젝트는 요구사항만 봐도 그 난이도나 구현된 소스 코드의 범위가 대략 어느 정도일지 감이 오는 사람이 많을 것이다. 물론 투입되는 인력의 규모도 고려해야 하겠지만 그런 것을 떠나 개발자 본인이 수행할 작업만 놓고 봤을 때 말이다. 이 글을 읽는 사람이 이제 막 개발자로 발을 내딛는 경우라면, 석 달 동안 프로그래밍 언어만 익히기에도 짧은 기간일 수 있다. 그러나 아무리 단기 프로젝트라 해도 초보 개발자에게 해당 프로젝트의 중요한 부분을 맡기지는 않는다. 아무리 실전 프로젝트가 개발자의 실력을 기르는데 가장 좋은 방법이라고는 해도 회사로서는 개발자를 기르는 데 목적이 있지 않다.

작은 회사일수록 그 프로젝트를 성공해야 존속 가능한 경우가 대부분이다. 만약 현재 근무하는 회사가 신입 개발자를 견습이나 교육 없이 메인 개발자로 프로젝트에 투입하고 있다면 그리 바람직한 모습은 아니라고 말해주고 싶다. 어쨌든 신입 딱지를 뗀 적어도 몇 번은 프로젝트를 해본 개발자라면 프로젝트 범위(Scope)를 주어진 기간과 밀접하게 생각해볼 필요가 있다. 프로젝트 범위는 기술적 요구사항을 세분화하면서 각 항목의 중요도에 따라 이번 프로젝트 기간 내에 반드시 해야 할 것들과 다음으로 미루거나 제외해야 할 것들을 정리한 '명세' 같은 것이라고 생각하면 된다.

개발자가 프로젝트 범위를 산정하면 이를 바탕으로 전체 프로젝트 기간을 조정하는 일도 가끔은 있지만 보통은 기간이 정해져 있고 이에 따라 프로젝트의 범위를 조정하게 된다. 개발자 입장에서는 바로 이 프로젝트의 범위 산정과 이에 대한 협의 과정이 향후 프로젝트 진행 과정에서의 부담을 줄일 수 있는 중요한 기회가 된다. 또한 프로젝트 범위를 잘 정리해 이해관계자들(Stakeholders)과 합의된 내용을 잘 기록해둬야 프로젝트를 끝내는 시점에 서로 얼굴 붉히는 일이 줄어든다. 요구사항을 분석하는 일도, 프로젝트를 메져링하고 범위를 구체화하는 일도, 스케줄링하고 협의의 자리를 만들어내는 일도 합의에 도달하는 과정도 그 어느 하나 쉬운 일이 없다. 프로젝트 수행 경험이 많을수록, 그리고 개발자의 역량과 능력이 뛰어나야 잘할 수 있는 것들이다. 그렇다 보니 이 작업들을 잘 못하는 개발자들은 프로젝트 기간 내내 늘 말도 안 되게 힘든 시간을 보내며 불만이 쌓여가는 것이다. 열심히 안 해서가 아니다. 해야 할 것들을 안 해서다. '아, 전 그런 건 잘 못하는데', '전 개발만 해서 그런 건 해본 적이 없어서요', '개발자가 그런 것도 다 해야 하나요? 하자고 안 하던데' 같은 말들을 하면서 말이다. 그러나 다 개발자가 주도적으로 해야 할 일이다.

프로젝트에서 가장 중요한 것

하나의 프로젝트가 성공적으로 수행되어 이해관계자들 모두 윈-윈하기 위해서는 계획 단계부터 프로젝트가 종료될 때까지 아니 종료 이후에도 중요하게 고려해야 하는 것들은 많다. 그러나 프로젝트에서 가장 중요한 것은 바로 그 프로젝트를 누가 수행하는가이다. 다시 말해 프로젝트 리더를 포함한 프로젝트 멤버가 누군가가 제일 중요하고 이는 프로젝트의 성패 또 결과물의 질에 지대한 영향을 미친다. 90년대 이후 20년이 넘는 세월이 흘렀음에도 아직도 기간 내에 프로젝트를 성공시키기 위해서는 인력을 더 투입하면 된다고 생각하는 관리자들이 참 많다. 그러고는 사람이 부족하다고 해서 더 뽑아줬는데 왜 못하냐고 한다. 그들이 정말 개발을 몰라서 그런 건지 일부러 그러는 건지는 알 도리가 없지만, 사람이 부족하다는 말은 그 프로젝트를 함께 수행할 수 있는 사람이 부족하다는 말이지 머릿수만 늘리면 된다는 말이 절대 아니다.

프로젝트의 메인 개발자라면 적어도 프로젝트를 성공적으로 수행하기 위해 얼마만큼의 역량과 능력, 시간의 총량이 필요한지 그리고 현재 가용자원의 수준은 어느 정도인지 생각해야 할 것이다. 이를 바탕으로 필요한 수행계획을 세우고 WBS를 뽑아내며 계획대로 진행해가려는 노력을 기울이게 된다. 그러나 경우에 따라서는 진행 과정에 발생한 변경이나 애초 잘못된 예상으로 인해 자원이 더 필요하다는 계산이 나올 수 있다. 시간과 인적자원은 서로 트레이드 오프 관계에 있다고 생각하기 쉽지만 절대 그렇지 않다. 많이도 아니다. 단 몇 번이라도 프로젝트를 해본 사람은 누구나 아는 사실이다. 인원수를 늘린다고 되는 게 아니다. 어떤 경우는 추가된 멤버로 인해 프로젝트 진행이 더 힘들어지거나 산으로 가는 경우도 발생한다. 프로젝트 멤버로 참여하는 개발자의 수준을 객관적이고 구체적으로 파악하기란 쉬운 일이 아니다. 그렇기에 개발자 본인이 자신에게 주어진 역할과 담당 부분을 얼마나 잘 해낼 수 있는지, 어느 정도의 기간이 걸릴 것인지, 가능한 부분과 불가능한 부분은 무엇인지 스스로 메져링을 해봐야 한다. 그리고 프로젝트 리더와 이를 공유하며 해결 방안을 모색해야 한다. 1인 프로젝트라면 프로젝트를 관리하는 사람과 커뮤니케이션을 해야 한다. 이런 커뮤니케이션이 제대로 이루어지는 프로젝트 팀은 비교적 수월하게 프로젝트를 수행하게 되며 서로 발전할 기회를 얻지만 그렇지 못한 조직은 불만이 쌓여가고 프로젝트 실패에 서로를 탓하게 된다. 내가 얼마나 할 수 있는 개발자인지를 스스로 아는 것 그리고 그것을 바탕으로 프로젝트의 수행계획을 세우는 것, 그것이 바로 행복한 개발자가 프로젝트를 대하는 기본 자세이다.

개발자라서
힘든 일

개발자라는 이유

인터넷상에는 개발자들이 위트를 담아 만들어낸 소위 '짤'이나 '밈(Meme)'들이 많다. '사람은 남자와 여자 그리고 개발자로 구분된다'와 같은 주로 개발자들이나 키득거리며 공감할 그런 내용들이다. 개발자들끼리의 대화에서 사람은 종종 두 종류로 나뉜다. 개발자와 개발자가 아닌 자. 이런 식으로 구분 짓는 것은 개발자가 처한 상황이나 개발자의 생각, 논리 등을 설명하는 데 더 편해서일 수도 있고 뭔가 개발자라서 다르다는 것을 공감받고 싶은 마음 때문일 수도 있다.

이유야 어찌 됐든 나 역시도 이 책을 쓰며 그런 식으로 이야기를 풀어나가는 경향이 있는 듯하다. 어디서부터 이야기하는 것이 좋을지 애매하거나 뭔가 다르기는 한데, 그 다른 이유를 굳이 콕 집어 설명하자니 원래 하려던 말의 의도가 퇴색되는 느낌이 들 때

'개발자들은' 아니면 '개발자라서' 같은 말로 편하게 가려는 그런 경향이 있다. 어쩔 때는 '변태스럽지만' 거기에서 오는 사소한 즐거움을 느끼는 것 같기도 하고 말이다. 유독 개발자들이 그런지도 모른다. 경험상 자신이 일할 때나 일상에서의 모습을 우스꽝스럽게 묘사하거나 엄살을 부리면서까지 뭔가 달라 보이고 싶어 안달인 사람들이 나를 포함해 개발자 쪽에 의외로 많다. 어찌 보면 똑같은 직장인의 시각에서 충분히 설명할 수 있는 것들도 개발자라 뭔가 특별한 게 있는 것마냥 이야기할 때가 종종 있다고나 할까.

다음 내용은 그럼에도 불구하고 '개발자라서' 힘든 것들이라고 할 만하다는 생각하는 것들이다. 왠지 많은 개발자들이 공감할 것 같은 그런 내용 정도라고 생각하면 된다.

김빠지네. 개발 프로젝트, 너무 쉽게 갈아엎는 거 아냐?!!

개발자들은 멤버 혹은 리더로 처음 프로젝트에 투입되면 보통은 귀찮고 성가신 일의 시작이라는 듯 툴툴대기도 하지만 프로젝트를 진행해가면서 마치 자신의 분신이라도 되는 마냥 몰입하기도 애정을 갖기도 한다. 자신이 참여하는 프로젝트에 어떤 방식으로든 의미를 부여하지 않고서는 못 견디는 족속들이라서 그런지도 모른다.

나는 개인적으로 그런 개발자의 순수한 태도와 마음을 참 좋아한다. 때때로 일정만 놓고 보면 객관적으로 도저히 어려울 것만 같던 프로젝트도 성공적으로 마무리 해내는 원동력은 바로 그런 의미 부여에서 기인한 것이 아닐까 하는 생각도 든다. 그만큼 프로젝트는 개발자에게 때때로 소중한 의미가 된다.

이런 개발자들의 마음과는 달리, 회사에서 진행되는 대부분의 개발 프로젝트는 비즈니스적인 목적을 위해 계획되고 수행된다. 그렇기에 비즈니스 상황에 따라 개발 프로젝트는 전혀 다른 프로젝트로 바뀌기도 하고 프로젝트 멤버가 교체되거나 대폭 줄어들기도 하며, 심지어는 1년 넘게 수행한 프로젝트 자체가 어느 순간 사라지는 일도 있다.

전체 조직 차원에서 최선의 의사 결정을 내려야 하는 회사의 입장에서 프로젝트의 운명이 이런 식으로 결정되는 것은 어찌 보면 당연한 일인지도 모르겠다. 그러나 프로젝트에 의미를 두기 시작한 개발자의 입장에서는 그 자체가 커다란 스트레스로 다가오는 경우가 많다. 자신이 수행하던 프로젝트가 펜딩(Pending: 언제 재개하게 될지 모르나 프로젝트 진행을 일단 멈추는 경우)되거나 드랍(Drop: 프로젝트 수행을 멈추고 더 이상 진행 안하기로 결정된 경우)되는 경우 보이는 양상은 2가지일 것이다.

애초에 너무나 하기 싫고 마음에 안 드는 프로젝트였거나 자원도 충분하지 못하고 일정이 너무 빡빡해 자신 없는 프로젝트였다면 '올레!!'를 외칠지도 모르겠지만, 대부분의 개발자들은 프로젝트 내내 투덜거리면서도 수개월 혹은 그 이상 참여하고 있는 프로젝트를 더 이상 진행할 수 없게 되면 회사를 그만두고 싶을 정도로 굉장한 스트레스를 받는 경우가 많다.

개발자의 의식의 흐름을 따라가 보면 이렇다. 애초에 별로라고 생각했던 쉽지 않은 프로젝트를 많은 이유를 대며 반대했지만, 윗선에서 그래도 하라고 해서 맡았고 성공적으로 마치기 위해 온갖 노력을 해왔다. 그래서 겨우 끝이 보이는 데다 그 힘든 일을 내 시간을 희생해가며 어느 정도 해냈고 남은 게 얼마만큼인지 보이는데, 이제 와서 그만두라고 한다. 더 이상 할 필요가 없다는 것이다. '지금까지 난 무엇을 한 것이며 무엇을 위해 그리 애처로운 시간을 보냈던 것인가'란 생각과 그간의 프로젝트로 인해 힘들었던 장면들이 주마등처럼 스쳐 지나가며 '충격 → 멍 때림 → 한숨 → 분노 → 회사에 대한 불신'으로 이르는 과정을 겪고 나면 당분간은 아무것도 하고 싶지 않은 상태가 된다.

중요한 것은 충격, 멍 때림, 한숨, 분노, 불신의 그 어느 단계일지라도 개발자가 그런 상태가 못마땅해 회사를 그만두는 게 그리 이상할 것 없다는 것이다. 물론 성격이 낙관적이어서든 아니면 이런 생태계에 익숙해서든 이런 일에 정신적으로 그다지 큰 스트레스를 받지 않는 개발자도 더러는 있다. 한 번 계획된 프로젝트를 바꾸면 안 된다고 이야기하는 게 아니다. 한창 설계나 구현이 진행 중인데 요구사항이 바뀌는 일 따위는 개발자라면 누구나 겪어봤을 것이고 지금도 당연하게 겪고 있을 일이다. 원래 투입하기로 계획했던 인력이 맨날 어떤 이유로 더 이상 투입되기 힘들다며 어떻게든 지금 자원으로 마무리한다는 계획으로 바뀌는 일은 너무나 자연스럽다. 소프트웨어 개발 프로젝트를 관리한답시고 쓸데없는 일을 만들어 이래저래 시간을 빼앗는 것도 참을 수 있다. 그러나 이런 모든 일들을 몇 마디 불평만으로 참아내 가며 끝을 보기 위해 달려온 프로젝트를 그냥 갈아엎을 때 개발자는 이직을 생각하게 된다.

뭐 이리 계속 튀어나와! 공부 안 하고 살 수는 없을까?

어느 정도 경력이 있는 개발자들에게 개발자가 되고 제일 힘든 게 뭐냐 물으면 빠지지 않고 등장하는 답변 중 하나가 아닐까 싶다. 새로운 게 자꾸 튀어나와서 계속 공부하면서 따라가지 않으면 업무 능력이 유지되지 않는다는 것이다. 딱히 요즘 들어서 두드러지는 문제는 아니다. 90년대까지는 소프트웨어 분야 자체가 생긴 지 얼마 안 되어 뭐가 나와도 다 새로운 것이었으니 그랬고, 지금은 그에 더해 쌓인 연구 결과들도 많아진 데다가 소프트웨어 내에서 분야도 세분화되고 세상의 변화를 하드캐리하는 주체가 소프트웨어다 보니 하루가 멀다 하고 새로운 것들이 등장한다.

개발자가 아니라면 생각하기에 따라 그저 세상이 변해가는 것을 즐길 수도 있을 것이다. 그러나 개발자들은 촉각을 곤두세우고 자신이 몸담고 있는 전문 분야 혹은 영역에 새로운 것이 등장하면 개념부터 활용까지 빠른 시간 안에 이해하려고 노력한다. 왜 나온 것인지, 기존보다 뭐가 더 좋아진 것인지, 과연 내가 이것을 쓸 것인지 말 것인지 앞으로 내가 하는 일에 얼마나 영향을 미칠지 등을 생각하며 그야말로 강의를 들으며 공부를 하기도 한다. 사실, 그까

짓 거 안 해도 된다. 그러나 새로 등장한 그 무언가가 어느 순간 주류가 되고 그것을 모르는 개발자는 마치 수준 이하처럼 여겨지는 때가 오면 후회할 수도 있다는 것을 몇 번 늦게 출발해본 개발자들은 경험상 안다. 물론 소프트웨어라고 다 같은 소프트웨어는 아니다. 분야에 따라 발전 속도가 다르기 때문에 상대적으로 새로 익히고 공부해야 할 내용의 분량 자체가 다를 수는 있다.

예를 들어 70~90년대에는 CPU, 디스크(Disk) 같은 컴퓨터를 구성하는 기본적인 하드웨어 기술의 발전과 더불어 이들과 밀접한 관계를 갖는 OS나 데이터베이스 분야의 발전 속도가 아주 빨랐다. 90년대 중후반부터 2000년대 들어서서는 인터넷의 확산과 네트워크 장비의 발전과 더불어 웹 관련 분야가 2010년부터 최근까지는 인터넷 서비스의 전성시대라고나 할까. 플랫폼과 클라우드, 빅데이터 등의 물결을 타고 ML(Machine Learning)이나 AI(Artificial Intelligence), 영상처리 및 CV(Computer Vision) 같은 분야의 발전 속도가 참 빠르다. 사회적으로 이슈가 더 되어 더 빠르다고 느껴질 뿐 다른 분야가 정체되어 있다는 뜻은 아니다. 너와 나의 연결고리처럼 하드웨어의 발전과 소프트웨어의 발전, 사회와 문화의 트렌드, 하다못해 코로나19 같은 전염병조차도 소프트웨어의 발전에 영향을 미치며 이쪽이 발전하면 저쪽도 따라 발전하고 서로 영향을 주고받는다.

개발자에게는 이것이 끊임없이 배우고 익혀야 할 것들이 쌓여간다는 압박으로 다가온다는 것이 문제다. 구글링, ACM이나

IEEE 같은 저명한 기구에서 발간하는 저널이나 페이퍼, 누군가 업로드해둔 강의 형식의 콘텐츠, 포럼이나 컨퍼런스, 책, 기술 블로그 등 학습하는 루트는 여러 가지다. 내가 한동안 선호했던 방식은 저널이나 페이퍼를 찾아보는 일이었지만, 석사과정을 거치며 만들어진 습관이 꽤 오래 지속되었을 뿐이지 이제는 그마저도 힘든 게 사실이다.

그저 가끔 서점에서 새로운 책들이 뭐가 나왔나 구경하거나 RSS 피드 혹은 메일링리스트에 등록해 정기적으로 전달받는 IT, 소프트웨어 쪽의 동향 같은 것으로 근근이 버티는 수준이다. 왜 이렇게 되는가와 관련해서는 할 말이 많지만 간단하게는 이제는 그런 나이가 된 거라며 위안을 삼는다.

개발자로 정년이 보장될까?

개발이 하고 싶어 개발자가 된 사람이라면 실리콘밸리에서 흔하다는 그 백발의 개발자처럼 60, 70세까지 남들 정년퇴직할 나이가 되도록 개발만 하고 살 수 있으면 좋겠다는 생각을 한 번쯤은 해봤을 것이다. 그러나 실제로 주변에 그런 개발자를 만나보기란 쉬운 일이 아니다.

그 이유는 나이가 들어서도 개발자로 살아가기가 녹록지 않아서겠지만 40~50대가 되면 더 이상 개발자로 살고 싶지 '않다는' 생각을 하게 되기 때문이다. 말은 백발까지 운운하지만 속내를 들어보면 더 이상 개발자를 하기 싫어서인 경우가 많았다. 그 사람들에게 왜 마음이 변했냐고 뭐라 할 수는 없다. 아직까지 우리 사회가 정년을 넘어서까지 오랫동안 개발자로 살아도 좋을 만한 사회가 못 된다는 방증일 뿐이다.

기술의 발전 속도를 개발자들이 못 따라가기 때문인 것도 하나의 이유겠지만, 그보다는 개발 쪽도 '팀원 → 팀장 → 실장 → 본부장 → CTO' 등으로 이어지는 경력의 과정이 마치 당연한 수순처럼 여겨져서 그런 게 아닐까? 하는 생각도 든다. 그냥 개발자면 개발자인 건데, 팀장이면 그래도 뛰어난 사람, CTO는 기술과 개발 쪽에서 최고로 뛰어난 사람이란 인식 같은 것 말이다. 개발자도 개발자지만 능력 있는 개발자를 관리자로 만들어 개발과 서서히 멀어지게 만드는 조직관리도 이런 현상에 한몫한다고 생각한다.

이런 문화에서 능력을 인정받는 개발자가 팀장하라는데 안 하고 개발만 한다고 인정해주지는 않는다. 그냥 팀장 못하는 개발자, 팀장감은 아닌 개발자가 되어갈 뿐이다. 그러다 보니 어느 시기가 되면 좀 한다 하는 개발자들은 팀장이든 실장이든 뭐든 관리업무를 하게 된다. 처음에는 프로젝트 관리를 하다가 점차 사람을 관리하게 되고 그러다 자기 관리를 한다.

비개발 직군도 근무 연수가 오래될수록 해당 업무를 못하게 될 것이란 위기감은 찾아오겠지만 정년까지 같은 일을 하면서 버틸 수는 있다. 그러나 개발자에게 개발을 계속하면서 맞을 정년이란 존재하지 않는다. 실력이 안 되면 버려지거나 퇴출되고 실력이 뛰어나도 가만두지 않는다. 그저 아랑곳없이 개발자로 일하려면 때에 따라 옮겨 다니는 수밖에 없다. 그렇게 어떤 회사에서도 개발자로 받아들이기 부담스러운 나이가 되면 프리랜서 개발자가 되기도 한다.

퇴근은 했는데 쉬지 못하는 이유

개발자는 다른 직군에 비해 시간적 정신적 여유가 없다. 이렇게 될 수밖에 없는 이유는 개발이라는 일의 특성 때문이기도 하지만 대부분은 무리한 일정 때문이다. 일의 특성상 생각이 꼬리에 꼬리를 무는 통에 그 연결고리를 끊고 쉬는 것이 마음대로 되지 않는 경우도 많지만, 주어진 시간 자체가 충분하다면 여유를 갖고 생각을 정리하면서 일할 수 있는 것이다.

반면에 개발자에게 일을 맡기는 사람들은 이것저것 안 되는 시점에 마지막 보루처럼 꼭 해내야만 하는 납기를 만들어놓고는 일을 던지기 일쑤다. 뭐, 할 사람이 나밖에 없다느니 맡겨놓고는 중간중간 다른 요구들을 늘어놓다가는 어느 순간 결과에 대한 책임을 요구한다. 처음부터 말하지는 않았어도 원래 그게 되어야 하는 것이라며, 고객과 합의되었던 내용이라며, 당연히 그것도 될 줄 알았다며 개발자가 쉴 수 없게 만들어버린다. 나는 주변에서 뛰어난 개발자임에도 퇴근 후 일에 대한 부담을 내려놓고 진정 여유롭게 취미 생활을 즐기는 사람을 거의 본 적이 없다. 기껏해야 연휴 때 드라마를 정주행했다거나 어디 잠깐 여행을 다녀왔다는 정도다. 일상에서 1~3시간 정도 시간을 정해두고 지속적으로 즐기면서 만들어 나가는 취미 생활 같은 것은 정신적인 여유가 되는 사람이나 할 수 있는 일이기 때문이다. 이런 면에서 우리나라의 소프트웨어 분야는 '아직'이라는 생각이 들기도 한다.

하, 지금 당신이 요구하는 일이란 게 말야……

개발자로 일하다 보면 '무리한 요구사항'이라는 생각이 드는 일 혹은 일정을 개발자에게 너무 편하게 던지는 경우가 비일비재하다. 일반 사원부터 임원까지 비개발 직군이든 심지어는 프로젝트 관리자, 개발 팀장에 이르기까지 그냥 막 던지는 통에 개발자들은 야근을 해도 주말을 반납해도 납기를 맞추기 힘든 일을 감당해야만 하는 경우도 있다.

개발자가 똑똑하고 능력자라고 생각해서 그런 일이 벌어진다면 그나마 인정이라도 받는 것이니 기분은 덜 나쁠 것이다. 하지만 대부분의 요구사항은 자신이 던지는 일의 난이도와 결과를 만들어 내기 위해 개발자가 얼마나 많은 일들을 생각하고 계획해야 하는지에 대한 이해도가 현저히 떨어지기 때문에 나오는 것들이다.

일을 던지는 사람은 자신이 더할 나위 없이 깔끔한 요구사항을 줬다고 생각한다. 개발자에게 너무나 구체적으로 설명해서 더 이상 헷갈릴 일도 잘못 이해할 가능성도 없다고 한다. 그러나 그렇게 구체적인 것이 개발자 입장에서는 여전히 추상적이고 클라우드인 경우가 너무나 많다.

자신의 입장에서는 거기까지가 최선인 것뿐이지 개발하기에 충분한 정보를 제공한 것이 아니라는 것을 알아야 한다. 실제로 그 이상은 결정된 것이 없다며 '이렇게 하면 돼', '저렇게 하면 돼' 했던 사람들이 구체적인 부분들을 물으면, 그것도 비즈니스 레벨에서 어떻게 할지를 묻는 대목에서 대답을 못하는 경우가 많다. 왜냐하면 거기까지 생각을 해본 적이 없기 때문이다. 그저 '이렇게 저렇게 하면 되지 않을까?' 정도의 수준에서 수많은 결정들을 해놓고는 나중에 이렇게 될 거라는 예상을 전혀 못했다는 듯한 표정을 짓는다.

경험적으로 이런 일들의 반복임을 알면서도 개발자들에게 딱히 이를 근본적으로 해결할 방법은 없다. 채용 관계에서 '갑'일 수는 있어도 업무 관계에서 개발자는 구조적으로 '을'이기 때문이다. 요구사항을 스스로 만들어내거나 주도적으로 선별할 수 있는 개발자의 레벨이 아니라면 그저 겸손하게 개발자의 이야기를 들어보고 똑똑하게 생각할 수 있는 사람을 만나길 기도하는 수밖에 없다.

개발 환경 세팅도 일이라고요

우리나라의 경우 요즘처럼 소프트웨어 개발자가 핫한 시절도 없었다. 새로운 트렌드에 맞춘 서비스를 제공하는 스타트업을 비롯해 중소 규모의 소프트웨어 개발 회사의 채용 담당자들은 이구동성으로 괜찮은 개발자 구하기가 너무 힘들다는 말을 한다.

그럼에도 불구하고 그 몇 안 되는 개발자를 뽑아 놓고는 너무나 한심스러운 행태를 보이곤 한다. 이는 개발 업무에 대한 이해도가 현저히 낮은 데다가 아직도 공장 돌려서 제품 찍어내고 그 제품을 팔러 다니며 영업하는 게 회사의 주된 일이던 80년대 제조업 마인드로 개발자를 바라보고 있기 때문이다.

소프트웨어 개발은 공장에서 제품을 생산하듯 납기일 정해놓고 인력 갈아 넣으면 팔아도 될 만한 결과물이 나오는 분야가 아니다. 그런데도 고리타분한 논리와 썩은 관료제의 냄새를 풀풀 풍기는 소프트웨어 회사가 적지 않다. 개발자가 자리를 지키고 앉아 키보드를 두들기거나 모니터를 보고 있지 않으면 일을 안 한다며 눈치를 주는 회사가 많다.

개발자에게는 개발 환경을 구축하는 것도 일이다. 본인이 가장 선호하는 폰트를 찾아 에디터를 설정하는 것도 모니터 백라이트의 휘도를 조절하는 것도 자신이 즐겨 사용하는 소프트웨어나 툴을 설치하는 것도 일이고 마우스의 포인터 속도를 조절하는 사소한 것도 다 일을 잘 하기 위한 준비과정이다.

프로젝트의 성격에 따라 다르겠지만 설계가 필요한 경우 프로젝트 멤버들끼리 커피를 마시며 이런저런 이야기를 하거나 메모장에 뭔가 끄적거리며 생각하는 시간뿐 아니라 어딘가에 쳐박혀 머리를 쉬게 하는 시간까지 다 업무를 위해 필요한 시간이다. 꼭 코드를 작성하는 시간만 일하고 있는 것이 아닌데도 비개발직과 동일한 조직 분위기나 기준, 사규 등으로 개발자의 업무 효율을 저하시킨 채 결과물만 운운하며 닦달하는 경우가 많다.

이런 조직 문화는 논리적인 설명만으로는 정말 바꾸기 쉽지 않다. 다행히 최근 들어 개발 조직을 별도의 조직으로 운영하며 개발 조직에 필요한 문화와 분위기를 만들어가려는 노력을 기울이는 회사들이 많아지고 있다는 것을 느낀다. 이제 대부분의 회사에서 개발 조직은 없어서는 안 될 핵심 조직이다. '이가 없으면 잇몸으로'가 안 되는 조직이며 한 번 망가지면 다시 빌드업하기 너무 힘들다는 것을 학습한 결과다.

그럼에도 불구하고 개발자로 살아가는 것

개발자라서 힘든 것들이 위에 쓴 것만 있으랴. 일일이 적기에는 의견도 갈리고 힘든 정도도 사람마다 달라서 굳이 언급하지 않았을 뿐 밤새워 이야기해도 모자랄 듯하다. 그러나 그럼에도 불구하고 개발자가 되기 전으로 돌아가 앞으로 뭐 하면서 먹고살 거냐는 질문을 받는다면 역시 나는 소프트웨어 개발자라는 선택지를 버리기는 힘들 것 같다. 지금보다 훨씬 이른 나이에 시작할 수 있다면 더 좋다. 개발자로 살아보니 만족스럽고 좋은 점들이 많아서 그런 것도 있지만, 위에 이러쿵저러쿵 개발자라서 힘든 게 많다 엄살처럼 늘어놓긴 했지만 사실 역량과 실력을 갖춘 개발자가 되면 대부분의 문제가 사라진다는 것을 알기 때문이고 나는 그런 개발자가 될 것이기 때문이다.

북큐레이션 • 4차 산업혁명 시대를 주도하는 이들을 위한 라온북의 책

《개발자 리부트》와 함께 읽으면 좋을 책, 기존의 공식이 통하지 않는 급변의 시대, 남보다 한발 앞서 미래를 준비하는 당신에게 언제나 기회가 가득하길 응원합니다.

RPA 레볼루션

김인수 지음 | 16,000원

**'업무 자동화' RPA와 함께
바쁘기만 한 반복적 업무에서 자유하라!**

새로운 기술이 끊임없이 쏟아져 나오는 시대를 살아가고 있지만, 여전히 사무실 업무는 20세기의 방식을 벗어나지 못하고 있다. 로봇 자동화 프로그램인 RPA는 우리가 자는 시간에도 휴먼 업무를 도와주며, 매출 성과도 높혀 준다. 이미 많은 기업이 RPA를 도입하는 추세다. 《RPA 레볼루션》은 RPA를 왜 빠르게 도입해야 하는지, 업무에 어떤 변화가 생기는지에 대해 가장 명확하게 설명한다. 실제 사례를 통해 RPA 효과와 도입 방법 그리고 도입한 이후에는 어떻게 운영 관리를 해야 더 획기적으로 사용할 수 있는지를 설명한다. 또한 가장 실용도가 높은 RPA 프로그램인 '유아이패스', '에이웍스', '파워 오토메이트'의 특장점과 이를 따라 해볼 수 있는 구체적인 사용법도 담았다.

**5시간 걸리는
작업도
빠르게 정확하게**

매출 올리는 데이터 사이언티스트

김도환 지음 | 16,000원

**데이터 사이언티스트의 차이는
데이터의 의미를 읽고 해석할 줄 아는 능력에 있다!**

이제 세상은 빅데이터와 AI 기술의 싸움이다. 비즈니스 시장은 이미 소위 '데이터를 좀 다룬다'는 사람들을 크게 주목하고 있으며, 특히 빅데이터를 활용하는 '데이터 사이언티스트'에 대한 관심을 점점 높이고 있다. 이 책은 현업에서 일하고 있는 저자의 실제 사례와 자료 조사를 통해 기업이 진정으로 원하는 데이터 사이언티스트에 대해 전반적으로 다룬다. 또한 기업이 데이터 사이언티스트와 협력하기 위해 기본적으로 알아야 할 AI에 대한 지식과 활용법, 비즈니스를 성공적으로 이끄는 유능한 데이터 사이언티스트의 핵심 역량도 담고 있다. 비즈니스 현장에서 인정받는 전문가가 되고 싶다면, 넘쳐나는 데이터 속에서 고객의 핵심 니즈를 캐내는 유능한 직원이 필요하다면 이 책을 놓지 않길 바란다.

**AI, 빅데이터로
매출 10배 올리는
비즈니스 전략서**